rororo aktuell Essay
Herausgegeben von Ingke Brodersen
Begründet von Freimut Duve

ROBERT HAVEMANN

Die Stimme des Gewissens

Texte eines deutschen Antistalinisten

Herausgegeben von Rüdiger Rosenthal

Rowohlt

Originalausgabe
Veröffentlicht im Rowohlt Taschenbuch Verlag GmbH,
Reinbek bei Hamburg, März 1990
Copyright © 1990 by Rowohlt Taschenbuch Verlag GmbH,
Reinbek bei Hamburg
Alle Rechte vorbehalten
Umschlaggestaltung Büro Hamburg – Jürgen Kaffer / Peter Wippermann
(Foto von Robert Havemann: Candid Lang)
Satz Baskerville (Linotronic 500)
Gesamtherstellung Clausen & Bosse, Leck
Printed in Germany
1400 ISBN 3 499 12813 6

1007345079

INHALT

Es ist der Aberwitz der Geschichte, daß gerade die Unterdrückung der freien Meinungsäußerung das wirksamste Mittel ist, um die staatlich dekretierte Meinung und Denkweise unglaubwürdig und lächerlich zu machen.

Robert Havemann

SOZIALISMUS IST DEMOKRATIE

«Ich denke ja gar nicht daran, die DDR zu verlassen», so Robert Havemann in einem Interview Ende der siebziger Jahre. Wer von den Tausenden von Demonstranten, die im Oktober 1989 in Leipzig «Wir bleiben hier!» riefen und damit das Ende der Einparteienherrschaft in der DDR einläuteten, wußte schon, daß er mit dieser Parole an den fast trotzig zu nennenden Beharrungswillen Robert Havemanns anknüpfte. Rund um die Uhr hatte die Staatssicherheit das Haus Havemanns in Grünheide bei Berlin bewacht, nachdem sein Freund Wolf Biermann im Jahre 1976 ausgebürgert worden war, und hatte damit deutlich gemacht, zu welchen absurden Maßnahmen sich der DDR-Staat hinreißen ließ, wenn es galt, kritische Stimmen im Lande zum Schweigen zu bringen. Und selbst die Beerdigung dieses bedeutenden Denkers der antistalinistisch-demokratischen Opposition, die im Jahre 1982 auf dem Waldfriedhof in Grünheide stattfand, wurde noch zur politischen Demonstration des Widerstands gegen den deformierten SED-Herrschaftsapparat. Mehrere seiner Freunde wurden an der Teilnahme gehindert, und unter die etwa 500 Trauernden mischte sich die Geheimpolizei. Viele junge Leute waren gekommen, auf ihren Jacken das Zeichen der unabhängigen Friedensbewegung: «Schwerter zu Pflugscharen».

Robert Havemann war kein bequemer Zeitgenosse. Am 11. März 1910 als Sohn der Malerin Elisabeth Havemann und des Lehrers und Redakteurs Hans Havemann in München geboren, studierte er in seiner Heimatstadt und in Berlin. 1935 promovierte er im Fach Physikalische Chemie. Mit 22 Jahren wurde er Mitglied der KPD. Seine Parteigruppe war integriert in die Arbeit der Kommunistischen Internationale, zeitweilig wohnte einer der Hauptangeklagten im Reichstagsbrandprozeß, der Bulgare Taneff, bei ihm.

1933 wurde er in die illegale Gruppe «Neu Beginnen» übernommen. Sie versuchte, die Spaltung der Arbeiterbewegung zu verhindern und wirkte damit praktisch gegen die KPD-These vom «Sozialfaschismus», mit der die SPD zum Hauptfeind erklärt worden war. Interessant ist Havemanns Erinnerung an die Schauprozesse in der Sowjetunion, in denen Bucharin, Sinowjew, Kamenew und andere Kommunisten als «Konterrevolutionäre» verurteilt wurden. Den Hitler-Stalin-Pakt verteidigte er damals als notwendig für den Schutz der Sowjetunion. Erst viele Jahre später setzte er sich mit dem auseinander, was viele deutsche Kommunisten, auch ihn, dazu veranlaßt hatte, eine Aufarbeitung des Stalinismus zu verdrängen: «Ich wollte davon gar nichts wissen. Für mich schien der antifaschistische Kampf gegen die Nazis und gegen den Krieg als das Wichtigste.»

1938 wurden mehr als 30 Mitglieder der Gruppe «Neu Beginnen» von den Nazis verhaftet und hingerichtet. Bis 1943 arbeitete Robert Havemann am Pharmakologischen Institut der Berliner Universität. Illegal wirkte er in einer weiteren Widerstandsgruppe mit Namen «Europäische Union», organisierte Hilfsaktionen für Juden und politisch Verfolgte, bis die Gestapo auch ihn verhaftete. Nach Folterungen und Verhören wurde er in einem Prozeß am 16. Dezember 1943 vor dem «Volksgerichtshof» unter Vorsitz des Blutrichters Roland Freisler zum Tode verurteilt. Während seine Freunde Georg Groscurth, Herbert Richter und Paul Rentsch hingerichtet wurden, erreichten einflußreiche Kollegen Havemanns mit der Begründung, seine wissenschaftlichen Fähigkeiten seien für kriegswichtige Forschungen unentbehrlich, daß man die Vollstreckung seines Urteils aufschob.

Im Zuchthaus Brandenburg erhielt er ein kleines Labor, wo er mit Hilfe eines selbstgebastelten Radios die sogenannten «Feindsender» empfangen und seine Mithäftlinge, zu denen auch der spätere SED-Chef Erich Honecker gehörte, über die politische Lage außerhalb der Gefängnismauern informieren konnte. Am 27. April 1945 befreiten sowjetische Soldaten die Gefangenen: Robert Havemann erkrankte an Tuberkulose und Typhus.

Nach dem Krieg arbeitete er zunächst als Verwaltungsdirektor des Krankenhauses Berlin-Neukölln und dann als Abteilungsleiter des Kaiser-Wilhelm-Instituts (jetzt Max-Planck-Institut) in Dahlem. Mit dem Vereinigungsparteitag wurde er 1946 Mitglied der SED. Von der amerikanischen Militärregierung wegen seiner kommunistischen Gesinnung als Leiter suspendiert, entließ ihn 1950 auch das Kaiser-Wilhelm-Institut. Als er für die Ächtung der Atombombe demonstrierte, verhaftete ihn die Westberliner Polizei. Im gleichen Jahr übernahm er an der Humboldt-Universität in Ost-Berlin einen Lehrstuhl für Physikalische Chemie. Von 1950 bis 1963 war Havemann Delegierter des Kulturbundes in der DDR-Volkskammer und unternahm in dieser Funktion mehrere weite Reisen, unter anderem nach China und nach Lambaréné in Afrika zu Albert Schweitzer.

Als Stalin 1953 starb, erklärte Havemann öffentlich, daß er sein Leben und seine Befreiung diesem Manne verdanke. Zwar wußte er, daß er sich damit am Personenkult beteiligte, aber inzwischen genoß Havemann nach eigenem Bekenntnis bereits selbst eine privilegierte Stellung und unterlag «den Wirkungen einer gewissen Korruption». Er glaubte, daß die Verherrlichung von Stalins Person und der Sowjetunion «notwendig und nützlich» sei in der Auseinandersetzung mit dem politischen Gegner.

Als es am 16./17. Juni 1953 in der DDR zur Revolte gegen den Machtapparat der SED kam, war Havemann einer der wenigen Funktionäre, die sich den demonstrierenden Werktätigen auf der Straße zur Diskussion stellten, den antistalinistischen Charakter des Aufstandes begriff er jedoch erst später. Der 20. Parteitag der KPdSU im Jahre 1956, auf dem Nikita Chruschtschow in einer Geheimrede die Verbrechen Stalins entlarvte, öffnete auch Havemann die Augen. Er begann zu begreifen, daß er sich von falschen Hoffnungen und Illusionen hatte blenden lassen.

Kurz nach dem 20. Parteitag fing Havemann an, die ideologische Auseinandersetzung mit dem Dogmatismus zu suchen. Sein Artikel «Meinungsstreit fördert die Wissenschaften», der in der SED-Zeitung «Neues Deutschland» abgedruckt wurde, zog ihm den Zorn etablierter Philosophen zu, die darin einen Angriff auf ihre theoretischen Positionen sahen.

Die Debatte über das Verhältnis von Philosophie und Einzelwissenschaften bestimmte auch den Streit zwischen Robert Havemann und Wolfgang Harich, aus dem der Aufsatz «Rückantworten an die Hauptverwaltung ‹Ewige Wahrheiten›» hervorging. Havemanns Hoffnung, durch solche Diskussionen die drohende Erstarrung der Philosophie verhindern zu können, währte nur kurz. Schon wenig später, nach dem Ungarn-Aufstand im Oktober 1956, wurde eine schärfere innenpolitische Gangart in der DDR angeschlagen. Wolfgang Harich, Walter Janka, Erich Loest und andere wurden verhaftet, ideologischer «Diversion» und der Planung einer «Konterrevolution» bezichtigt und für mehrere Jahre eingesperrt.

Die SED schien ihre Position durch die Einschüchterung der kritischen Intelligenz gefestigt zu haben. Havemanns Reden und Aufsätze der folgenden Jahre zeigen diese Unsicherheit. Zwar versuchte er auch weiterhin, eine unabhängige Denkweise zu pflegen, bis zu seiner konsequenten Kritik an der politbürokratischen Diktatur vergingen aber noch Jahre.

Am 11. August 1961 votierte Robert Havemann in einer Rede in der Volkskammer für entschiedene Maßnahmen gegen die Abwerbung von Arbeitskräften aus der DDR und stützte so die Argumente für die Schließung der Grenzen nach Westen. Wie sehr er aber zur selben Zeit schon dogmatische Überzogenheiten in den politischen Auseinandersetzungen ablehnte, verdeutlicht seine Leipziger Rede vom Herbst 1962 mit dem Titel «Hat Philosophie den modernen Naturwissenschaften bei der Lösung ihrer Probleme geholfen?». Havemann geht darin auf die primitiven ideologischen Diffamierungen des amerikanischen Physikers Linus Pauling und dessen Resonanztheorie sowie der Kybernetik ein. Zwar plädiert Havemann in seiner Rede für eine profunde philosophische Ausbildung der Naturwissenschaftler, sein Fazit aber lautet, daß in der Phase des Stalinismus der scholastisch gelehrte dialektische Materialismus die Naturwissenschaften bei der Lösung ihrer Probleme behindert und dies zur Diskreditierung der marxistischen Theorie geführt habe.

Zum offenen Konflikt mit der Politbürokratie kommt es im Wintersemester 1963/64, als Havemann an der Ostberliner Humboldt-Universität eine Vorlesungsreihe mit dem Titel «Naturwissenschaftliche Aspekte philosophischer Probleme» hält. Die große Resonanz bei der Studentenschaft, sein Plädoyer für Zweifel, Kritik und Widerspruch ist den Dogmatikern ein Dorn im Auge. Ein 1964 im «Hamburger Echo» abgedrucktes Interview mit ihm wird zum Anlaß, um ihn aus der SED auszuschließen und seiner Lehrämter zu entheben. Gleichzeitig beginnt die diffamierende Demontage seiner Person. Die hauseigene Parteizeitung «Humboldt-Universität» veröffentlicht in mehreren Ausgaben Artikel von Philosophiekollegen, die unter der Tarnkappe eines ideologischen Meinungsstreits die Schriften Havemanns zu widerlegen suchen. Sein Parteiausschluß mit einer Begründung aus Halbwahrheiten und Verleumdungen wird dort ebenso bekanntgemacht wie die heute peinlich wirkenden befürwortenden Stellungnahmen von Professoren der Universität. Federführend verantwortlich für die gegen Havemann einsetzende Kampagne ist Kurt Hager, damals Leiter der ideologischen Kommission des Politbüros.

Einige Monate läßt man Havemann noch in einer Forschungsabteilung für Fotochemie der Akademie der Wissenschaften arbeiten, bevor er auch dort Berufsverbot erhält. Diesmal dient ein im «Spiegel» veröffentlichter Aufsatz als Vorwand, in dem er sich für die Gründung einer erneuerten KPD in Westdeutschland ausspricht. 1966 wird er aus den Listen der Ostberliner Akademie der Wissenschaften gestrichen. Damit ist Robert Havemann endgültig zur Unperson erklärt worden.

Havemanns Vorlesungen und Seminartexte erschienen 1964 im Rowohlt Verlag als Buch unter dem Titel «Dialektik ohne Dogma?». Wenig später veröffentlichte das FDJ-Journal «Forum» unter der Überschrift «Weder Sklerose noch Osteomalazie» eine Collage aus früheren Schriften Havemanns, versehen mit zynischen Kommentaren eines Hermann Knappe – vermutlich ein Pseudonym des ND-Redakteurs Harald Wessel. Der Angriff enthält den Vorwurf, Havemann habe in den fünfziger Jahren SED-Genossen in gröbster Weise politisch-philosophisch beschimpft und verdächtigt, Andersdenkende wie den französischen Existentialisten Jean-Paul Sartre denunziert und dem Personenkult um Stalin gehuldigt. Für die damalige Zeit wird bei ihm «geistige Sklerose» (Verkalkung) und für die spätere Zeit «ideologische Osteomalazie» (Knochenerweichung) diagnostiziert.

Havemann reagiert souverän. Er schreibt eine Entgegnung, bietet sie dem «Forum» an, und als dieses sie nicht veröffentlicht, erscheint sein Aufsatz in der Hamburger «Die Zeit»: «Ja, ich hatte unrecht» – das seltene Bekenntnis eines Kommunisten zur eigenen Verstrickung in den Stalinismus. Es gipfelt im Satz: «Es war viel schlimmer.» Havemann schildert den absurden Glauben an den Wahrheitsanspruch der Partei und daß er damals trotz seiner Zweifel «im stillen Kämmerlein» auf ein eigenes, selbständiges Urteil verzichtet hat.

Eindeutig stellt sich Havemann im Jahre 1968 auf die Seite der tschechoslowakischen Reformer und ihren Versuch, einen «Sozialismus mit menschlichem Antlitz» zu schaffen. Sein Artikel «Sozialismus und Demokratie. Der ‹Prager Frühling› – ein Versuch, den Teufelskreis des Stalinismus zu durchbrechen» ist 21 Jahre später der erste offiziell gedruckte Text Robert Havemanns in einer DDR-Zeitung.

Demokratie beschreibt er in diesem Artikel als «demokratische

Kontrolle der Regierung von unten». Mit prophetischer Weitsicht hat Havemann damals mit wenigen Worten die wesentlichen Vorstellungen der heutigen Erneuerungsbewegungen in den osteuropäischen Staaten skizziert. Eindrucksvoll berichtet er im Abschnitt «Berufsverbot und Parteiausschluß» über die Zeit bis zu seinem Hausarrest im Jahre 1976.

Havemanns «Antwort auf zwei Fragen» begründet noch einmal, warum er sich nicht aus der DDR vertreiben lassen wollte. Gleichzeitig geht er auf den Vorwurf ein, Westmedien zu nutzen, die den Interessen des Kapitalismus dienten. Trotz der staatlich verordneten Isolation im Vorort Grünheide bei Berlin unterhält Havemann Kontakte und geistigen Austausch mit Intellektuellen in Ost und West, unter anderem zu Ernst Bloch, Heinz Brandt, Rudi Dutschke und Milovan Djilas. Seine Bücher werden in viele Sprachen übersetzt, beeinflussen die internationalen sozialistischen Bewegungen, besonders die eurokommunistischen Parteien. Der «Brief an Ernst Bloch» ist ein Zeugnis von Havemanns Hoffnung, daß der Sozialismus doch noch von allen Verfehlungen und Verkrustungen gereinigt und rehabilitiert werden könne. Eine besondere Ironie der Geschichte bietet der Schluß seines Aufsatzes «Über Zensur und Medien» von 1976, in dem er schreibt, die Mauer sei zu versteigern, wenn in der DDR der Sozialismus verwirklicht ist.

Seine Vorstellungen von der Entwicklung des Sozialismus in der DDR erläutert er in dem Abschnitt «Für eine friedliche Revolution». Interessant darin ist auch die Auseinandersetzung mit Rudolf Bahros Buch «Die Alternative». Havemann findet wesentliche eigene Gedanken bestätigt, kritisiert aber den Aufruf Bahros, als nächstes einen neuen «Bund der Kommunisten» zu gründen, und plädiert statt dessen für eine Politik der kleinen Schritte. Die «Zehn Thesen zum 30. Jahrestag der DDR» aus dem Jahre 1979 zeigen, wie deutlich Havemann die zentralen politischen, ökonomischen und ökologischen Probleme der DDR bereits erkannt hatte.

Und dennoch: Sein Glaube an die Überlegenheit der sozialistischen Gesellschaft bei der Lösung dieser Probleme scheint unerschüttert. Am Schluß der «Thesen» zählt er einige der «kleinen Schritte» zur Demokratisierung auf. Auch sie tauchen dieser Tage wieder auf als Forderungen der Erneuerungsbewegung in der DDR.

In seinen letzten Lebensjahren hat Robert Havemann die gerade entstehende unabhängige Friedensbewegung «Schwerter zu Pflugscharen» unterstützt. Er sah darin die konsequente Fortsetzung seines Engagements gegen Militarismus und für Abrüstung. Sein Glaube an eine demokratische sozialistische Entwicklung in ganz Deutschland blieb unerschüttert. Er setzte auf das Abschließen von Friedensverträgen mit den Alliierten, die vollständige Entmilitarisierung und dann die Vereinigung in einem von beiden Seiten reformierten Deutschland in sozialer Gerechtigkeit und Demokratie. Diese Perspektive wird deutlich im «Offenen Brief an Leonid Breschnew», der anläßlich der größten Friedensdemonstration der Bundesrepublik am 10. Oktober 1981 veröffentlicht wurde.

Am 9. April 1982 starb Robert Havemann in Grünheide an den Folgen einer Krankheit, die er sich während seiner Haftzeit bei den Nazis zugezogen hatte.

Wenige Tage später fand in und um die Ostberliner Erlöserkirche eine der landesweit bekannten «Friedenswerkstätten» statt. Vor dem Kirchengelände postierten sich die Mitarbeiter der Staatssicherheit. Viele junge Teilnehmer aus Friedens-, Menschenrechts- und Ökologiegruppen trugen schwarze Armschleifen zum Gedenken an Robert Havemann.

Sieben Jahre danach steckt die DDR in der tiefsten Krise seit ihrer Gründung. Eingetreten ist, was Robert Havemann schon 1978 mit prophetischer Weitsicht formulierte, als er seinen Verbleib in der DDR begründete: «Ich denke ja gar nicht daran, die DDR zu verlassen, wo man wirklich auf Schritt und Tritt beobachten kann, wie das Regime allen Kredit verliert und schon verloren hat und es eigentlich nur noch weniger äußerer Anstöße und Ereignisse bedarf, um das Politbüro zum Teufel zu jagen.»

Gegen Ende des Jahres 1989 wird das Ministerium für Staatssicherheit aufgelöst. Die «friedliche Revolution» erzwingt auch den Beginn einer Rehabilitierung Havemanns. Die Akademie der Wissenschaften nimmt ihn postum wieder als Mitglied auf, ein «Robert Havemann-Kreis» im Kulturbund wird gegründet, DDR-Medien veröffentlichen Biographie und Aufsätze von ihm. Die folgende Auswahl sammelt die wichtigsten Schriften, Briefe und Dokumente aus Leben und Werk Havemanns. Sie zeichnet chronologisch seine Entwicklung vom antifaschistischen Widerständler über den philosophierenden Naturwissenschaftler zum antistalinistischen Demokraten.

Rüdiger Rosenthal

Berlin, Januar 1990

MEINUNGSSTREIT
FÖRDERT DIE WISSENSCHAFTEN

Von Heraklit stammt das Wort: «Der Streit ist der Vater aller Dinge», ein Wort, das reaktionäre Engstirnigkeit bis zur Umfälschung eingeengt hat in: Der Krieg ist der Vater aller Dinge. Heraklits Gedanken sind tiefer. Sie umfassen die Natur wie auch den Menschen. Aus dem Streit und Widerstreit in den Dingen erwächst die Kraft, die alles treibt und bewegt. Weil aber die Gedanken nur das Abbild der Dinge sind, setzt sich der Widerstreit der Wirklichkeit im Widerstreit der Gedanken fort. Die Geschichte jeder Wissenschaft legt beredtes Zeugnis davon ab, wie nur durch unermüdliche Auseinandersetzung, durch den bis zu Ende geführten Streit zwischen Meinung und Gegenmeinung schließlich jede neue Erkenntnis sich Raum zu schaffen vermag.

Voraussetzungen des echten Meinungsstreits

Die entscheidende Grundlage eines wirklich produktiven, schöpferischen Meinungsstreits ist die Respektierung aller ernsthaften und sachlichen von der Gegenseite vorgebrachten Gegenargumente – ja mehr noch, die Respektierung der Gegenansicht. Denn selbstverständlich wird der bisher erreichte wissenschaftliche Standpunkt durch keine neue Erkenntnis jemals *völlig* negiert und außer Kraft gesetzt. Die Begrenztheiten und Fehlerhaftigkeiten der alten Anschauungen werden dabei nicht unbedingt als einfache Irrtümer, sondern oft als in der Natur der Sache liegende Erkenntnisschwierigkeit verständlich gemacht.

Vom Standpunkt der Relativitätstheorie aus gesehen ist z. B. die Vorstellung eines absoluten Raumes und einer absoluten Zeit keineswegs einfach Unsinn. Vielmehr sind diese Vorstellungen wissenschaftlich völlig legitim, solange aus methodischen und technischen, also objektiven Gründen unsere Erfahrung auf Erscheinungen beschränkt war, für deren Zustandekommen nur die Bewegung von Körpern mit mäßiger Geschwindigkeit von Bedeutung ist. Aber außerdem hat sich bei der methodischen Ausarbeitung der Relativitätstheorie gezeigt, daß das Schema des absoluten Raumes und der absoluten Zeit nicht einmal aus den der klassischen Mechanik zugrunde liegenden physikalischen Vorgängen mit zwingender Notwendigkeit hervorgeht, sondern auch im klassischen Bereich einen gewissen Mangel an ausreichender Begründung aufweisen mußte. Auch dieser Umstand kam gerade dadurch deutlich zutage, daß die wissenschaftliche Begründung der relativistischen Mechanik im Streit mit allen Argumenten der klassischen Mechanik erfolgen mußte.

Dies ist ein Beispiel dafür, daß sorgfältige Erwägung aller Gegenargumente und Respektierung jeder ernsten, wissenschaftlich begründeten Gegenmeinung die elementare Voraussetzung eines wissenschaftlich geführten Meinungsstreits ist. Selbst wenn man die Gegenmeinung für grundlegend falsch ansieht, muß man bestrebt sein, die realen Ursachen für das Zustandekommen dieser falschen Meinung aufzudecken. Denn man will ja nicht mit Gewalt – oder auf Grund von Autorität – die Gegenmeinung unterdrücken, sondern man will diese Gegenmeinung durch sachliche Widerlegung aufheben.

Wer andere Meinungen nicht achtet und zu unterdrücken sucht, schätzt offensichtlich die Überzeugungskraft seiner eigenen Ideen gering ein. Wer aber von der Richtigkeit seiner Sache überzeugt ist, ist es stets auch mit Leidenschaft. Aus dieser Leidenschaft erwächst das unwiderstehliche Streben, andere zu gewinnen und zu überzeugen.

Allem Neuen, stark und frisch Hervorbrechenden ist als ein Merkmal seiner Stärke eine eigenartige Weichheit und Plastizität zu eigen, dank welcher das Neue dem alten Erstarrten überlegen ist. Ideen und Ansichten, die sich erschöpft haben und nicht mehr die Kraft besitzen, mit den Problemen fertig zu werden, die auf der Tagesordnung stehen, muten an wie Versteinerungen, Fossilien, die nur noch die zurückgebliebene leblose Hülle ursprünglichen Lebens sind. Der ursprüngliche Reichtum der Gedanken ist zu leblosen Dogmen und Lehrsätzen erstarrt, die in borniertter Engstirnigkeit die unendliche Mannigfaltigkeit des Lebens und der Natur auf ihr Prokrustesbett zwängen wollen.

Weil der Dogmatiker dem Alten verhaftet ist, klammert er sich stets an Autorität und Tradition. Er bläht sich stolz mit alten Weisheiten, die er längst nicht mehr begreift und zum Fetisch gemacht hat. Stets weiß er alles und hat bereits alles gewußt. Er liebt besonders die dümmste aller Methoden, sich mit entgegengesetzten Meinungen «auseinander»-zusetzen: die Methode des Negierens, des Nichtbeachtens und Totschweigens. Vor seiner, des Dogmatikers großen Weisheit wird alles andere Denken zum Irrtum, ja mehr noch: zur Bosheit. Darum tut der Dogmatiker am liebsten so, als ob es gar keine Gegenargumente gäbe. Er ist taub für jeden Einwand und blind gegenüber den Tatsachen, die ihm nicht passen. Ihm genügt es, die eigene «einzig richtige Meinung» zu sagen, und damit basta! Dogmatismus führt stets zur Isolierung und damit zum Sektierertum. Der Dogmatiker ist unfähig zu wissenschaftlichem Meinungsstreit.

Typisch für den Dogmatiker ist, daß er stets vom Allgemeinen ausgeht. Aber seine Allgemeinheiten haben den Charakter von Vorurteilen angenommen und werden in der Anwendung auf das Konkrete einfach zu allgemeinen Plattheiten. Sosehr der Dogmatiker aber die Allgemeinheit liebt, ist er der Todfeind von Allgemeinheiten, die ihm neu sind. Einer neuen, wesentlichen und darum stets auch allgemeinen Erkenntnis gegenüber fordert er mit besonderem Nachdruck und Pedanterie den Nachweis durch das Konkrete und Einzelne. Da aber nichts Allgemeines in einer einzigen bestimmten Sache völlig zum Ausdruck kommt, sieht er stets nur lauter Bäume, nicht aber den Wald, lauter Räume, nicht aber den Raum – und bestreitet auf diese einfältige Weise den Beweis jeder neuen Gesetzmäßigkeit.

Beispiel Lyssenko

Der wissenschaftliche Meinungsstreit als die aktive, vorantreibende Kraft der Entwicklung ist der Todfeind des Dogmatismus. Man darf aber deshalb nicht in den Fehler verfallen, im Kampf gegen den Dogmatismus die Beständigkeit und Wahrheit wissenschaftlicher Erkenntnis überhaupt zu bestreiten. Dies würde in gefährlicher Weise einem Relativismus und Agnostizismus Vorschub leisten, der schließlich jede allgemeine Erkenntnis für ein Dogma erklärt. Denn die neue, reifere wissenschaftliche Theorie beschränkt sich nicht darauf, die Fehler der alten Theorie nachzuweisen, sondern ihre hauptsächliche Leistung gegenüber der alten Theorie liegt darin, daß sie das in ihr Wahre und Richtige herausschält und zum Teil des neuen Ganzen macht. Hierin kommt ein allgemeines Gesetz der Entwicklung zum Ausdruck, daß nämlich in jeder neuen, höheren Stufe das Alte, Niedere in dreifachem Sinne «aufgehoben» wieder erscheint, im Sinne von «außer Kraft gesetzt», von «aufbewahrt» und von «auf höhere Stufe gehoben». Durch diese dialektische «Aufhebung» wird die im Alten, im Bisherigen bereits erreichte relative Wahrheit aufrechterhalten und dem Neuen als unverlorener Bestandteil einverleibt. Dies sichert den wirklichen Fortgang der Entwicklung und macht das Neue erst zum Neuen und nicht nur zum Anderen.

Ein Beispiel, das zugleich zeigt, in welch verschiedener Gestalt der Dogmatismus in Erscheinung treten kann, ist der Streit zwischen Lyssenko und den «Genetikern der alten Schule». Bekanntlich warf Lyssenko den «Mendel-Morgan-Weißmanisten» Dogmatismus vor. Er tat dies zweifellos mit einem gewissen Recht. Die Idee, daß der lebendige, aber vergängliche Organismus des Individuums nur ein «Anhängsel» des unsterblichen Keimplasmas und ausschließliches Produkt einer Genkombination sei, in die als verändernder Faktor nur der blinde Zufall quantenstatistischer Unbestimmtheiten eingreifen könne, ist in solcher Absolutheit starrer Dogmatismus. Ohne Frage kann man, wenn man es nur genügend weit treibt, hieraus auf die Idee kommen, die Tier- und Pflanzenarten bzw. die Gene und Genkombinationen, die ihnen zugrunde liegen, seien durch eine ordnende Kraft hervorgebracht, deren Wirken unserer Kenntnis entzogen ist. Von hier ist kaum noch ein Schritt zur Theologie und zum finstersten Mystizismus.

Es gibt auch ohne jeden Zweifel «Wissenschaftler», die solche Spaziergänge in den Himmel sehr gern unternehmen und sich sogar einbilden, dabei die Problematik ihrer Wissenschaft gelöst zu haben. Und wenn sich in solchen Fällen kein rechter Wissenschaftler finden läßt, um der Theologie aus den Nöten zu helfen, in die sie jede neue wissenschaftliche Erkenntnis bringt, dann gibt es immer genug jesuitische Fachleute, die, geschult und versiert wie der greise Pater Muckermann in West-Berlin, es verstehen, den wissenschaftlichen Genetiker – etwa den Herrn Professor Nachtsheim – vor ihren Wagen zu spannen. Aber man darf nicht alle Genetiker mit Leuten wie Verschuer, Muckermann oder Nachtsheim identifizieren, die je nach Bedarf dem Nazirassismus, dem Heiligen Stuhl oder der Kombination von beidem in Gestalt Adenauers dienen. Überhaupt soll man sich hüten, eine wissenschaftliche Ansicht mit der Argumentation zu bekämpfen, sie werde für finstere und verwerfliche Zwecke mißbraucht. Eine schreckliche Verwirrung der Wissenschaft wäre die unausbleibliche Folge, wenn wir uns derart in das Schlepptau der Muckermänner begeben wollten.

Lyssenko, der im Kampf gegen dogmatische Formeln der klassischen Genetik alle Tatsachen und Beweismittel der Lehre von den Genen weitgehend wie das Kind mit dem Bade ausschüttete, die klassische Genetik wegen des mit ihren Ergebnissen getriebenen ideologischen Mißbrauchs wissenschaftlich und ihre sämtlichen persönlichen Vertreter politisch verdächtigte, war das Opfer seines eigenen, freilich ganz anders gearteten Dogmatismus. Während die – übrigens zu Unrecht – klassisch genannte Genetik aus einem großen und vielfältig gesicherten Tatsachenmaterial eine Reihe von wichtigen allgemeinen Gesetzmäßigkeiten der Vererbung abgeleitet hatte und hierbei allerdings in große Schwierigkeiten geraten war, weil diese Gesetzmäßigkeiten scheinbar in Widerspruch zu der unbestreitbaren Tatsache der allgemeinen Evolution, der Entwicklung der Arten standen, während also die Wissenschaft selbst in die Zwangslage gelangt war, die Lösung des Problems durch Überwindung der Enge und Begrenztheit ihrer bisherigen Anschauungen zu suchen, ging Lyssenko in gänzlich umgekehrter Richtung von einigen dogmatisierten Sätzen der Philosophie des dialektischen Materialismus aus. Er stellte fest, daß es auf Grund dieser Philosophie «nichts Unveränderliches» gäbe, demzufolge keine Gene, demzufolge keine Mendelschen Gesetze usw. Da «alle Dinge im Zusammenhang stehen», führte Lyssenko die Entwicklung der Arten auf das Wirken jetzt vorhandener Umweltfaktoren zurück.

Verhältnis Naturwissenschaften – Philosophie

Es ist hier nicht erforderlich, auf die Details der Lyssenkoschen Thesen einzugehen. Wichtig ist das Ergebnis, daß es neben einem Dogmatismus, der durch unzuverlässige Verallgemeinerung und Übertreibung richtiger Einzelerkenntnisse zustande kommt, auch einen Dogmatismus gibt, der gar nicht aus dem Stand der Dinge selbst, sondern gewissermaßen von außen, von dem Dogmatismus auf dem Gebiet der Philosophie aus in die Wissenschaft eindringt, wodurch dann selbst unsere Philosophie in die Rolle der «Religion» gezwängt werden kann. Lyssenkos

Irrtümer und ihr Zustandekommen hängen nämlich mit einem weitverbreiteten Irrtum über das Verhältnis von Einzelwissenschaften und Philosophie zusammen, einem Irrtum, der selbst im Dogmatismus seine Wurzel hat. Dieser Irrtum ergibt sich aus einer falschen Auffassung über das Primat der Philosophie gegenüber den Einzelwissenschaften. Zweifellos sind für jeden Wissenschaftler gewisse allgemeine Vorstellungen und Denkbestimmungen, also philosophische Konzeptionen, inhärentes Material seines wissenschaftlichen Denkprozesses, ob er sich dessen bewußt ist oder nicht. Friedrich Engels machte sich darum über Naturwissenschaftler lustig (F. Engels, Dialektik der Natur, S. 22, Dietz Verlag 1955), die glauben, ohne Philosophie auskommen zu können und dabei Opfer der oberflächlichsten und vulgärsten Reste rückständiger philosophischer Ansichten werden. Auch heute ist diese naive Leugnung der Philosophie bei den Naturwissenschaftlern weit verbreitet, was z. B. durch den Satz zum Ausdruck gebracht wird, die Naturwissenschaften seien «ideologiefrei».

Nun ist es aber ein Irrtum, zu glauben, daß ein Wissenschaftler, der rückständigen und vulgarisierten philosophischen Ansichten huldigt, deshalb nur zu falschen und unsinnigen wissenschaftlichen Ergebnissen gelangen könne und müsse. Seine schlechte Philosophie hilft ihm zwar in der Wissenschaft gar nicht, sondern behindert ihn womöglich schwerstens. Aber die objektive Dialektik der Natur bringt ihn schnell in die Lage derjenigen, von denen Engels sagt: «Gott wird nirgends schlechter behandelt als bei den Naturforschern, die an ihn glauben» (Dialektik der Natur, S. 213).

Die Entwicklung der Naturwissenschaften hat noch längst nicht den allgemeinen Stand erreicht, wo die Dialektik und der Materialismus bei allen oder auch nur bei der Mehrheit der Wissenschaftler die bewußte philosophische Grundkonzeption ihres Denkens darstellt. Und trotzdem haben die Naturwissenschaften in der Bewältigung ihrer Probleme Außerordentliches geleistet. In jeder echten Wissenschaft ist alle Erkenntnis eben dialektisch und materialistisch, ob sich die einzelnen Wissenschaftler dessen nun bewußt sind oder nicht. Sosehr die Philosophie also bei allen wissenschaftlichen Erkenntnissen – wenn auch oft als unsichtbarer Gast – Geburtshelferdienste leistet, ist doch andererseits die Philosophie niemals die ursprüngliche Quelle neuer Erkenntnisse. Im Gegenteil, die Philosophie, und zwar eben unsere dialektisch-materialistische Philosophie, bereichert sich selbst durch jede neue wissenschaftliche Erkenntnis und macht dadurch den gewonnenen Reichtum zum Allgemeinbesitz aller Wissenschaften.

Ein wissenschaftliches Ergebnis nur daraufhin zu untersuchen, wie und ob es den dialektischen Materialismus bestätigt, ist fruchtlos und philosophischer Dogmatismus. Das philosophische Ziel muß vielmehr sein, aus einer neuen wissenschaftlichen Erkenntnis eine neue, tiefere philosophische Einsicht zu gewinnen. Purer Dogmatismus ist es aber, wenn sich ein Philosoph der Wissenschaft gegenüber als Richter der letzten Instanz aufspielt, womöglich noch dazu ohne gründliche sachliche Kenntnis. Damit begibt er sich in die gleiche Position wie die päpstliche Inquisition gegenüber Galilei und Giordano Bruno. Dies mache ich z. B. dem Genossen Viktor Stern zum Vorwurf. Er hat sich die Kritik angeblich *philosophischer* Thesen der Relativitätstheorie zur Aufgabe gemacht. Tatsächlich operiert er aber gegen handfeste *physikalische* Ergebnisse der Relativitätstheorie, die längst durch die Erfahrung hundertfach bestätigt worden sind. Äußerst bemerkenswert ist die Tatsache, daß Stern bei dieser Gelegenheit nicht nur allgemein dem Fehler des Dogmatismus verfällt, sondern im unlösbaren Zusammenhang hiermit die Positionen des dialektischen Materialismus auch philosophisch verläßt. Dogmatismus ist eben nicht nur einfach Starrheit. Der Dogmatiker verläßt die gewundene Bahn der Entwicklung der Erkenntnis und gelangt, stur den «geraden» Weg seiner Vorurteile weiter stampfend, in den Sumpf des Idealismus. So behauptet Viktor Stern, es sei falsch, von einer wissenschaftlichen Definition zu verlangen, daß aus ihr auch hervorgehe, wie das von ihr

Definierte in der Erfahrung nachgeprüft und sichergestellt werden könne. Tatsächlich aber ist dies gerade der entscheidende Charakter einer wissenschaftlichen Definition, nämlich auf Grund der Einheit von Theorie und Praxis, und zwar selbst dann, wenn man es explizit auf den ersten Blick nicht immer erkennen kann.

Dann behauptet Stern, es gäbe Begriffe, die überhaupt nicht definiert werden könnten, wie z. B. der Begriff «rot». Der Begriff «rot» könne nur durch «wiederholtes Vorzeigen roter Gegenstände» dargelegt werden! Das ist schon subjektiver Idealismus! Zu derartigen idealistischen Entgleisungen gelangt der Genosse Stern bei dem Versuch, die von Einstein gegebene wissenschaftliche Definition der Gleichzeitigkeit zu kritisieren, an deren Stelle er physikalisch tatsächlich nichts anderes setzen will als den klassisch-physikalischen Gleichzeitigkeitsbegriff, den er – ebenso wie Kant – für einen philosophischen hält.

Der dialektische Materialismus ist undogmatisch

Die Philosophie ist, wenn wir von der besonderen Behandlung ihrer Geschichte und von der noch längst nicht abgeschlossenen schöpferischen Auseinandersetzung mit dem Idealismus und den Ideologien absehen, keine spezielle Wissenschaft mit einem bestimmten Gegenstand. Sie hat alle Gegenstände zum Gegenstand, aber diese wiederum nur vermittels aller anderen einzelnen Wissenschaften von diesen Gegenständen. Der Reichtum ihrer Ideen ist der Reichtum der ganzen Wissenschaften. Ihre gegenwärtige Hauptfrage liegt darin, zu helfen, daß allen Wissenschaften die Dialektik und der Materialismus bewußt werde. Friedrich Engels sagt in der «Dialektik der Natur»: «Die Naturforscher fristen der Philosophie noch ein Scheinleben, indem sie sich mit den Abfällen der alten Metaphysik behelfen. Erst wenn Natur- und Geschichtswissenschaft die Dialektik in sich aufgenommen, wird all der philosophische Kram – außer der reinen

Lehre vom Denken – überflüssig, verschwindet in der positiven Wissenschaft» (Dialektik der Natur, S. 223).

Die Philosophie des dialektischen Materialismus unterscheidet sich gerade dadurch von den idealistischen Philosophien, daß sie nicht aus einer Reihe starrer Lehrsätze und Dogmen besteht, die man nur auswendig zu lernen braucht, um ein Philosoph zu sein. Unsere Philosophie schöpft immer neue und tiefere Erkenntnisse aus dem Studium der Wirklichkeit, aus den Wissenschaften. Sie entwickelt sich und bleibt niemals stehen. Erste, alte Einsichten unserer Philosophie wandeln ihren Inhalt und ihre Bedeutung in dem gleichen Maße, wie wir tiefer in die objektive Dialektik von Natur und Gesellschaft eindringen. Unsere Philosophie hat gerade diese Bildsamkeit und Plastizität des ewig Jungen und Wandelbaren, woraus ihre unüberwindliche Stärke und Überlegenheit erwächst.

Auch darin liegt das eigenartige Wesen unserer Philosophie, daß sie zugleich Inhalt und Methode ist. In ihr kommt nicht nur alle Weisheit der menschlichen Erkenntnis zum Ausdruck, sondern zugleich eine ganz bestimmte Einstellung, eine bestimmte Haltung gegenüber der Natur und der Gesellschaft. Weil wir die objektive Realität als das Primäre ansehen, als den Inhalt, der die Formen unseres Bewußtseins gestaltet, ist der Dogmatismus uns wesensfremd. Der Dogmatismus macht die Ideen zum Primären und Absoluten, dem die Wirklichkeit nur gehorchen kann. Darin liegt der idealistische Grundzug des Dogmatismus.

Während der Dogmatiker abgekapselt, weltfremd und sektiererisch ist, müssen wir aufgeschlossen, empfänglich und weiten Herzens sein. Im Wesen des Dogmatismus und seiner tieferen Quelle, des Idealismus, liegt die Unterdrückung anderer Ansichten und Überzeugungen. Darum ist der Idealismus die Philosophie der Unterdrückung anderer Ansichten und Überzeugungen. Darum ist der Idealismus die Philosophie der Unterdrücker. In unserem Wesen liegt aber nicht die Unterdrückung, sondern die Befreiung von der Unterdrückung. Darum wollen wir auch unsere Ansichten den Menschen nicht aufzwingen, sondern wir wollen sie für uns gewinnen. Das aber ist nur möglich ohne Zwang und ohne Starrheit. Wir fassen darum die Ansichten anderer nicht einfach als falsch auf, wenn sie mit den unseren nicht übereinstimmen. Wir wollen uns mit allen Ansichten auseinandersetzen und, wo nur irgend möglich, aus allen Ideen und Meinungen das in ihnen vielleicht enthaltene Richtige und Wertvolle herauslösen und zu unserem Eigentum machen. Darum ist der freie, ehrliche, geduldige und sachliche Streit der Meinungen der Vater unserer guten Sache.

Aus: «Neues Deutschland» vom 8. Juli 1956

RÜCKANTWORTEN
AN DIE HAUPTVERWALTUNG
«EWIGE WAHRHEITEN»

Eine lebhafte Diskussion ist im Gange. Wie Dr. Friedrich Herneck* meint, geht sie noch am entscheidenden Punkt vorbei. Das
mag sein und wäre nur zu natürlich. Jedenfalls fangen wir an,
selbstgefaßte Gedanken zu äußern und die Schablone früher ge-
faßter Gedanken von uns abzustreifen. Wir beginnen, uns aus
jahrzehntelanger dogmatischer Erstarrung zu lösen. Herneck
war der erste, der aus einer falsch konzipierten Defensiv-Stellung
der Philosophen herausging und zur Offensive gegen den ge-
meinsamen Feind rief, gegen den Dogmatismus. (...) Anlaß zu
meinen heutigen Äußerungen sind die Rückfragen, die Wolfgang
Harich an mich im *Sonntag Nr. 39* gerichtet hat.

Ironie der Fragestellung

Beginnen wir mit dem, woran Wolfgang Harich «nicht einen Augenblick zweifelt» und woran er – wenn überhaupt – «am wenigsten zweifelt», nämlich daß ich all seine Fragen, sieben an der
Zahl, durchdacht habe, sie gründlich beantworten kann und daß

---

* Dr. Friedrich Herneck, damaliger Philosophiedozent an der Humboldt-Universität, wurde nach dem ungarischen Oktoberaufstand 1956 ebenfalls wegen
«revisionistischer Auffassungen» gemaßregelt (Anm. R. R.)

diese Antwort «jede Unklarheit darüber beseitigt, daß Kosing mit seiner Verteidigung eines eigenen Gegenstandes der Philosophie in einem grundlegenden Irrtum befangen ist und keinesfalls auf dem Standpunkt des dialektischen Materialismus steht».

Nun wären aber ich und auch jeder andere Leser zweifellos in einem grundlegenden Irrtum befangen, wenn wir glauben würden, daß der Philosoph Harich das auch so meint. Das alles soll ja – bittere oder süß-saure – Ironie sein. Man muß also, sowenig man sonst dazu geneigt sein mag, Harich erst einmal mißverstehen, um ihn überhaupt zu verstehen. Es handelt sich bei den Harichschen Fragen übrigens auch gar nicht um Fragen, sondern um Harichsche Meinungen, die in Frageform nur deshalb dargeboten werden, damit nicht der Eindruck erweckt wird, Harich fühle sich selbst im Besitz aller Antworten auf seine Fragen. In Wirklichkeit aber ist der Frager hier über nichts weniger im Zweifel, als daß alle diese Fragen für ihn – als Philosophen – gar keine Fragen sind, sondern Sachen, die er sich längst an seinen philosophischen Schuhsohlen abgelaufen hat.

Beginnen wir mit der Frage fünf. Die ist schon ein ganzer Komplex, noch dazu einer von solchen Fragen, die Harich von mir gar nicht im einzelnen beantwortet haben will. Er will nur wissen, ob alle diese Fragen durch den Marxismus – oder genauer: durch das Aufgehen von großen Teilen der Philosophie in den positiven Wissenschaften «gegenstandslos» geworden sind.

Aber: Warum um Gottes willen sollen Fragen dadurch gegenstandslos werden, daß die Beantwortung dieser Fragen möglicherweise aus dem Kompetenzbereich der Hauptverwaltung «Ewige Wahrheiten» herausgenommen und den Hauptverwaltungen «Natur» und «Gesellschaft» zugewiesen werden? Offensichtlich erfolgt die Überweisung an die neuen Hauptverwaltungen doch hauptsächlich deswegen, weil die alte Hauptverwaltung sie unerledigt liegengelassen hat.

Was für Fragen sind es nun, die keineswegs erledigt sind, sondern dringend auf Erledigung warten? Es sind: «Was ist Kausalität im allgemeinen? Was ist Naturgesetzlichkeit im allgemeinen? Wie verhalten sich Möglichkeit und Wirklichkeit, Notwendigkeit und Zufälligkeit zueinander?»

Bleiben wir doch zunächst bei diesen drei Fragen stehen. Sie hängen alle drei miteinander zusammen. Wer hat denn gerade zu diesen Fragen in den letzten 50 Jahren seit Lenins «Empiriokritizismus» entscheidend Neues vorgebracht? Nichts Neues brachten uns die Philosophen, d. h. diejenigen von ihnen, die von nichts etwas Genaueres wußten als von der Philosophie, von einer Philosophie übrigens, die sie keineswegs selbst gemacht hatten. Diese Philosophie, die von Marx und Engels konzipiert worden war, hatte wohl aus vielen alten philosophischen Weisheiten das Brauchbare genommen. Aber das an ihr entscheidend Neue war aus dem konkreten Studium der Ökonomie und der Geschichte erwachsen. Außerdem hat Engels einen großangelegten Versuch unternommen, auch die naturwissenschaftlichen Ergebnisse seiner Zeit nach den Möglichkeiten philosophischer Verallgemeinerung zu untersuchen. Übrigens wollte Engels in der «Dialektik der Natur» diese gewaltige Aufgabe keineswegs selbst allein lösen. Er wollte nur den Naturwissenschaftlern den Weg zu solcher Lösung weisen.

Vorsprung der Naturwissenschaften

Was aber die Beantwortung unserer drei Fragen anlangt, konnte Engels mit der Naturwissenschaft des 19. Jahrhunderts nicht weit über das hinauskommen, was schon durch eine materialistische Umkehrung der Hegelschen Dialektik zu erreichen war. Inzwischen haben aber die Naturwissenschaften erstaunliche neue Dinge zutage gefördert, die die ganze alte Dialektik, auch die materialistische, von Möglichkeit und Wirklichkeit, von Zufälligkeit und Gesetzmäßigkeit und von der Kausalität zwar nicht über den Haufen werfen, aber doch in ganz neues Licht setzen und uns unendlich tiefer in die objektive Dialektik der Natur –

und damit auch der Gesellschaft und des Denkens – hineinführen. Es ist gerade die von den philosophischen Dogmatikern so lautstark und von Sachunkenntnis getrübt verschriene und beschimpfte Komplementaritätstheorie der sogenannten Kopenhagener Schule Niels Bohrs, eine geniale Konzeption der Quantenmechanik, die uns erstaunlich Neues zu unseren drei Fragen zu sagen weiß.

Während sich einige unserer Philosophen noch in scholastischen Streitereien darüber ergehen, ob der Zufall durch die Kreuzung oder Überkreuzung verschiedener Gesetzmäßigkeiten zustande komme, hat die Physik eine komplette Theorie von Möglichkeit und Wirklichkeit, Zufälligkeit und Gesetzmäßigkeit für die Mikrophysik entwickelt. Unsere Philosophen stehen aber dabei und beschauen sich das Ganze mit höchst mißtrauischen Augen und bilden sich ein, sie könnten darin bestimmt ein Haar finden, weil der ganze dicke Balken, den die Physik geliefert hat, in ihren altgewohnten Allgemeinheiten noch nicht vorkommt. Kann man sich da wundern, daß die neuen, fetten Brocken, für die der Magen eines Dogmatikers zu schwach ist, die Beute von allerlei philosophischen Scharlatanen werden?

Diese neuen naturwissenschaftlichen Erkenntnisse haben uns nicht nur die Atomenergie beschert, die für die Zukunft der Menschheit entscheidend ist, sondern sie haben uns auch neue, tiefe und erstaunliche Einsichten von allgemeiner Bedeutung, von philosophischer Bedeutung erschlossen. Und es ist darum gut, wenn die genannten drei Fragen der Kompetenz der Hauptverwaltung «Ewige Wahrheiten» entzogen werden.

Ist die Fachwissenschaft «beschränkt»?

Die nächsten Fragen lauten: «Wie ist generell, für alle Bereiche der Realität zutreffend, das Verhältnis von Allgemeinem, Besonderem und Einzelnem zu bestimmen? Wie unterscheiden sich die Kausalbeziehungen in der organischen Natur von denen in der anorganischen? Was haben die Gesetzmäßigkeiten der historischen Entwicklung mit denen, die in der Natur anzutreffen sind, gemeinsam, und was unterscheidet sie von diesen? Auf welchen realen Voraussetzungen beruht generell die Möglichkeit wissenschaftlicher Voraussagen?»

Ein ziemliches Sammelsurium von Fragen, alle gestellt, um die Existenzberechtigung der Hauptverwaltung «Ewige Wahrheiten» nachzuweisen. Engels hat dazu gesagt, die Gesetze der Dialektik werden erkannt in den drei Sphären Natur, Menschengeschichte und Denken, und nur der metaphysische Schlendrian merkt nicht, daß – gleich in welcher Sphäre das Gesetz erkannt wurde – es immer dasselbe Gesetz ist. Darum empfiehlt Engels den Wissenschaftlern, die Abfälle der alten Metaphysik über Bord zu werfen und sich der Dialektik und des Materialismus bewußt zu werden, wodurch der ganze philosophische Kram dann überflüssig wird. Das ist eine frische und moderne Denkweise. Wo anders kann denn das Verhältnis von Einzelnem, Besonderem und Allgemeinem richtig erfaßt werden als dort, wo es nicht nur mit dem Allgemeinen, sondern auch mit dem Besonderen und Einzelnen tagtäglich zu tun hat! Damit hat man es aber in den positiven Wissenschaften zu tun; was nicht heißt, daß man es in den positiven Wissenschaften nur mit dem Allgemeinen von niederem Range zu tun hat, während das höhere Allgemeine den Herren Philosophen vorbehalten bleibt, wie es Kosing so einfach ausgesprochen hat. Gerade in jeder positiven Wissenschaft hat man es dauernd auch mit dem höchst Allgemeinen zu tun, nämlich mit den verschiedenen philosophischen Urteilen und Vorurteilen, die sich, je nachdem, als nützlich oder als überaus hinderlich für die Lösung wissenschaftlicher Probleme erweisen. Es ist der Naturwissenschaft wahrlich nicht leichtgefallen, mit den altherkömmlichen Vorstellungen von Raum, Zeit und Kausalität zu brechen, die sich als zu kurzatmig erwiesen haben. Leider kann sich keiner unserer Philosophen rühmen, bei der Geburt der Relativitätstheorie mitgeholfen zu haben, was sehr verdienstvoll gewesen wäre. Wenn man aber der einfältigen Meinung ist, daß so ein «beschränkter Fachphysiker» wie Einstein doch nicht in der Lage ist, sich generell über die Beziehung von Einzelnem, Besonderem und Allgemeinem aus den Fragen seiner «beschränkten» Wissenschaft Klarheit zu verschaffen, dann wird man wohl immer im Schmollwinkel stehen, wenn große neue Erkenntnisse geboren werden.

«Die Kausalbeziehungen in der organischen und der anorganischen Natur» werden bestimmt denen ein ewiges Rätsel bleiben, die sich in der einen sowenig auskennen wie in der anderen. Gerade weil die Philosophie bei jeder Wissenschaft von Anfang bis Ende immer dabei war und dabei ist, kann nur der Kenner der organischen Natur entdecken, wie in seinem Bereich die Kausalität – vielleicht – anders ist als die Vorstellungen, die die jeweils bisherige Philosophie ihm gab; und ebenso geht es dem Anorganiker. Doch nebenbei bemerkt: Wenn vielleicht auch Philosophen bestimmter Art wenig direkten Verkehr mit Wissenschaftlern anderer Disziplinen pflegen, so trifft dies jedenfalls für die Naturwissenschaftler untereinander und heute in zunehmendem Maße auch für den Verkehr der Gesellschaftswissenschaftler mit den Naturwissenschaftlern nicht zu. Da ist schon für Kommunikation gesorgt. Die Philosophen sind dazu herzlich eingeladen, was ihnen bestimmt und möglicherweise auch uns nützen würde. Das einzige Kriterium wäre natürlich auch in diesem Falle die Praxis. Und dieser Satz beantwortet schon in ausreichender Weise auch gleich die letzte Frage. Die Möglichkeiten wissenschaftlicher Voraussagen beruhen auf nichts anderem als auf der Praxis.

Die Punischen Kriege

Ich wende mich jetzt der Harichschen Frage drei zu: «Gibt es eine Gewähr dafür, daß die Überlegungen, mit denen eine Einzelwissenschaft über ihren unmittelbaren Gegenstandsbereich hinausgeht und den Gesamtzusammenhang der Dinge ins Auge faßt, auch richtig sind?» Harich fragt, ob sich zu diesem Zweck z. B. die Chemie über die Punischen Kriege informieren muß. Es schadet nun bestimmt nichts, wenn ein Chemiker etwas von Hannibal und von Karthago weiß, das nach dem dritten Krieg nicht mehr auffindbar war. Ebensowenig wird ein Historiker Nachteile davon haben, wenn er sich elementare chemische Kenntnisse aneignet. Aber weder dies kann ihm helfen, noch kann ein Philosoph, der von beidem wenig weiß, ihm die Gewähr geben für die Richtigkeit von Überlegungen, deren Ausgangspunkt er nicht kennt. Das einzige, was ihm hilft, ist, daß er Schluß macht mit dem schon zitierten metaphysischen Schlendrian und sich an die Praxis hält, die für jede Erkenntnis, auch die allgemeinste, die Probe aufs Exempel liefert. Hat eine allgemeine Erkenntnis an einem Gegenstand der Natur oder der Gesellschaft die Probe der Praxis bestanden, so werden auch andere kluge Leute darauf kommen, an ihrer Stelle und an ihrem Gegenstand die Probe aufs Exempel zu machen. So kommt etwas Wahres zur Geltung und wird Allgemeinbesitz.

Das muß und soll nicht spontan und zufällig vor sich gehen, sondern es soll organisiert und planmäßig gemacht werden. Aber eben dies wird erreicht, wenn Dialektik und Materialismus samt allen ihren philosophischen Einsichten, die schon erarbeitet wurden, bewußte Grundlage aller wissenschaftlichen Arbeit geworden sind.

Die Fragen eins und zwei lassen sich jetzt in lapidarer Kürze beantworten: Wenn nur der Stand der wissenschaftlichen Kenntnisse genügend weit vorangeschritten ist und alle vor- und unwissenschaftlichen Relikte gründlich ausgeschieden sind, dann werden in jeder Wissenschaft Fragen nach dem Gesamtzusammenhang sogleich Kardinalfragen einer solchen Wissenschaft. In solchen Momenten geraten die herkömmlichen Vorstellungen vom Gesamtzusammenhang in Widerspruch mit den Ergebnissen der Wissenschaft, erweisen sich als Hindernis des wissenschaftlichen Fortschritts und müssen darum von der Wissenschaft mit ihren Mitteln und auf Grund ihrer Feststellungen überwunden werden. So machte Kant als Astronom Schluß mit der Ewigkeit des Sonnensystems und erfaßte seine Entstehung aus einem Urnebel und damit seine fortschreitende Veränderlichkeit (Kant war in Königsberg Professor für Physik, Astronomie und Mechanik). So überwand Darwin Linné und die Unveränderlichkeit der Arten. So entthronte Einstein den absoluten Raum und die absolute Zeit. So begriff Bohr die unbedingte Notwendigkeit der Zufälligkeit.

Die Frage vier, «ob von der ganzen bisherigen Philosophie nur noch die Lehre vom Denken und seinen Gesetzen selbständig bestehenbleiben soll», habe ich in keiner meiner bisherigen Stellungnahmen auch nur angetastet. Das mögen die Philosophen selbst tun.

Die Frage sieben, soweit sie nicht hierdurch bereits zuständigkeitshalber an die Philosophen zurückverwiesen ist, soll lauten: Beschränkt sich die Dialektik auf die Dialektik des Denkens? Natürlich nicht, denn dann wäre sie ja womöglich auf das Denken eines Philosophen beschränkt. Wie Engels es ausdrückt, ist das Denken nur eine der drei Sphären, zu denen noch Natur- und Menschengeschichte gehören, in denen allen die Gesetze der Dialektik erkannt werden können. Nun ist das Denken einerseits Instrument, andererseits selbst Objekt wissenschaftlicher Untersuchung. Sofern es Objekt ist – in der Lehre vom Denken –, wird es nur insoweit in Betracht gezogen, als das Denken, das Bewußtsein, eben nichts anderes ist als bewußt gewordenes Sein. Das heißt: Sein Inhalt ist die objektive Realität, das hier Untersuchte sind aber nur die Formen, mittels derer dieser Inhalt sich abbildet. Selbstverständlich wird hierbei auch diejenige Anwendung dieser Formen untersucht, durch welche die Wirklichkeit nicht objektiv abgebildet, sondern ihr Bild verschleiert und verfälscht wird.

Bleibt noch die Frage sechs: «Welche Einzelwissenschaft begründet eigentlich den Atheismus?» Die Antwort ist einfach: keine. Soll die Chemie, die Physik, die Astronomie, die Biologie, die Geschichte, soll irgendeine von ihnen eine solche verantwortungsvolle Aufgabe übernehmen? Aber soll es dann vielleicht die Philosophie tun? Etwa weil sie angeblich im Besitz ewiger Wahrheiten ist? Dann stünde die eine Vertreterin ewiger Wahrheiten gegen die andere. Nein, diese Aufgabe können nur alle Wissenschaften gemeinsam lösen. Nirgends fanden sie einen Gott oder ein göttliches Wesen. Nirgends konnte ein Wissenschaftler auch nur die kleinste Frage seiner Wissenschaft beantworten mit der Erklärung, das sei das Wirken Gottes gewesen. Sie suchten ihn, aber sie fanden ihn nicht. Der Atheismus wird begründet durch den konkreten Nachweis, daß man die Natur aus sich selbst und nur aus sich selbst erklären kann.

Wir brauchen die Philosophie

Ich habe die Fragen von Wolfgang Harich auf meine Weise beantwortet. Soll diese Antwort lauten: Wir brauchen keine Philosophie? Nein! Das ist das merkwürdige Mißverständnis, dem viele Philosophen anheimfielen! Gerade das Gegenteil will ich sagen: Wir brauchen die Philosophie. Wir brauchen sie in allen Wissenschaften, im politischen Kampf, im Leben überhaupt, in der Kunst – überall. Aber der Dogmatismus der Philosophen hat bisher diese Lebenserweckung unserer Philosophie auf vielen wichtigen Gebieten aufs ärgste behindert. Er hat unsere Philosophie zu einem System allgemeinster Sätze über die allgemeinste Struktur der Welt zu machen versucht, zu einer Hauptverwaltung «Ewige Wahrheiten» (HEW). Aber wir brauchen eine unbürokratische, eine lebendige, eine ewig junge, wandelbare und bildsame Philosophie, eine Philosophie, die sich mit allen ihren einzelnen Erkenntnissen die Hirne der Menschen erobert hat, so daß sie darin lebt und von jedem in der Praxis erprobt und angewendet werden kann. *Und dazu brauchen wir auch Philosophen.* Diese Philosophen aber dürfen keine dogmatischen Sachwalter von Allgemeinheiten sein, die sie nicht begreifen, weil sie nicht wissen, woraus und auf welche Weise sie gewonnen wurden. Unsere Philosophen müssen gute, möglichst hervorragende Wissenschaftler und Kenner des menschlichen Lebens sein, die auf bestimmten Gebieten tief in den Problemen der Menschen und der Dinge drinstecken. Solche Philosophie und solche Philosophen brauchen wir. Was wir aber nicht mehr brauchen, das sind Philosophen, die weiter nichts sind als *nur* Philosophen.

Aus: «Sonntag», Zeitschrift des Kulturbundes der DDR, vom 28. Oktober 1956

HAT PHILOSOPHIE
DEN MODERNEN
NATURWISSENSCHAFTEN BEI
DER LÖSUNG IHRER PROBLEME
GEHOLFEN?

Rede auf der Tagung «Die fortschrittlichen Traditionen in der deutschen Naturwissenschaft des 19. und 20. Jahrhunderts», Leipzig, September 1962

Gegen Ende des vorigen Jahrhunderts und im Verlaufe unseres Jahrhunderts traten in den Naturwissenschaften einige außerordentlich schwierige Probleme auf, von denen viele bis heute nur teilweise und manche überhaupt noch nicht gelöst sind. Meine Frage lautet ganz allgemein: Hat Philosophie bei der Lösung dieser Probleme geholfen? – Ich denke dabei an jede Art von Philosophie, nicht an eine bestimmte, an Philosophieren überhaupt und jedwede Hinwendung zu philosophischen Ideen der Vergangenheit und Gegenwart.

Allem voran will ich ein Wort von Friedrich Engels aus der «Dialektik der Natur» zitieren, ohne daß ich deshalb in den Verdacht kommen möchte, ich hielte Zitate für Beweise. Engels befaßt sich an dieser Stelle seines Buches mit der Frage der Beziehung der Philosophie zu den Naturwissenschaftlern: «Die Naturforscher glauben sich von der Philosophie zu befreien, indem sie sie ignorieren oder über sie schimpfen. Da sie aber ohne Denken nicht vorankommen und zum Denken Denkbestimmungen nötig haben, diese Kategorien aber unbesehen aus dem von den Resten längst vergangener Philosophien beherrschten gemeinen Bewußtsein der sogenannten Gebildeten oder aus dem bißchen auf der Universität zwangsmäßig gehörter Philosophie oder aus unkritischer und unsystematischer Lektüre philosophischer Schriftsteller aller Arten nehmen, so stehen sie nicht minder in der Knechtschaft der Philosophie, meist aber leider der schlechtesten, und die, die am meisten auf die Philosophie schimpfen, sind Sklaven gerade der schlechtesten, vulgarisierten Reste der schlechtesten Philosophie.»*

Nun – welches waren diese schlechtesten, vulgarisierten Reste der schlechtesten Philosophien, in deren Knechtschaft sich die Naturwissenschaftler befanden, als sie vor große, neue, schwierige Probleme gelangten? Diese schlechtesten, vulgarisierten Reste waren die Ideen und die Denkweise des mechanischen Materialismus. Dies ist eine Philosophie, von der schon Engels sagte, daß sie mit einem Fuße in der Theologie steckt. Mit der Bezeichnung Materialismus konnte sie überhaupt nur während der Zeitspanne «geehrt» werden, in der sie materialistisch *wirkte*. Tatsächlich ist das, was wir den mechanischen Materialismus nennen, kein wirklicher Materialismus. Es ist eine philosophische Konzeption, die sich hauptsächlich aus der klassischen Physik ergeben hat. Sie offenbart schon dadurch ihren *objektiv-idealistischen* Charakter, daß in ihr Materie und Gesetzmäßigkeit voneinander getrennt werden. Nach dieser Lehre steht ein System unabänderlicher allgemeiner Naturgesetze als herrschendes Prinzip über der von ihnen beherrschten Materie. Deshalb ist der objektive Idealismus für Naturwissenschaftler, die auf dem Boden des mechanischen Materialismus stehen, eine sehr sympathische Philosophie. Hier stimmt doch scheinbar alles mit der Methodik der Naturwissenschaft bestens überein. Man hat die objektive Realität vor sich, die von keinem objektiven Idealisten angezweifelt wird; man hat

* Friedrich Engels, «Dialektik der Natur», Berlin 1952, S. 222

39

mehr oder weniger unklare Bilder von den Erscheinungen und vermutet dann hinter ihnen die Ideen, die sie beherrschen, nämlich die allgemeinen Gesetze und Gesetzmäßigkeiten. Dadurch gelangt man in Kontakt mit dem höheren, geistigen Wesen der Welt. Der Naturforscher, der gerade von den Vertretern des Geistes so oft beschimpft wird, weil er sich mit dem Dreck der Materie beschäftigt, muß geradezu ein Wohlgefühl dabei empfinden, wenn er auf diese Weise nun doch mit dem «Höheren» in Verbindung gelangt. Darum ist der mechanische Materialismus eine geistige Einstellung, die ihm nicht nur sehr angenehm ist und all seinen schlechten Charaktereigenschaften freundlich entgegenkommt, sondern dieser mechanische Materialismus ist in der Periode, die jetzt hinter uns liegt und deren Ende wir noch nicht ganz erreicht haben, zum schwersten philosophischen Hindernis für die Lösung der neuen Probleme geworden. Er ist die platteste und zugleich intellektuell unehrlichste Form eines metaphysischen objektiven Idealismus. Er ist für die Fragen, die in der Wissenschaft heute zur Entscheidung herangereift sind, im Sinne von Engels die schlechteste und vulgärste aller Philosophien.

Es fragt sich nun: Welches war die Philosophie, welches waren die philosophischen Konzeptionen, die dem Naturwissenschaftler bei der Überwindung dieser mechanisch-materialistischen Auffassungen geholfen haben? Waren es die Gedanken von Kant, Hegel und Mach? Kant muß man erwähnen, weil er durch seine skeptische Einstellung die Naturwissenschaftler davor gewarnt hat, alles so zu nehmen, wie es sich in der Natur ihrem Blicke darbietet, und dazu beigetragen hat, ihrem eigenen Denken gegenüber kritisch zu werden. Mit Kant und mit seinen Vorläufern Hume, Berkeley, Locke u. a. kam in den Geist der Naturwissenschaftler etwas hinein, was der wissenschaftlichen Problematik förderlich war – eine gewisse Bedenklichkeit, eine Vorsicht in der Ausdeutung von Ergebnissen, der Zweifel am einfachen materiellen Wirklichen. Philosophisch führt dies zwar auch nicht zum Ziele. Dennoch wirkten Kant und die Empiriokritizisten als Elemente der Auflockerung. Der große Einfluß, den Mach später auf viele Naturwissenschaftler ausübte, beruhte gleichfalls auf dieser Wirkung. Es heißt nicht, daß Einstein und andere, die sich auf Mach beriefen, wirklich dessen philosophische Ansichten konsequent übernahmen; aber es gefiel ihnen daran die Bereitschaft, mit überkommenen Ansichten aufzuräumen und die Naivität aufzugeben, die man nicht gebrauchen kann, wenn man große Probleme lösen will.

Hegel, der Philosoph, der die Dialektik in einzigartiger Weise dargestellt und ausgearbeitet hat, hätte sicherlich den Naturforschern im Laufe dieses Jahrhunderts in verschiedenen Fällen von größtem Wert sein können. Wenn man aber Hegel einmal gelesen hat und die Schriften studiert hat, die für den Naturwissenschaftler wichtig sind, hauptsächlich die «Wissenschaft der Logik», dann versteht man, warum die Naturwissenschaftler schließlich doch mit Hegel gar nichts anzufangen wußten. Nachträglich kann man zwar feststellen, daß einige theoretische Konzeptionen, zu welchen u. a. die Quantenmechanik gelangt ist, sich in Hegels Logik wie vorgeahnt vorfinden. Viele dialektische Kategorien von größter Tragweite für bestimmte moderne Probleme hat Hegel in geradezu seherischer Weise bereits so dargestellt, daß man seine Analysen jetzt, wo die wissenschaftliche Theorie vorliegt, wie eine Vorwegnahme kommender Erkenntnis empfindet. Tatsache aber ist, daß der einzige wirklich dialektische bürgerliche Philosoph fast gar keinen Einfluß auf Naturwissenschaftler ausgeübt hat. Er wurde von ihnen abgelehnt. Seine Gedanken wurden als intellektuelle Spielereien und höchst schrullige und abwegige Ideen ad acta gelegt.

Übergehend von der bürgerlichen Philosophie jener Zeit zur dialektisch-materialistischen Philosophie kann man sagen, daß es eigentlich nur wenige Schriften gibt, die überhaupt die Entwicklung der Naturwissenschaften beeinflussen und den Naturwissenschaftlern bei der Bewältigung ihrer theoretischen Probleme helfen konnten: der «Anti Dühring» und die «Dialektik der Natur» von Engels und «Materialismus und Empiriokritizismus» von Lenin. Diese drei Schriften haben sich aber aus historischen Gründen überhaupt nicht ausgewirkt. Die «Dialektik der Natur» wurde nicht publiziert. Erst im Jahre 1925 erschien eine sehr mangelhafte erste deutsche Ausgabe in der Sowjetunion, und es dauerte bis 1952, bis im Dietz-Verlag zum erstenmal dieses Buch in Deutschland erschien und einer größeren Zahl von Lesern zugänglich wurde. Ferner ist die «Dialektik der Natur» nur ein Fragment, das von Fachleuten abgelehnt wurde; es ist gerade für den Naturforscher mühevoll zu lesen – es sind lange Strecken darin, in denen, vom Standpunkt des Physikers gesehen, teilweise naive, jedenfalls altertümliche Dinge abgehandelt werden. Wie uns das Buch vorliegt, ist es überhaupt nicht für einen Menschen lesbar, der erst an die marxistische Philosophie herangeführt werden soll, der ihr noch skeptisch, mißtrauisch und ablehnend gegenübersteht. So ist denn dieses Buch bei Naturwissenschaftlern nahezu unbekannt geblieben. In der DDR mag es einige Naturwissenschaftler geben, die gelegentlich die Nase hineingesteckt haben; aber in der übrigen Welt, einschließlich der Sowjetunion, bin ich nur wenigen Naturforschern begegnet, die Engels «Dialektik der Natur» kannten.

Der «Anti Dühring» ist eine Streitschrift, deren Streitobjekt Eugen Dühring außerhalb der Arbeiterbewegung keinerlei Attraktionen ausübte. Sie war deshalb für die meisten Leute, die sich mit solchen Sachen nicht befassen wollten, ein Greuel. Ähnlich schwierig verhält es sich mit Lenins «Materialismus und Empiriokritizismus». Auch dieses Buch wurde erst sehr spät in Deutschland zugänglich und blieb außerhalb der russischen Arbeiterbewegung weitgehend unbekannt. Es wandte sich ja auch nicht an naturwissenschaftliche Theoretiker, Physiker, Biologen usw.

Alle drei Bücher waren gar nicht darauf angelegt, eine Wirkung auf die moderne Naturwissenschaft auszuüben. Sie dienten der Klärung wichtiger ideologischer Fragen innerhalb der Arbeiterbewegung. Aber vielleicht hätten sie im Laufe der Zeit die Naturwissenschaft beeinflussen können, und zwar in dem Maße, in dem die Sowjetunion sich entwickelte und in dem dort die Philosophie des dialektischen Materialismus zur Wirkung gelangte. Tatsächlich aber setzte in der Zeit, die dann kam, ein fortschreitender Verfall der Lehren des dialektischen Materialismus ein. Immer mehr verarmten und verblaßten die ursprünglichen Ideen, immer mehr schwächte sich die Kraft der marxistischen Philosophie. Die Herren, die von den Kathedern der Sowjetunion den dialektischen Materialismus lehrten, kehrten zu den Positionen des Vulgärmaterialismus und des mechanischen Materialismus zurück. Alle Dialektik in ihren Worten war nur noch als verschämtes Alibi vor den Klassikern zu werten. Manchen mag diese Behauptung nicht akzeptabel erscheinen – aber wie soll man sich sonst all das erklären, was im Laufe der Jahre von den offiziellen Vertretern des dialektischen Materialismus der Sowjetunion und ebenso von kommunistischen philosophischen Fachleuten in aller Welt zu den verschiedensten neuen Problemen der Naturwissenschaft und zu deren Lösungen gesagt worden ist? Wenn auch vielleicht nicht einheitlich, aber doch mit erheblicher staatlicher und parteimäßiger Förderung wurden sehr viele entscheidende Aussagen und Konsequenzen der Relativitätstheorie, der Quantenmechanik, der Genetik, der Kosmologie, eigentlich fast aller neuer theoretischer Systeme und Ideen verurteilt. Es war möglich, daß solche unwissenschaftlichen und philosophisch unzulänglichen Schriften wie die von Viktor Stern hier in der DDR ernsthaft als Werke des dialektischen Materialismus diskutiert wurden. Wer kein Naturwissenschaftler ist, wird diese Tatsache in ihrer vollen Bedeutung kaum ermessen können. Wie peinlich war es schon, von derlei Schriften überhaupt Kenntnis nehmen zu müssen. Unsere *Zeitschrift für Philosophie* veranstaltete eine endlose Diskussion über Sterns Buch. Ich habe mich aus purer Höflichkeit auch daran beteiligt; das ist im Grunde verkehrt gewesen, und man hätte es eigentlich ablehnen müssen. Sachliche Unkenntnis und philosophische Unzulänglichkeit kennzeichnen viele philosophische Schriften, die noch im Laufe der letzten Jahre bei uns in der DDR zu Problemen der Naturwissenschaften veröffentlicht wurden. Es fragt sich, ob man diesen Autoren zugute halten darf, daß sie sich oft nach sowjetischen Vorbildern orientierten. Was R. Gropp in seinem Büchlein* über den II. Hauptsatz der Thermodynamik und die Wärmetodtheorie geschrieben hat, dürfte jedoch kaum von einem sowjetischen Autor entlehnt worden sein. Mit der Berufung auf sowjetische Autoren wurde bei uns schon manches wissenschaftlich legalisiert, wovon sich in der Sowjetunion niemand etwas träumen ließ. Auch mit Sterns Buch war es ähnlich. Seine Veröffentlichung in der DDR war nicht mehr aufzuhalten, nachdem *Woprossi filosofii* einen Sternschen Artikel abgedruckt hatte, der den später in seinem Buch breitgetretenen Unsinn in konzentrierter Form enthielt. Noch heute erscheinen in der DDR Bücher, die von der Mehrheit der sowjetischen Physiker längst als unzulänglich und unbrauchbar abgelehnt worden sind, beispielsweise das Buch von Omeljanowski über Quantenmechanik, dessen deutsche Übersetzung gerade in diesen Tagen erschienen ist. Dies Buch ist ohne jede Bedeutung und wird dem Problem in keiner Weise gerecht. Eine Reihe von Philosophen in der Sowjetunion sind auch dieser Meinung, ebenso alle Physiker, die das Buch gelesen haben.

Und was wurde sonst alles unter Berufung auf die Lehren des dialektischen Materialismus diffamiert. Welcher Kampf wurde gegen Linus Pauling wegen der Resonanztheorie in der Chemie geführt. Die Veröffentlichung der Übersetzung eines Buches des international berühmten Leningrader Fotochemikers Terenin, von dem schon die Druckfahnen beim Verlag Technik (Berlin) vorlagen, wurde in letzter Minute verhindert, weil Terenin sich in einigen Punkten auf Paulings Resonanztheorie stützte. Ich hörte vor einigen Monaten folgende Geschichte: Linus Pauling war von der Zeitschrift *Woprossi filosofii* zu einer Unterhaltung eingeladen worden. Er war gerade in Moskau. Die Genossen von *Woprossi filosofii* sagten zu ihm: «Ach, lieber Herr Pauling, Sie sind

* R. Gropp, «Der dialektische Materialismus», Leipzig 1958 (1. Auflage), 1959 (2. Auflage), 1961 (3. Auflage)

ja ein so wunderbarer Mann usw. usw., wir wollen Ihnen nichts mehr übelnehmen von dem, was Sie früher alles vertreten haben.» Daraufhin sagte Linus Pauling zu ihnen: «Wissen Sie, ich glaube, Sie haben da wohl nicht ganz den richtigen Standpunkt; denn ich habe Ihnen schon die ganze vergangene Zeit nichts übelgenommen, weil ich eine so hohe Achtung vor der Sowjetunion habe.» Diese Erklärung Paulings möchte ich angesichts der enormen Leistungen der sowjetischen Naturwissenschaft und Technik Wort für Wort unterschreiben.

Oder denken wir an die Kybernetik. Welchen schonungslosen Angriffen waren die Kybernetik und Norbert Wiener ausgesetzt! Welcher Unsinn ist darüber geschrieben worden. Heute noch gibt es Leute, die sich unter Berufung auf den dialektischen Materialismus dagegen wehren, Kybernetik überhaupt als eine wissenschaftliche Disziplin anzuerkennen. Wäre es nach diesen Vertretern des dialektischen Materialismus gegangen, dann hätte die Sowjetunion keine Sputniks! Sie hat sie, aber doch nur, weil die Naturwissenschaftler und Physiker trotz aller Einsprüche der Philosophen weiterarbeiteten. Sie arbeiteten weiter, trotzdem einigen, z. B. Landau und Lifschitz, der Lehrstuhl entzogen wurde.

Ich erinnere mich an eine Unterhaltung, die ich vor vier Jahren mit dem damaligen Inhaber des Lehrstuhls für dialektischen Materialismus an der naturwissenschaftlichen Abteilung der Moskauer Lomonossow-Universität, Fatalijew, hatte. Es ging um die Frage, ob die Welt ein endliches Volumen haben könnte und ob dies mit dem dialektischen Materialismus vereinbar sei. Fatalijew meinte, der Gedanke, daß der Kosmos ein Volumen von endlicher Größe haben könnte, sei weder mit dem dialektischen Materialismus noch mit der einfachen Logik in Einklang zu bringen. Er sagte mir: «Sie geben doch zu, daß bei diesen Theorien von einem Radius der Welt gesprochen wird.» Ich sagte: «Natürlich! Man kann die Größe mit Hilfe eines Radius angeben.» Darauf fragte er: «Und was ist außerhalb dieses Radius?» Ich meine, damit war die Unterhaltung an einem Punkt angelangt, an dem es nicht mehr möglich war, sie fortzusetzen, und wo unter Naturwissenschaftlern und Kennern der Materie nur noch ein peinliches Gefühl der Verzweiflung entstehen kann. Denn man bedenke, daß dieser Mann (ein sehr ehrenwerter, sympathischer und lustiger Mensch) tatsächlich vom Katheder der Lomonossow-Universität den dialektischen Materialismus vertrat, und zwar gegenüber Naturwissenschaftlern, die ihr Fach studieren und die bereit sind, auch der Philosophie jede Achtung entgegenzubringen. Verschiedene Diskussionen zwischen Philosophen und Naturwissenschaftlern, die inzwischen in der Sowjetunion durchgeführt wurden, haben dort wohl schon einen Wandel angebahnt. Aber der Inhaber des philosophischen Lehrstuhls an der Karl-Marx-Universität Leipzig, Zweiling, vertritt noch heute den gleichen Standpunkt wie Fatalijew. Und der Ordinarius für Philosophie der Naturwissenschaften an der Berliner Humboldt-Universität, Ley, hat erst kürzlich erklärt, daß Theorien, nach denen die Zeit einen Anfang $t = O$ hatte, im Falle ihrer Richtigkeit die Erschaffung der Welt durch Gott beweisen würden und daher mit dem dialektischen Materialismus unvereinbar seien.

Die Quintessenz all des Gesagten ist: In einer langen, entscheidenden Epoche, die als die Stalinsche Epoche nur ungefähr abgegrenzt werden kann, hat der dialektische Materialismus innerhalb und außerhalb der Sowjetunion den Naturwissenschaftlern bei der Lösung ihrer Probleme nicht nur nicht geholfen, sondern noch dazu beigetragen, ihnen dies zu erschweren – wobei ich nicht den wirklichen dialektischen Materialismus im Sinne habe, sondern das, was als dialektischer Materialismus verkündet und gelehrt wurde. Was da auf den amtlichen philosophischen Kathedern gelehrt wurde, hatte sich in einem historischen Prozeß in vulgären Materialismus und mechanischen Materialismus zurückverwandelt, in alles andere also, als wirklich auf der Höhe der Zeit stehenden Materialismus. Ein so intelligenter Physiker wie Blochinzew wurde dazu verleitet zu behaupten, die Quantenmechanik wäre eine Theorie von Teilchenensembles. Wie ich ihn einschätze, behauptete er das im guten Willen und in der Hoffnung, seine physikalischen Kollegen möchten es ihm nicht verübeln, weil es in der Physik doch nicht weiter ins Gewicht fallen könnte. Tatsächlich hat er sich aber bei ernsthaften Physikern um seinen Kredit gebracht, nur weil er sich einigen Herren auf philosophischen Lehrstühlen zuliebe, um ihnen ihre Theorie von der absoluten Determiniertheit aller Erscheinungen zu retten, diese Geschichte mit den Ensembles ausgedacht und sogar in ein Lehrbuch hineingeschrieben hat. Aus diesem Buch wird es nun eifrig und heute noch von Leuten abgeschrieben, die von den anderen Teilen des Lehrbuches natürlich gar nichts verstehen!

Etwas Furchtbares ist geschehen: Der dialektische Materialismus ist jahrzehntelang durch seine offiziellen Vertreter bei allen Naturwissenschaftlern der Welt einschließlich der führenden Naturwissenschaftler der Sowjetunion in zunehmendem Maße diskreditiert worden. Max Born bezeichnet ihn als reine Scholastik; Einstein hat sich ähnlich geäußert. Als Ergebnis finden wir heute eine entschiedene Ablehnung und Verurteilung jeglicher Philosophie bei Naturwissenschaftlern, außer bei denen, die philosophischen Lehren der bürgerlichen Klasse anhängen. Diese Art Naturwissenschaftler fühlt sich unter Umständen sogar sehr wohl in den weichen Betten, in denen man sich nach Herzenslust nach allen Richtungen ausdehnen kann; unsere Philosophie hat den Herren leider die Bequemlichkeit nicht geboten und bietet sie auch nicht. Ich hatte in Moskau eine Unterhaltung mit Landau und Lifschitz darüber. Landau sagte mir sarkastisch, er sei von Natur «unphilosophisch», so wie andere Leute unmusikalisch sind. Lifschitz meinte, er sähe am Himmel der sowjetischen Philosophie nur einen Stern, nämlich Kolman, die anderen seien wohl dunkle Sonnen, die man gar nicht sehen kann. Kolman lehrt jetzt in Prag! Die Geschichte der Schwierigkeiten seines Lebens ist ein endloser Beweis für das, was ich gesagt habe.

Eine interessante Erklärung für den Rückfall unserer Philosophen in das metaphysische und undialektische Denken gab mir Werner Heisenberg in einem Gespräch. Er sagte etwa: «Die Natur offenbart uns immer mehr ihren dialektischen Charakter, gerade im Bereich der Elementarteilchen. Aber die meisten Menschen können die Dialektik nicht vertragen – auch die Regierenden können das nicht. Dialektik schafft Unruhe und Unordnung. Die Menschen wollen eindeutige und konfektionierte Ansichten zur Verfügung haben. In New York setzen alle Leute an einem bestimmten Tage einen Strohhut auf. Bei uns wollen sie klare Anweisungen erhalten, was sie zu denken haben.» Wenn man sich vorstellt, wie dialektisch Heisenberg denkt und wie nahe im Grunde viele der größten Wissenschaftler heute unserer Weltanschauung sind, sieht man, wie unermeßlich der von solcher Art Philosophen angerichtete Schaden ist. Es wird schwer sein, ihn zu beheben.

Die Situation, in der wir uns befinden, kann und darf nicht beschönigt werden, wenn nicht weiterer Schaden gestiftet werden soll. Wer nicht kapitulieren will, muß die Frage beantworten: Wie kann die Philosophie des dialektischen Materialismus der Naturwissenschaft wirklich helfen?

Rufen wir uns doch einmal ins Gedächtnis, was die Klassiker dazu gesagt haben! Sie haben immer wieder betont, daß das Hauptproblem für die Naturwissenschaften wie für alle Wissenschaften darin besteht, von dem mechanischen, metaphysischen Denken hinweg zu einem mehr und mehr bewußten dialektischen Denken zu gelangen. Dafür ist es sehr nützlich, sich mit der Philosophie zu beschäftigen, mit der Geschichte der Philosophie, mit aller Philosophie der Vergangenheit, mit idealistischer Philosophie und materialistischer Philosophie, mit nichtdialektischer Philosophie und dialektischer Philosophie, mit den Vorsokratikern, mit Laotse und mit Hegel, mit Spinoza und Kant und mit Marx und besonders mit Engels! Profunde philosophische Kenntnisse sollten zur Allgemeinbildung unserer führenden Naturwissenschaftler gehören. Ist das erreicht, dann wird sich das dialektische Denken nicht mehr spontan und sporadisch, ständig schwankend und zögernd in den Köpfen entfalten, sondern es wird immer mehr zu der bewußten Methode werden, mit deren

Hilfe die großen Probleme der Wissenschaft unserer Zeit zu lösen sind. Keinesfalls aber kann die Lösung sein, daß jemand ein Lehrbuch mit dem Titel «Der dialektische Materialismus» schreibt, in dem sich dann alles befindet, was «der» dialektische Materialismus sagt. Man lese dieses Buch nur gründlich durch, lerne eifrig, was da über alle Kategorien der Dialektik steht – eine Art materialistisch umgearbeiteter Hegelscher Logik –, und alle naturwissenschaftlichen Probleme lösen sich von selbst! Nein, so geht es nicht! Naturwissenschaftliche Probleme kann man nicht lösen, indem man irgendwelche allgemeinen philosophischen Lehrsätze herbeizerrt und etwa sagt: «Nun, ich will einmal versuchen, wie der Satz vom Sprung der Quantität in die Qualität oder sonst eine dialektische Kategorie sich bei meinen Problemen anwenden läßt.» Das ist eine naive und unsinnige Vorstellung von der Hilfe der Philosophie bei der Lösung wissenschaftlicher Probleme.

Man muß von der Sache selbst ausgehen, man muß die Natur selbst studieren, man muß *konkret* ihre Dialektik in ihrer Besonderheit entdecken, noch nicht in ihrer Allgemeinheit. Ihre Allgemeinheit kann man erst verstehen, nachdem man ihre Besonderheit erfaßt hat. Man muß in das Problem der wissenschaftlichen Fragestellung ganz direkt eingedrungen sein, nicht aber von der Philosophie her. Nur von der empirischen Wissenschaft her kann man zu der Dialektik kommen, die in den Dingen selbst steckt und die in der Theorie widergespiegelt werden kann. Aber mit einem dialektischen Hilfskompendium kann man nicht an die Lösung wissenschaftlicher Fragen herangehen. Wäre das möglich, wäre diese Methode eine richtige, wirksame und gute, so hätten sich die Wissenschaftler längst dieser bequemen Hilfsmittel bedient. Da ist z. B. das Problem der Theorie der Elementarteilchen, das Physiker in aller Welt aufs ernsteste beschäftigt. Kein Philosoph kann sagen, wie die Theorie der Elementarteilchen auf der Grundlage der Dialektik aufzustellen ist. Aber man wird die Theorie der Elementarteilchen nicht ohne dialektisches Denken entwickeln können, und man wird die errungene Erkenntnis in ihrer ganzen Tiefe erst verstehen können, wenn man sich das dialektische Denken zu eigen gemacht hat. Es ist eben so, wie Engels anschließend an das von mir vorhin angeführte Zitat sagt: «Die Naturforscher mögen sich stellen, wie sie wollen, sie werden von der Philosophie beherrscht. Es fragt sich nur, ob sie von einer schlechten Modephilosophie beherrscht werden wollen oder von einer Form des theoretischen Denkens, die auf der Bekanntschaft mit der Geschichte des Denkens und deren Errungenschaften beruht. Die Naturforscher fristen der Philosophie noch ein Scheinleben, indem sie sich mit den Abfällen der alten Metaphysik behelfen. Erst wenn Natur- und Geschichtswissenschaft die Dialektik in sich aufgenommen, wird all der philosophische Kram – außer der reinen Lehre vom Denken – überflüssig, verschwindet in der positiven Wissenschaft.»*

Ich bringe auch dieses Zitat nicht, um Engels als Kronzeugen und Beweismittel für meine Ansichten anzuführen, sondern um meine Gedanken zu illustrieren und zu interpretieren. Engels hat sicherlich auch Dinge gesagt, die andere Leute für sich ins Feld führen können. Ich führe Engels an, weil er in so wunderbarer Klarheit und kräftiger Sprache sagt, was heute die Zustimmung eines Naturwissenschaftlers, wie ich es bin, finden kann. Auch im «Anti Dühring» findet sich eine Stelle, die deutlich macht, wie ich in dieser Frage denke: «Wenn wir den Weltschematismus nicht aus dem Kopf, sondern bloß vermittelst des Kopfes aus der wirklichen Welt, die Grundsätze des Seins aus dem, was ist, ableiten, so brauchen wir dazu keine Philosophie, sondern positive Kenntnisse von der Welt und was in ihr vorgeht; und was dabei herauskommt, ist ebenfalls keine Philosophie, sondern positive Wissenschaft. Ferner: Wenn keine Philosophie als solche mehr nötig, dann auch kein System, selbst kein natürliches System der Philosophie mehr. Die Einsicht, daß die Gesamtheit der Naturvorgänge in einem systematischen Zusammenhang steht, treibt die Wissenschaft dahin, diesen systematischen Zusammenhang

* Friedrich Engels, «Dialektik der Natur», Berlin 1952, S. 223

überall im einzelnen wie im ganzen nachzuweisen. Aber eine entsprechende, erschöpfende, wissenschaftliche Darstellung dieses Zusammenhanges, die Abfassung eines exakten Gedankenabbildes des Weltsystems, in dem wir leben, bleibt für uns sowohl wie für alle Zeiten eine Unmöglichkeit. Würde an irgendeinem Zeitpunkt der Menschheitsentwicklung ein solches, endgültig abschließendes System der Weltzusammenhänge, physischer wie geistiger und geschichtlicher, fertiggebracht, so wäre damit das Reich der menschlichen Erkenntnis abgeschlossen und die zukünftige geschichtliche Fortentwicklung abgeschnitten von dem Augenblick an, wo die Gesellschaft im Einklang mit jenem System eingerichtet ist – was eine Absurdität, ein reiner Widersinn wäre. Die Menschen finden sich also vor den Widerspruch gestellt: einerseits das Weltsystem erschöpfend in seinem Gesamtzusammenhang zu erkennen und andererseits, sowohl ihrer eignen wie der Natur des Weltsystems nach, diese Aufgabe nie vollständig lösen zu können. Aber dieser Widerspruch liegt nicht nur in der Natur der beiden Faktoren Welt und Menschen, sondern er ist auch der Haupthebel des gesamten intellektuellen Fortschritts und löst sich tagtäglich und fortwährend in der unendlichen progressiven Entwicklung der Menschheit.»*

Ferner sagt Friedrich Engels: «Die antike Philosophie war ursprünglicher, naturwüchsiger Materialismus. Als solcher war sie unfähig, mit dem Verhältnis des Denkens zur Materie ins reine zu kommen. Die Notwendigkeit aber, hierüber klarzuwerden, führte zur Lehre von einer vom Körper trennbaren Seele, endlich zum Monotheismus. Der alte Materialismus wurde also negiert durch den Idealismus. Aber in der weiteren Entwicklung der Philosophie wurde auch der Idealismus unhaltbar und negiert durch den modernen Materialismus. Dieser, die Negation der Negation, ist nicht die bloße Wiedereinsetzung des alten, sondern fügt zu den bleibenden Grundlagen desselben noch den ganzen Ge-

---

* Friedrich Engels, «Herrn Eugen Dührings Umwälzung der Wissenschaft», Berlin 1948, S. 42

dankeninhalt einer zweitausendjährigen Entwicklung der Philosophie und Naturwissenschaft sowie dieser zweitausendjährigen Geschichte selbst. Er ist überhaupt keine Philosophie mehr, sondern eine einfache Weltanschauung, die sich nicht in einer aparten Wissenschaftswissenschaft, sondern in den wirklichen Wissenschaften zu bewähren und zu betätigen hat. Die Philosophie ist hier also ‹aufgehoben›, d. h. sowohl überwunden als aufbewahrt; überwunden ihrer Form, aufbewahrt ihrem wirklichen Inhalt nach.»*

In all diesem kommt zum Ausdruck: Der dialektische Materialismus ist keine Philosophie im Sinne irgendwelcher früherer philosophischer Systeme und Lehren. Er ist eine Weltanschauung, eine geistige Grundhaltung und Denkmethode, die die Welt in ihrer unauflöslichen Widersprüchlichkeit doch als Einheit begreift. Aber er ist kein philosophischer Katechismus, zusammengefügt aus allgemeinen Sätzen und Behauptungen über den Weltzusammenhang, die unabänderlich, ewig und bindend sind. Wenn es heißt: Die Materie und ihre Bewegung sind ewig und unzerstörbar, so heißt das nicht, daß physikalische Theorien, in denen die Zeit einen Anfang $t = 0$ hatte, vom Standpunkt unserer Philosophie aus falsch sein müssen. Diese Theorien können entwickelt, belegt, bewiesen, widerlegt oder bestätigt werden; aber die dialektische materialistische Philosophie ist keine Instanz, die über solche Fragen eine Entscheidung fällt, bevor sie wissenschaftlich entschieden sind. Die Welt kann ein endliches Volumen haben! Unsere dialektisch-materialistische Weltanschauung wird dadurch nicht aus den Angeln gehoben, im Gegenteil: Jede neue, tiefere Erkenntnis offenbart uns nur mehr von der Dialektik allen Seins. Diejenigen, die sagen, daß Theorien, in denen die Welt ein endliches Volumen und eine endliche Lebensdauer hat, unvereinbar mit der materialistischen Dialektik seien, verfälschen den dialektischen Materialismus und diskreditieren uns in der Welt.

Überhaupt soll man die Bedeutung sehr allgemeiner Lehr-

---

* Ebd. S. 169

sätze nicht überschätzen: Man kann immer feststellen, daß ihr Inhalt oder das, was die Menschen jeweils darunter verstehen, bestimmt wird durch das, was sie wissen, und nicht durch das, was sie noch nicht wissen. Der Wahrheitsgehalt sehr weitgetriebener Verallgemeinerungen ist immer nur relativ. Als Endergebnis eines langen Abstraktionsprozesses sind solche Verallgemeinerungen stets retrospektiv; ein neuer Fortschritt der Erkenntnis annulliert sie zwar nicht, deckt aber ihre Beschränktheit und Einseitigkeit auf und sichert ihren wirklichen Wahrheitsgehalt gerade dadurch, daß er ihre Allgemeingültigkeit aufhebt. Unsere Philosophie darf aber nicht durch das festgelegt werden, was wir bereits wissen, sondern sie soll der Schlüssel sein zu neuer Erkenntnis.

Mit der materialistischen Dialektik wird das Knechtschaftsverhältnis zwischen Wissenschaft und Philosophie aufgehoben. Weder hat die Wissenschaft die Aufgabe, die Sätze der Philosophie zu bestätigen, noch ist die Philosophie der geistige und ideologische Wächter über die Irrungen und Wirrungen der Wissenschaft.

Wir werden die Engherzigkeit und Unfruchtbarkeit im Bereich der Philosophie überwinden, sobald auch unsere Philosophen es als das größte Glück empfinden werden, wenn in der Wirklichkeit etwas entdeckt wird, das unvereinbar ist mit ihren bisherigen Ansichten.

DIALEKTIK OHNE DOGMA?

Die Vorlesung «Naturwissenschaftliche Aspekte philosophischer Probleme» habe ich im Herbst-Winter-Semester 1963/64 an der Humboldt-Universität zu Berlin für Hörer aller Fakultäten gehalten, und zwar in freier Rede unter Zuhilfenahme einiger vorbereiteter Notizen. Nach einer Bandaufnahme wurde ein nur wenig redigierter Text hergestellt, der als Skripte vervielfältigt an die Hörer, die sich in Listen eingeschrieben hatten, eine Woche später ausgehändigt wurde. Die Zahl der eingeschriebenen Hörer betrug 1250.

Aus der Art der Entstehung dieses Textes ergibt sich, daß er zumindest sprachlich nicht die Ansprüche erfüllt, die man an ein in Ruhe geschriebenes Buch stellen kann. Ich bin aber der Meinung, daß in dieser Veröffentlichung der unbearbeitete Originaltext vorgelegt werden soll, weil aus den Skripten meiner Vorlesung bereits viele Auszüge – teils auch fehlerhafte und aus dem Zusammenhang gerissene – ohne meine Einwilligung veröffentlicht worden sind. Es liegt mir daher sehr daran, daß die Öffentlichkeit das unveränderte und ungekürzte Original zur Kenntnis erhält.

Dies Buch ist ein kommunistisches Buch. Aber es wendet sich an Menschen jedweden Glaubens und jedweder politischer Richtung. Es erheischt nicht kritiklose Zustimmung, sondern fordert zum Widerspruch auf, zum Zweifel. Nur durch den Zweifel am Alten überwinden wir das Alte und bewahren uns doch seinen Reichtum, und nur durch den Zweifel am Neuen gewinnen wir das Neue und erhalten es am Leben.

Berlin, den 11.4.1964   Robert Havemann

Endlichkeit und Unendlichkeit

4. Vorlesung, 8. 11. 1963

Ich habe in den beiden vorhergehenden Vorlesungen einige naturwissenschaftliche Aspekte der Erkenntnistheorie behandelt. Allerdings umfaßt die Erkenntnistheorie keineswegs die ganze Philosophie. Der erkenntnistheoretische Aspekt hat Grenzen. Es ist schwer, von ihm aus zu allgemeineren Problemen vorzudringen wie zu den Fragen der Moral und des Humanismus. In der Erkenntnistheorie wird das «Ding an sich» behandelt, aber nicht, wie wir Menschen die Dinge zu «Dingen für uns» machen, wie wir die Welt in unsere menschliche Welt umgestalten. In der Erkenntnistheorie ist, wie Lenin es definiert hat, die Materie einfach nur die objektive Realität, unabhängig von unserem Bewußtsein. Sie existiert, ob wir nun sind oder nicht, ob wir denken oder nicht. Sie existierte, bevor es Menschen gab, und sie wird existieren, auch wenn es keine Menschen mehr geben wird. Aber die Welt ist auch *in* unserem Bewußtsein, sie ist die Welt, die wir uns bewußt machen, sie ist unsere Welt. Marx hat einmal gesagt, die Naturwissenschaft ist nicht nur die Wissenschaft von der Natur, sondern sie ist auch die Wissenschaft von der Natur des Menschen, woraus man wohl das Recht eines Naturwissenschaftlers ableiten kann, auch über sehr menschliche Dinge nachzudenken.

Ich komme heute zu einem Problem der Philosophie, das noch weitgehend erkenntnistheoretischen Aspekt hat. Es ist die Frage nach dem Zusammenhang von Endlichkeit und Unendlichkeit. Dies ist ein Thema, über das es von alters her bis auf den heutigen Tag viel Streit zwischen Philosophen und Naturwissenschaftlern gegeben hat. Ich will von einem allgemeinen Satz der materialistischen Philosophie ausgehen, der lautet: «Die Materie ist unendlich und ewig, sie ist unzerstörbar und kann auch nicht aus dem Nichts geschaffen werden.» Dieser Satz von der Unendlichkeit und Ewigkeit der Materie wird oft sehr oberflächlich und dogmatisch interpretiert, meistens deshalb, weil die Dialektik des Zusammenhangs zwischen Endlichkeit und Unendlichkeit nicht erfaßt wird. Heraklit von Ephesus, der vor zweieinhalb Jahrtausenden lebte, hat den wunderbaren Satz geprägt: «Die Welt, eine und dieselbe aus allem, haben weder die Götter noch die Menschen gemacht, sondern sie war, ist und wird sein, ewig lebendiges Feuer, nach Maß sich entzündend und nach Maß verlöschend.» Heraklit, den man den Dunklen nannte, war ja der erste große Dialektiker. Er befruchtete eine ganze Generation von Philosophen. Einer der bedeutendsten unter ihnen war Zenon, der in Elea lebte und dort die Schule der Eleaten begründete. Zenon hat sich mit den Paradoxien des Unendlichen befaßt. Von Zenon stammt der berühmte Satz, daß der schnelle Achilles die langsame Schildkröte nicht einholen kann. Zenon ging von der Vorstellung aus, die Wirklichkeit bestehe als vollkommene Homogenität, als vollständig unlösbarer Zusammenhang. Er führte den «Beweis gegen die Vielheit der Dinge», was besagen soll, daß es keine Grenzen zwischen den Dingen gibt. Alles Sein bildet eine homogene, vollständig in sich zusammenhängende Einheit. Daß wir trotzdem ein Ding zerlegen und spalten können, beruht nach Zenon darauf, daß dieses «Volle», aus dem die Welt besteht, von unendlich vielen Spalten durchzogen ist, aber von Spalten, die selbst so dünn sind, daß sie nichts Leeres enthalten, daß zwischen ihnen keine Leere ist. Diese Vorstellung von der vollständigen Homogenität und deshalb auch unendlichen Spaltbarkeit ist zweifellos einer von den Ausgangspunkten der Infinitesimalrechnung. Zenons Paradoxien des Unendlichen waren vom mathematischen Standpunkt aus gesehen erste Versuche einer Begründung der Infinitesimalrechnung. Im Schildkrötenparadoxon wird im Grunde nur dargestellt, daß es unendliche Reihen gibt, die eine Summation von unendlich vielen Summanden darstellen und deren Summe noch endlich ist. Zwar hat wohl Zenon den Zusammenhang von Unendlichkeit und Endlichkeit nur als Problem erfaßt, jedoch noch nicht gelöst. Aber viele große theoretische Erfolge der Naturwissenschaften nahmen ihren Ausgang von der Entdeckung von Paradoxien, in denen ein dialektischer Widerspruch zuerst in der Form eines absurden Widerspruchs in Erscheinung tritt.

Aus Zenons Lehren über die Paradoxien des Unendlichen ging später die Atomtheorie hervor, die von seinem Schüler Leukipp begründet wurde. Leukipp knüpfte an Zenons Idee an, daß die homogene Wirklichkeit von unendlich vielen feinen Spalten durchzogen sei. Leukipp meinte aber, daß, wenn die Zahl dieser Spalten wirklich unendlich groß ist, schließlich diese homogene Wirklichkeit nur noch aus Spalten bestehen müsse. Was für die unendlich vielen Spalten gelte, müsse ebenso für das «Volle» zwischen diesen Spalten richtig sein. Hieraus schloß Leukipp, daß das Volle, von dem Zenon sprach, überhaupt nur dann existieren könne, wenn es zwischen dem Vollen, dem Homogenen, zugleich das Leere gibt. Leukipp war der erste griechische Philosoph, der die Meinung vertrat, daß in der Welt nicht nur das Volle, sondern auch das Leere existiert. Die meisten Vor-Sokratiker haben die Behauptung von der Existenz des Leeren entschieden abgelehnt. Diese Ablehnung wurde im wesentlichen materialistisch begründet. Die Vorstellung des Leeren sei die Vorstellung von etwas, was nicht ist. Sie waren aber der Meinung, daß es kein Nichtsein geben könne. Das Leere könne nicht existieren, weil es ja gerade die Nicht-Existenz der Materie behaupte. Die Materie wird deshalb als die Welt vollständig erfüllend angesehen. Das Leere erscheint von diesem Aspekt aus als etwas Gedachtes, als etwas Nichtwirkliches. Es wird also von dem Standpunkt eines naiven, aber konsequenten Materialismus abgelehnt. Leukipp aber meinte, daß es das Volle nicht ohne das Leere geben könnte. Das Volle und das Leere bilden eine dialektische Einheit. Nach Leukipp ist die Materie nicht unbegrenzt zerteilbar. Wir können die Dinge nur teilen und spalten, weil sie – aus kleinsten homogenen Teilchen aufgebaut – schon durch das Leere zwischen diesen Teilchen – den Atomen – gespalten ist. Es wird oft gesagt, das Wesentliche der alten Atomtheorie sei die Behauptung, die Atome seien nicht teilbar. Aber das ist nur äußerlicher Aspekt dieser

Lehre, der ja auch nicht richtig ist. Der wahre Aspekt ist der, daß die kleinsten Teilchen noch alle Eigenschaften haben, die der jeweilige Stoff im ganzen besitzt. Bei Demokrit finden wir deshalb auch bereits die Vorstellung von den Molekülen, die aus den eigentlichen Atomen zusammengesetzt sind. Wir wissen heute, daß auch die Atome teilbar sind. Wenn man aber die Moleküle und Atome spaltet, so entsteht etwas Neues. Die Moleküle und Atome waren nach Leukipp und Demokrit aber kleinste Teile, die noch die Eigenschaften des Ganzen haben. Dies bedeutet, daß ihre Auffassungen im wesentlichen richtig waren. Leukipp hob das Unendliche, das in Zenons Auffassung als Einheit von Endlichkeit und Unendlichkeit existiert, auf. Er verwandelte die Unendlichkeit in eine Summe von lauter Endlichkeiten, in eine unendliche Wiederholung und Aneinanderreihung von immer Gleichem. Hegel nannte das die «schlechte» Unendlichkeit. Die schlechte Unendlichkeit erwächst aus einer schlechten Endlichkeit, aus einer Endlichkeit nämlich, die nur auf ihrer Begrenztheit beruht. Wenn das Endliche als das Begrenzte aufgefaßt wird, so ergibt sich die Unendlichkeit einfach als die Unbegrenztheit, als das Ergebnis des ständig unendlichen Wachsens durch immer weiteres Hinzufügen des Gleichen, des Ähnlichen und schließlich auch des Anderen. Die Welt erstreckt sich ins Unendliche, das soll heißen: Je weiter wir in ihr voranschreiten, je tiefer wir sie durchmessen, es wird doch alles nur eine ewige Wiederholung des Gleichen sein. Das ist nach Hegel die «schlechte Unendlichkeit», die naive, oberflächliche Auffassung vom Unendlichen. Hegel hat in voller Klarheit ausgesprochen, daß das Endliche und das Unendliche eine dialektische Einheit bilden, daß beide Begriffe einander bedürfen, sich wechselseitig ergänzen und begründen. Jeder Begriff wird erst dadurch erfaßt, daß wir sagen, was er *nicht* ist. Das Endliche wird dadurch definiert, daß es vom Unendlichen geschieden wird. Und umgekehrt ist das Unendliche auch wiederum zunächst nur die einfache Negation des Endlichen. In der dialektischen Logik wird das Nichtsein nicht als ein allgemeines, inhaltsleeres Nichtsein aufgefaßt, sondern als das Nichtsein von etwas ganz Bestimmtem, als ein bestimmtes Nichtsein. Die Negation ist also zugleich die positive Bestimmung der Sache, die sie negiert. Dadurch, daß ein Etwas etwas Bestimmtes ist, ist es eben alles andere nicht. Durch dieses Nichtsein des Andersseins erst wird es seinem Begriffe nach vollständig definiert. Dies gilt nach Hegel auch von dem Begriffspaar des Endlichen und des Unendlichen. Zunächst ist rein definitorisch das eine die Negation des anderen. Beide befinden sich also, wie Hegel sagt, in einer *Wechselbestimmung*. Wörtlich heißt es bei Hegel: «Das Unendliche ist

a) in *einfacher Bestimmung* das Affirmative als Negation des Endlichen,

b) es ist aber damit in Wechselbestimmung mit dem Endlichen und ist das abstrakte, *einseitige Unendliche*,

c) das sich Aufheben dieses Unendlichen wie des Endlichen als *Ein** Prozeß – ist das wahrhafte Unendliche.» **

Hegel meint, daß Endlichkeit und Unendlichkeit sich in ihrer Einheit aufheben, wobei dieses Aufheben nur als «Ein» Prozeß erreicht wird, der im ständigen Lösen und Wiederherstellen des Widerspruchs besteht, eines unlöslichen Widerspruchs zwischen Endlichkeit und Unendlichkeit. Dieser Prozeß erst ist das wahrhafte Unendliche. Engels hat in der «Dialektik der Natur» etwas Ähnliches hierzu gesagt: «Das Erkennen des Unendlichen ist daher mit doppelten Schwierigkeiten umschanzt und kann sich seiner Natur nach nur vollziehen in einem unendlichen, asymptotischen Progreß. – Das Unendliche ist ebenso erkennbar wie unerkennbar.» ***

Die moderne Naturwissenschaft hat diese Gedanken in erstaunlicher Weise beleuchtet. Der Begriff der Unendlichkeit der klassischen Physik entspricht weitgehend dem, was Hegel die

---

* Hegel schreibt «Ein» hier groß, um die völlige Einheitlichkeit dieses Prozesses hervorzuheben.
** Hegel, «Wissenschaft und Logik», Berlin 1936, S. 125/126
*** F. Engels, «Dialektik der Natur», Berlin 1953, S. 250

schlechte Unendlichkeit genannt hat. In der klassischen Physik wird die Welt als ein unendlicher euklidischer Raum aufgefaßt, in dem Materie verteilt ist. Der Kosmos der klassischen Physik hat keinen Raum für irgendeinen Anfang oder Ende, weder räumlich noch zeitlich. In unendlicher Erstreckung existiert diese Welt seit Ewigkeit und in Ewigkeit. In den Lauf der Dinge dieser Welt kann niemand eingreifen, nicht einmal Gott. Falls er wirklich ihr Schöpfer war, blieb seine einzige Tat, sie in Gang zu setzen, ihr den ersten Anstoß zu geben. Darauf gründet sich die Äußerung von Engels, daß der liebe Gott gerade von den Naturforschern am schlechtesten behandelt wird, die an ihn glauben. In dieser klassischen, mechanischen Vorstellung von der Welt gibt es natürlich keine Endlichkeit des Raumes, weil man sich das Endliche nur als Begrenztes vorstellen kann. Diesem «schlechten» Endlichen entspricht die schlechte, unbegrenzte Unendlichkeit.

Wir wissen heute, daß die Vorstellung, nur etwas Unendliches könne unbegrenzt sein, falsch ist. Auch Endliches kann unbegrenzt sein. Einigen modernen Kosmologien liegt die Vorstellung zugrunde, daß der Kosmos ein dreidimensionaler gekrümmter Raum mit endlichem Volumen sei. Diese Theorien operieren mit der Möglichkeit eines geschlossenen Raumes. In der modernen Geometrie wird der Begriff Raum nicht auf den dreidimensionalen beschränkt, sondern ganz allgemein für alle geometrischen Gebilde beliebiger Dimensionalität angewendet. Der zweidimensionale Raum ist eine Fläche. Ein zweidimensionaler Raum kann selbstverständlich endlich *und* unbegrenzt sein, wie es die Oberfläche jedes dreidimensionalen Körpers immer ist. Sie ist selbst die Grenze für den dreidimensionalen Raum, den sie einschließt. Aber als Fläche, als zweidimensionaler Raum ist sie nicht begrenzt. Die Oberfläche einer Kugel ist nirgends begrenzt, sie ist aber endlich. In ihr ist kein Punkt Mittelpunkt. Man kann aber auch sagen: Jeder Punkt ist Mittelpunkt, denn die am weitesten entfernten Punkte sind von jedem Punkt gleich weit entfernt. Daß der Raum der Welt tatsächlich Krümmung besitzt, ist erwiesen. In der Nähe großer Massen ist die Krümmung sehr stark. Wie groß seine mittlere Krümmung im ganzen ist, weiß man heute noch nicht mit Zuverlässigkeit. Ein gekrümmter Raum muß nicht unbedingt ein unbegrenzter endlicher Raum sein. Er kann ein kugelig geschlossener Riemannscher sein mit endlichem Krümmungsradius und endlichem Volumen. Er kann aber auch ein hyperbolischer Lobatschewskischer Raum sein, der gekrümmt ist, aber mit zunehmendem Krümmungsradius, ein offener Raum mit unendlichem Volumen.

Die kosmologischen Modelle, die der Welt ein endliches Volumen zuschreiben, wurden von vielen Philosophen mit Entschiedenheit abgelehnt. Unglücklicherweise haben sich jahrelang besonders auch marxistische Philosophen gegen diese Ansichten gewandt. Sie erklärten, diese Theorien müßten falsch sein, weil sie mit dem dialektischen Materialismus unvereinbar seien, der behauptet, daß die Welt unendlich ist. Ich habe noch voriges Jahr das heute zum Glück schon seltene Vergnügen gehabt, von einem unserer Philosophen eine derartige Argumentation mit eigenen Ohren zu hören, nämlich von Klaus Zweiling in Leipzig, dem Nachfolger Blochs. In aller Öffentlichkeit sagte er in der Diskussion zu meinem Leipziger Vortrag etwa das Folgende: Wenn die Welt ein endliches Volumen haben soll, was ist denn dann außerhalb dieses endlichen Volumens? Es muß doch etwas wieder herum sein um diese endliche Welt! – Zum Verständnis der Naivität dieser Argumentation denken Sie sich bitte eine Art von Lebewesen, die sich aus irgendeinem Grund nur zweidimensionale Gebilde, also Flächen vorstellen können. Eine gekrümmte Fläche überschreitet demnach ihr Vorstellungsvermögen. In ihrer Vorstellung kann es nur ebene Flächen geben, die nur endlich sein können, wenn sie begrenzt sind. Diese Lebewesen mögen auf der Erde leben. Zu ihrem Schrecken werden sie feststellen, daß die Fläche, auf der sie leben, nirgends begrenzt und doch endlich ist. Dies wird – wie im Beispiel der Argumentation Zweilings – zweifellos die Kräfte ihres Verstandes überfordern. Analog ist es mit unserer gekrümmten Raumwelt. Unsere platte Anschauung versagt im Falle des gekrümmten Raumes. Als denkende Wesen sind wir aber nicht an die Grenzen unserer Anschauung gefesselt. Auch als Philosophen sollten wir uns über die Käseglocke unserer Raumanschauung erheben können. Ich hatte immer geglaubt, die Philosophen müßten uns Naturwissenschaftler öfter ermahnen, nicht zu naiv zu sein, aber hier befinden wir uns in der umgekehrten Lage.

Die Vorstellung von der unbegrenzten, aber endlichen Welt stellt die Frage: Ist damit das Unendliche aus dieser Welt verschwunden? Bedeutet ein solches kosmologisches Modell, es gäbe nur Endliches? Wird damit der Begriff der Endlichkeit als der allein gültige und sinnvolle Begriff deklariert? Es gibt Philosophen, die meinen, der Begriff der Unendlichkeit sei einer der tiefsten Irrtümer des menschlichen Geistes, eine der unzulässigen Extrapolationen unseres Denkens. Tatsächlich können wir ja nur Endliches erkennen, niemals Unendliches. Das Unendliche ist zwar erkenntnistheoretisch eine Extrapolation über den Bereich des wirklich Gewußten hinaus, ein «ignorantiae asylum», wie sich z. B. Ernst Kolman ausdrückt. Im Unendlichen ist etwas enthalten, was wir nicht wissen. Alle Erkenntnis ist endlich. Doch muß darum auch ihr Gegenstand ein endlicher sein? Auch endliche Gegenstände werden von uns ja nur teilweise erfaßt. Wäre nicht schon das vollständige Erfassen auch nur eines endlichen Gegenstandes ein unendlicher Prozeß? Die Behauptung, die Welt sei nicht nur in ihrer Erkennbarkeit endlich, sondern sie sei überhaupt endlich, ist ebensowenig aus der Erfahrung ableitbar wie die Behauptung, daß sie unendlich ist. In beiden Fällen machen wir eine Extrapolation über die Grenzen dessen hinaus, was wir wirklich wissen. Darum sagte Hegel, Endlichkeit und Unendlichkeit heben sich auf in einem Prozeß. Aus der allgemeinen Bestimmung des Unendlichen als der Negation des Endlichen kann aber keine Philosophie, die diesen Namen verdient, Behauptungen für oder wider eine *bestimmte* Endlichkeit oder Unendlichkeit der Wirklichkeit herleiten. Aus der allgemeinen Behauptung der Unendlichkeit der Materie kann man nicht herleiten, sie fordere diese nun auch in ganz bestimmter Hinsicht, nämlich z. B. in bezug auf das Volumen der Welt. Die Verletzung der philosophischen Grundlagen des dialektischen Materialismus ist hierbei um keinen Deut geringer als bei der Behauptung von der absoluten Endlichkeit aller Dinge mit der Begründung, daß wir immer nur Endliches vorgefunden haben. Es ist schon so, wie Engels es sagte: «Das Unendliche ist ebenso erkennbar wie unerkennbar.»

Mit dem Begriff des Unendlichen verhält es sich ähnlich wie bei einigen sehr allgemeinen Sätzen der Naturwissenschaften. Sie können aus keiner einzelnen Erfahrung entnommen werden, sie wurden aus einer unbegrenzten Zahl von Einzelerfahrungen abstrahiert. Allerdings könnten sie durch eine einzige gegen sie zeugende Erfahrung außer Kraft gesetzt werden. Das Gesetz von der Erhaltung der Energie ist zweifellos in der Form, wie wir es heute physikalisch verstehen, ein solcher allgemeiner Erfahrungssatz. Aber es ist grundsätzlich denkbar, daß dieser Satz durch weitere Erkenntnis variiert und sogar in der Form, in der er heute aufgefaßt und verstanden wird, aufgehoben und als ungültig erkannt wird. Aber solange keine Erfahrung dem Energiesatz widerspricht, ist er ein *allgemeinster* Erfahrungssatz. Das gleiche gilt auch vom Entropiesatz und von vielen physikalischen Grundsätzen. Aber natürlich ist es denkbar, daß wir eines Tages die Begrenztheit solcher Sätze, ihre Aufhebung in einer tieferen Wahrheit erleben werden. Ich will das an dem Beispiel des Energiesatzes erläutern. Nehmen wir einmal an, es gäbe nicht nur positive Energie, sondern auch negative. (Jordan hat dies übrigens einmal von der potentiellen Energie des expandierenden Universums behauptet.) Wenn die Energie tatsächlich ein Vorzeichen hätte, und zwar ein positives wie ein negatives, so könnte auch ein Satz gelten, der behauptet: Die Summe aller Energien muß immer gleich Null sein. Es muß ebensoviel positive wie negative Energie geben. Wenn dies der Fall wäre, so könnte sich natürlich die Menge der positiven Energie auch vermehren oder vermindern, indem eine äquivalente Menge negativer Energie entsteht oder verschwindet. Der bisherige Energiesatz gilt aber – in Unkenntnis der negativen Energie – nur für die positive Energie. Wir könnten also Vorgänge entdecken, in denen Energie (positive) verschwindet, ohne daß irgendwo dafür neue positive entstehen muß. Damit wäre der Energiesatz in der alten Form aufgehoben. Wir müßten danach trachten, herauszufinden, aus welchen besonderen Gründen er bisher zum Scheine gilt.

Dies Beispiel soll zeigen, daß auch die allgemeinsten Vorstellungen und so auch die Vorstellung vom Unendlichen *niemals* in ihrer konkreten Anwendung unerschütterlich sind. Ständig bedürfen sie der Erfahrung als ursprüngliche Quelle, sie können nicht aus der Logik allein entwickelt werden, wie es manche Philosophen – und nicht nur idealistische – glauben. Viele Erkenntnisse, wie der Energiesatz, das Kausalitätsgesetz, der Impulssatz, der Satz von der Entropie, werden nicht nur als Erfahrungssätze, sondern zugleich als logische Notwendigkeiten aufgefaßt. Der Satz: «Die Welt, die Materie kann nicht aus nichts entstehen und kann sich nicht in nichts verwandeln», wird als ein logischer Satz verstanden, als evidente, vor aller Erfahrung bereits richtige und durch keine Erfahrung widerlegbare Wahrheit. Tatsächlich gibt es überhaupt keinen Satz, der nicht durch Erfahrung widerlegt werden kann. Sogar je allgemeiner ein Satz, um so weniger genügt an Erfahrung, um ihn zu widerlegen. Ein glänzendes Beispiel hierfür ist der Versuch von Michelson, der die Entwicklung der Relativitätstheorie auslöste:

Im unendlichen Raum der klassischen Physik sind alle beobachteten Bewegungen nur relative Bewegungen. Es sind Bewegungen der Körper gegeneinander. Es ergab sich die Frage: Existiert ein absoluter Raum, demgegenüber alle Bewegungen nicht relative, sondern eben absolute sind? Es galt ein Verfahren herauszufinden, mit dessen Hilfe die absolute Bewegung unserer Erde gegenüber dem absoluten Raum festgestellt werden kann. Das hierfür geeignete Instrument war ein von Michelson konstruiertes Interferometer. Als man mit seiner Hilfe feststellte, daß diese absolute Bewegung der Erde gleich Null ist, daß die Erde

also im absoluten Raum still steht, schlossen daraus die Naturwissenschaftler nicht, daß nun doch der Streit zwischen Ptolemäus und Galilei zugunsten von Ptolemäus entschieden sei und
die Erde demnach der ruhende Mittelpunkt der Welt sei, wie es
die katholische Kirche gegenüber Galilei gefordert hatte. Sie
schlossen daraus vielmehr, daß die Vorstellungen von Raum und
Zeit revidiert werden müssen. Diese Vorstellungen waren offensichtlich die Grundlage für die falsche Auslegung der Meßergeb-
nisse des Michelson-Versuchs und für die falsche Art der Fragestellung in dem ganzen Versuch. Eine bis dahin für logisch
evident gehaltene Wahrheit wurde durch Erfahrung widerlegt,
und zwar durch eine einzige. Auch Endlichkeit und Unendlichkeit müssen immer erst in ihrer Konkretheit von der Wissenschaft erfaßt werden. Als allgemeine Kategorien haben sie niemals mehr Sinn als den, den sie durch unsere konkrete Kenntnis
erhalten haben. Alle philosophischen Kategorien, alle allgemeinen philosophischen Erkenntnisse haben nur einen Inhalt durch
das, was wir von der Welt wissen, und nicht durch das, was wir in
sie hineindenken. Diese Feststellung scheint so selbstverständlich zu sein, daß sich vielleicht viele von Ihnen wundern, daß ich
sie überhaupt zum Ausdruck bringe. Wenn Sie aber in philosophischer Literatur stöbern, werden Sie bald Beispiele für grobe
Verletzungen dieses Grundsatzes finden. Ein Berliner Philo-
sophieprofessor aus dem Jahre 1931 war z. B. dermaßen von der
Richtigkeit der Philosophie Kants überzeugt, daß er tatsächlich
glaubte, er könne Einstein mit Kant widerlegen. Auch im Namen
des dialektischen Materialismus ist zeitweilig mit der Philosophie gegen die Naturwissenschaft argumentiert worden. Viktor Stern z. B. war mit der Relativität der Gleichzeitigkeit nicht
einverstanden. In der Relativitätstheorie gibt es ja keine absolute, sondern nur eine relative Gleichzeitigkeit von Ereignissen.
Dagegen wandte V. Stern ein, daß, wenn nach der Relativitätstheorie nur eine relative Gleichzeitigkeit festgestellt werden
könne, dies nur daran läge, daß unsere Erkenntnisse immer nur
relative sind. Daraus könne man aber nicht schließen, daß es

keine absolute Gleichzeitigkeit gäbe. Die absolute Gleichzeitigkeit sei das, was zwar schwer zu erkennen ist, was aber doch objektiv existiere. Im Grunde war die Sache sehr einfach. Weil Viktor Stern sich nur eine absolute Gleichzeitigkeit vorstellen konnte, mußte es sie auch geben. Die Naturwissenschaftler konnten sie eben *noch* nicht feststellen. Aber Stern als Philosoph wußte schon von ihr. Er war übrigens auch der Meinung, daß es einen absoluten Raum geben müsse. Man solle nur genügend lange fortfahren in der Beobachtung der relativen Bewegung der Himmelskörper, dann würde man schließlich eine mittlere Bewegung, ein mittleres Koordinatensystem finden, demgegenüber sich alle Bewegungen gegenseitig kompensieren, womit man das Koordinatensystem des absoluten Raumes gefunden habe. Viktor Stern und andere Gegner der Relativitätstheorie hatten eben nicht begriffen, daß die alten Vorstellungen vom absoluten Raum und von der absoluten Gleichzeitigkeit durch den Michelson-Versuch widerlegt worden waren und neuen, tieferen theoretischen Einsichten Platz machen mußten. Es bedeutete für die Entwicklung des menschlichen Geistes einen außerordentlichen Fortschritt gegenüber früheren Zeiten, daß das Ergebnis des Michelson-Versuchs als Zeichen eines tiefen Mißverständnisses empfunden wurde und nicht als eine Bestätigung des geozentrischen Weltbildes. Das war das Neue. Die Wissenschaft hatte begriffen, daß die Welt nicht zu unseren Zwecken gebaut ist und daß wir nicht der Mittelpunkt der Welt sind.

In dem kosmologischen Modell der gekrümmten, geschlossenen Raumwelt mit endlichen Volumen gibt es keinen Mittelpunkt des Raumes, so wie es auf der gekrümmten Kugeloberfläche keinen Mittelpunkt gibt. Die modernen kosmologischen Modelle bedeuten eine außerordentliche Weiterentwicklung unserer physikalischen Raumvorstellungen, weil sie die schlechte Unendlichkeit des mechanisch-klassischen Raumbegriffes überwinden. Die wirkliche Unendlichkeit kommt eben nicht durch unendliche Wiederholung zustande. Der endliche, aber unbegrenzte Raum ist außerdem nur der Zahl der Kubikmeter nach, die er enthält, endlich. In jeder gewünschten praktischen Hinsicht ist er aber auch unendlich. Denken wir uns ein Raumschiff, das mit nahezu Lichtgeschwindigkeit fliegt. Die Zeitdilatation kann dann im Prinzip so groß sein, daß es möglich wäre, den gesamten gekrümmten Raum in – sagen wir – wenigen Jahren zu durchmessen. In wenigen Jahren Raumfahrt würden wir Milliarden von Lichtjahren an Entfernung zurücklegen. Natürlich würde, von der Erde aus gesehen, die Reise eines solchen Raumschiffes dennoch einige Milliarden Jahre dauern. Trotzdem würden die Insassen des Raumschiffes während dieser Reise nur einige Jahre älter werden. Was würden die Insassen eines solchen Raumschiffes erleben, wenn sie die «endliche Welt» umschiffen? Was würden sie beobachten, wenn sie an den Ausgangspunkt ihrer Reise zurückkehren? Tatsächlich würden sie ja an den Ausgangsort ihrer Reise nur zurückkehren können zu einer Zeit, die für diesen Ausgangsort um Milliarden Jahre später ist. Milliarden Jahre später hätten sich aber nicht nur die räumlichen Verhältnisse in diesem Teil des Kosmos so vollständig verändert, daß er nicht mehr wiedererkennbar wäre, auch die Himmelskörper, unsere Sonne, die Erde, sie alle hätten inzwischen eine Entwicklung durchgemacht, die sie so verändert hätte, daß sie von ihrem früheren Zustand so verschieden geworden wären, wie beliebige andere Planeten in anderen Gebieten des Kosmos von der Erde verschieden sind. Das endliche Raummodell hebt also die Unendlichkeit nicht auf, sondern gibt ihr nur einen ganz anderen Aspekt. Sie transponiert die Einheit von Endlichkeit und Unendlichkeit, die wir uns auf Grund des geschlossenen Raummodells vorzustellen suchen, auch wieder in eine schlechte Unendlichkeit der ewigen Wiederholung, besser gesagt, des Nichtwiederauffindbaren. Dieser endliche Raum wäre für die Raumfahrer durch nichts zu unterscheiden von einem alten euklidischen unendlichen Raum.

Bei all dem muß aber immer wieder hervorgehoben werden, daß alle diese Vorstellungen über die Endlichkeit eines geschlossenen Raumsystems nichts anderes sind als Modellvorstellungen. Es sind Modellvorstellungen, die nicht mehr über die ganze Welt aussagen, als auf Grund der lokalen Bedingungen, die wir hier vorgefunden haben, ausgesagt werden kann. Im Grunde bedienen sie sich der Unendlichkeit nur als wissenschaftliches Hilfsmittel. Die Philosophen mißverstehen den Charakter solcher kosmologischen Modelle gründlich, wenn sie glauben, daß der Naturwissenschaftler mit Hilfe dieser Modelle wirklich etwas über die Gesamtheit des Kosmos aussagen will. Die Naturwissenschaftler sind gern bereit, diesen ungeheuren Sprung den Philosophen zu überlassen. Wir wollen uns nur über die Welt informieren, in der wir leben. Aber wir müssen uns bei den Modellen dieser Welt, die wir entwerfen, der Dialektik von Endlichkeit und Unendlichkeit bedienen.

In noch tieferen Streit sind Theorien verwickelt, die die Endlichkeit der Zeit behaupten. Daß die Welt nicht seit Ewigkeit existiere, sondern daß gedacht werden kann, daß ihre Existenz erst seit endlicher Zeit besteht, wird gleichfalls von vielen Philosophen als grundsätzlich falsch angesehen. Hermann Ley hat erst kürzlich erklärt, daß jede Theorie, die ein endliches Alter der Welt behauptet, eine Theorie sei, welche letzten Endes die Behauptungen der Theologie verifiziert, daß diese Welt von Gott erschaffen worden sei. Solche Theorien stehen angeblich im Widerspruch zu den allgemeinsten Grundsätzen der wissenschaftlichen Erfahrung. Auch hier begegnen wir dem Versuch, mit logischen Gründen zu beweisen, die Welt müsse seit Ewigkeit existieren, allerdings mit logischen Gründen, die, wie wir (...) sehen werden, auf logischen Vorurteilen beruhen.

Die Unvollständigkeit der Kopenhagener Deutung der Quantenmechanik

8. Vorlesung, 6. 12. 1963

Ich will zunächst noch einmal kurz zusammenfassen, worin ich die hemmende Wirkung des mechanischen Materialismus bei der Entwicklung der Quantenmechanik sehe. Es ist dies ein besonders prägnantes Beispiel für die schädliche Wirkung dieser Philosophie auf die Entwicklung der Naturwissenschaft. Schon der lang andauernde Streit zwischen der Kopenhagener Schule und der Gruppe, die zuerst unter der Führung von Einstein stand und sich inzwischen in der Gruppe Vigier und Bohm erneuert hat, war ja nichts anderes als die Kritik der Quantenmechanik von den Positionen des mechanischen Materialismus aus. Die Gegner Bohrs wollten den «Indeterminismus» der Quantenmechanik durch eine theoretische Erweiterung der Theorie beseitigen, die ihrem Wesen nach darin bestand, die verborgenen Parameter zu konstruieren. Die Kopenhagener Schule, der sich schließlich die Mehrheit der theoretischen Physiker in der Welt anschloß, erklärte demgegenüber, daß der Indeterminismus der Quantenmechanik nicht zu beseitigen sei, weil er im Wesen der Naturkonstante h, des Planckschen Wirkungsquantums, liege. Allerdings wurde von Bohr der Indeterminismus der Quantenmechanik als eine Grenze unserer Erkenntnisfähigkeit gedeutet. Heisenberg gab die Formulierung, die Tatsache, daß die Quantenmechanik indeterministisch sei, bedeute, daß wir grundsätzlich keine vollständige Kenntnis des Faktischen erlangen könnten. Demnach wurde auch in der Kopenhagener Deutung das Zufällige in der Natur in Zusammenhang gebracht mit der angeblichen Unmöglichkeit, vollständige Kenntnis von den Naturzusammenhängen erlangen zu können. Als nun viele Vertreter des dialektischen Materialismus die Kopenhagener Schule deshalb angriffen, weil aus ihrer Interpretation eine Art von Agnostizismus hervorging und weil die erklärten Materialisten sich offen für die Lösungsversuche von de Broglie, Vigier und Bohm einsetzten, kamen die Philosophen, die sich auf die Seite der Kopenhagener Schule stellten, zu der Meinung, daß die Quantenmechanik den Materialismus widerlegt hätte. Es sei nun bewiesen, daß die «realistischen Philosophien» eine metaphysisch-aprioristische Basis hätten. Die Idee von der Materialität der Welt oder von ihrer materiellen Einheitlichkeit sei durch nichts zu beweisen. Die Wirklichkeit sei eben nicht materiell.

Die Ableugnung der vollständigen Erkennbarkeit des «Faktischen» durch die Kopenhagener Schule ist aber gleichfalls aus dem mechanischen Materialismus hervorgegangen und nicht etwa aus einer Neigung zum Positivismus oder Agnostizismus. Zwar haben Bohr und Heisenberg die verborgenen Parameter abgelehnt. Sie haben die Quantenmechanik in der nun ausgearbeiteten Form für eine abgeschlossene Theorie erklärt, die nicht weiter verbessert werden kann. Sie wird sich zwar später einfügen in eine umfassende Theorie von komplexeren Erscheinungen. Aber die Form, in der sie vorliegt, wird auch dabei nicht mehr variiert werden. In diesem Sinne haben sie die Existenz verborgener Parameter bestritten. Aber mit ihrer Behauptung, daß wir keine vollständige Kenntnis des Faktischen erlangen könnten, haben sie im Grunde die These von den verborgenen Parametern durch eine Hintertür wieder eingeführt. Die Fakten sind bei der Bewegung von Mikroteilchen nämlich die Daten, mit denen man ihre Bewegung klassisch physikalisch exakt beschreiben kann. Bei Kenntnis der Ortskoordinaten und der Impulskoordinaten ist nämlich bei gegebenem Bewegungsgesetz eine vollständige, exakte Beschreibung der Bahn möglich. Da aber auf Grund der Heisenbergschen Unbestimmtheitsrelation gerade in bezug auf diese kanonisch-konjugierten Größen die Unbestimmtheit im Betrage von h gilt, erscheint es so, als ob wir keine vollständige Kenntnis der Orts- und Impulskoordinaten erlangen könnten. Aus diesem klassisch-mechanischen Bild geht die agnostizistische These der Kopenhagener Deutung hervor.

Es bedeutet darum einen neuen wichtigen Schritt in der Interpretation der Quantenmechanik, wenn man auch diese zweite Pseudoform der Thesen von den verborgenen Parametern ad acta legt. Was sich als grundsätzlich nicht erkennbar erweist, das ist nur etwas Gedachtes, aber nichts Wirkliches. Die Wirklichkeit richtet sich aber nicht nach dem, was wir denken, sondern umgekehrt: Was wir denken, muß zum Inhalt haben, was in der Wirklichkeit existiert.

Es ist die gleiche Situation wie im Falle der Relativitätstheorie mit dem absoluten Raum. Man erkannte, daß der absolute Raum nur etwas Gedachtes, aber nichts Wirkliches ist und daß man ihn deshalb, weil er nichts Wirkliches ist, auch nicht nachweisen und ausmessen kann.

Möglichkeit, Wirklichkeit und Kausalität

Die vollständige und in allen Punkten der Erfahrung entsprechende Interpretation der Quantenmechanik ist, wie ich es ausführlich dargestellt habe, auf der Grundlage des dialektischen Materialismus möglich. In der materialistischen Dialektik wird das Zufällige wirklich als eine objektive Kategorie der Wirklichkeit aufgefaßt. Nicht als etwas, das erst aus der Unvollständigkeit unserer Kenntnisse hervorgeht. Die Wirklichkeit ist objektiv zufällig. Natürlich heißt das nicht, sie sei vollständig indeterminiert oder akausal. Aber in den Grenzen, die jeweils durch die Gesetzmäßigkeiten der Natur gesteckt sind und die in der Quantenmechanik im Wellenbild, im Bild des Möglichen, ihren Ausdruck finden, ist es zufällig, welche Möglichkeit sich realisiert. In der marxistischen Dialektik erwächst die Zufälligkeit aus der Dialektik von Möglichkeit und Wirklichkeit. Weil das Mögliche eben nur ein Mögliches ist, weil es geschehen kann und auch nicht geschehen kann, darum kann es nur zufällig sein. Was möglich ist, das allerdings ist nicht zufällig, sondern geht mit Notwendigkeit aus der Wirklichkeit hervor. Das Mögliche ist determiniert.

Es fragt sich in diesem Zusammenhang, ob unter dem Begriff Wirklichkeit etwa die gesamte Realität aufgefaßt wird und damit das Mögliche als eine Kategorie der Unwirklichkeit verstanden wird. Ist die Wirklichkeit, die wir vorfinden, gewissermaßen nur die eine Seite, während etwas Geistiges, das Notwendige in der Form des Möglichen auf der anderen Seite steht? Wenn wir in dieser Weise die Welt spalten, dann geraten wir tatsächlich in die Gefahr einer idealistischen Konzeption. Wir müssen begreifen, daß das Mögliche ebenso unlösbarer Bestandteil der Realität ist wie das sich jeweils Verwirklichende. Möglichkeit und Wirklichkeit bilden auf Grund der Dialektik eine widerspruchsvolle Einheit. Sie ist nur begrifflich voneinander zu scheiden, in Wirklichkeit aber unlösbar miteinander verknüpft. Ständig entzündet sich das Wirkliche im Möglichen, und ständig geht neue Möglichkeit aus der sich entwickelnden Wirklichkeit hervor. Die ganze Realität, das ganze Sein unserer Welt, ist zugleich Möglichkeit und Wirklichkeit.

Es gibt einen wunderbaren Satz von Laotse, dem großen chinesischen Philosophen: «Alles Große entsteht stets aus Geringem. Man muß wirken auf das, was noch nicht da ist.» * In diesen Sätzen ist im Grunde der Gedanke von der tiefen Bedeutung des Möglichen schon ausgesprochen. Wir müssen auf das Mögliche wirken, bevor es zur Wirklichkeit geworden ist. Wir gestalten und verändern die Welt, indem wir ihre Möglichkeiten ändern. So erreichen wir, daß wirklich wird, was wir erstreben. Wenn man den Satz «Alles Große entsteht stets aus Geringem» betrachtet, könnte er auch als eine Bestätigung der These von den kleinen Ursachen und den großen Wirkungen erscheinen. Hegel hatte sich mit Entschiedenheit gegen diese Ansicht gewendet und gesagt, eine Ursache ist niemals kleiner, unbedeutender als ihre Wirkung. Sie ist sogar mit ihr identisch. Ursache und Wirkung stehen in der Beziehung der Identität, zugleich aber auch in der Beziehung der Nichtidentität, weil sich in der Wirkung die Ursa-

* Laotse, «Tao Te King» (übersetzt v. R. Wilhelm), Jena 1921, S. 68/69

72

che nicht nur fortsetzt, sondern auch aufhebt und wandelt, wie alles sich stets wandelt, indem es wirkt.

Was aber bedeutet nun «Alles Große entsteht stets aus Geringem»? Haben wir nicht mancherlei Erfahrung davon, wie das Große aus dem Geringen entsteht? Bei der Entwicklung der Lebewesen aus einer befruchteten Eizelle entsteht aus einer winzigen Menge Materie das ganze Lebewesen mit all seinen erblichen Eigenschaften. Es ist determiniert durch das, was in dieser winzigen Eizelle irgendwie niedergeschrieben ist; wie wir heute wissen, in einem komplizierten Code, der die Information der Vererbung in den Kernen der Zelle enthält. Kann man sagen, daß hier eine kleine Ursache eine große Wirkung hat? Ich glaube nicht. Man darf nicht der kleinen, winzigen Eizelle das große, fertige Individuum gegenüberstellen. Man muß bedenken, dies Ganze ist ein Prozeß der Entwicklung. Entwicklung bedeutet immer ständige Zunahme, Ausbreitung, Ausdehnung und Wandlung des Werdenden. In der Entwicklung haben wir stets diesen Gang vom Geringen zum Großen. Andererseits ist die Eizelle ja auch Produkt eines fertigen Individuums. Die Eizelle ist einfach die Konzentration aller erblichen Informationen in einem möglichst kleinen Materieteil. Die befruchtete Eizelle ist aufs äußerste geschützt gegen Störungen und Einwirkungen der Umwelt. Sie ist eine lebende Zelle, die gegen die Umwelt abgeschirmt ist, damit sie ein Lebewesen hervorbringen kann, in dem die Art sich fortsetzen kann.

Die Eizelle ist nicht nur funktionell eine omnipotente Zelle, aus welcher bei den folgenden Teilungen mehr und mehr spezialisierte Formen hervorgehen. Sie enthält in ihrer Erbsubstanz überhaupt alle Möglichkeiten der zukünftigen Entwicklung des Lebewesens. In der Vererbungslehre unterscheidet man den Genotypus von dem Phänotypus. Denn niemals kommen alle Möglichkeiten zur Entwicklung, die in einer Eizelle aufbewahrt sind. Niemals kommen sie in einem einzigen Individuum zur vollen Entwicklung. Jedes Individuum verwirklicht nur einen Ausschnitt aus der Gesamtheit der erblichen Möglichkeiten. Der

Phänotypus, der einzelne Erscheinungstyp, ist niemals eine vollständige Widerspiegelung der erblichen Information. Vieles wird durch Einflüsse der Umwelt und der Entwicklung in ihm unterdrückt und kommt nicht zur Ausbildung, vieles wird variiert und verändert durch die äußeren Umstände. Wenn wir von dem Möglichen, das in den Eizellen gespeichert war, vollständige Kenntnis erlangen wollen, müssen wir uns eine statistische Übersicht über eine große Anzahl verschiedener Individuen verschaffen, die unter möglichst verschiedenen äußeren Umständen und Bedingungen aufgewachsen sind. Wir sehen dann, wie groß der Reichtum des Genotypus ist gegenüber dem, was in der Wirklichkeit im Einzelfall zustande kommt.

Auch an diesem biologischen Beispiel sehen wir, daß das Mögliche das Reichere, das Allgemeine, das Nichtzufällige ist, während die Wirklichkeit, die von dem Möglichen immer nur einen Ausschnitt realisiert, das Ärmere und Zufällige ist. Der Phänotypus ist jeweils nur ein Versuch, das Mögliche zu verwirklichen. Und dieser Versuch trägt den Stempel des Zufälligen an sich. Wir finden hier im Bereich der Biologie – wie in der Quantenmechanik – die Dialektik von Möglichkeit und Wirklichkeit als den tieferen Grund des Zufälligen, als den Grund dafür, daß das Gesetzmäßige, das Notwendige, nur in der Form des Zufälligen in Erscheinung treten kann. Schon Engels hat in der «Dialektik der Natur» darauf hingewiesen, daß gerade die Biologen, die die Entwicklungsprozesse untersuchen und die die ungeheure Mannigfaltigkeit der Arten und der Individuen studieren und doch darin das gesetzmäßig Notwendige, das Allgemeine erkennen, daß gerade sie die breiteste Skala des Zufälligen vor sich haben und doch in diesem Zufälligen das Allgemeine, das Gesetzmäßige begreifen. Er wies dabei auf Darwin hin, der den Gedanken der Entwicklung zum ersten Male ausgesprochen hat: «Darwin... geht aus von der breitesten vorgefundenen Grundlage der Zufälligkeit. Es sind gerade die unendlichen zufälligen Verschiedenheiten, die sich bis zur Durchbrechung des Artcharakters steigern und deren selbst nächste Ursachen nur in den wenigsten Fällen nachweisbar sind, die ihn zwingen, die bisherige Grundlage aller Gesetzmäßigkeit in der Biologie, den Artbegriff in seiner bisherigen metaphysischen Starrheit und Unveränderlichkeit, in Frage zu stellen.» *

Die Beziehungen zwischen Möglichkeit und Wirklichkeit, das Verwirklichen des Möglichen darf man nicht als Kausalbeziehung auffassen. Die Form, in der sich das Mögliche verwirklicht, ist zwar das ständige Hervorbringen von Ursachen und Wirkungen. Aber Ursachen wie Wirkungen sind nur beschränkte Extrakte aus der breiteren, reicheren Skala des Möglichen. Kausalität ist eine einseitige, eine einmalige, vorübergehende und flüchtige Beziehung in der Wirklichkeit. In der Kausalbeziehung erscheint das Wirkliche, hervorgehend aus seinen Ursachen. Im Möglichen aber erscheint nicht die Ursache, sondern der Grund der Erscheinungen. Der Grund ist das Bleibende in der Erscheinungen Flucht.

Von dieser Ideenwelt her müssen wir versuchen, eine neue Vorstellung von dem zu gewinnen, was wir die Kausalität nennen. In der klassischen Mechanik bedeutete Kausalität die absolut notwendige Beziehung zwischen Ursachen und Wirkungen. In der klassischen mechanischen Weltauffassung kann eine Ursache unter den jeweils gegebenen Umständen nur eine Wirkung haben, nämlich die, die sie hat. «X bringt Y notwendigerweise hervor», definiert Georg Klaus die Kausalität in dem Buch «Jesuiten, Gott, Materie» **. In dieser Formulierung wird die alte mechanisch-materialistische Vorstellung von der Kausalität klar ausgedrückt. Unsere Auffassung von der Kausalität muß eine andere sein. Jede Beziehung zwischen den Ereignissen ist eine Kausalbeziehung. Das ist richtig. Kein Ereignis geschieht ohne Ursache aus dem Nichts heraus. Dieser Satz wird auch durch die Quantenmechanik nicht bestritten und in Frage gestellt. Es fragt sich nur, welches ist die Art der Verknüpfung von Ursache und Wirkung? In der mechanisch-materialistischen Auffassung heißt

* Friedrich Engels, «Dialektik der Natur», Marx-Engels-Werke Band 20, S. 489
** Georg Klaus, «Jesuiten, Gott, Materie», Berlin 1957, S. 309

es, daß aus einer Ursache nur eine ganz bestimmte Wirkung folgen kann. In Wahrheit erzeugen Ursachen aber verschiedene Wirkungsmöglichkeiten. Aus einer Ursache geht wohl stets nur *eine* Wirkung hervor, aber es gab deren verschiedene mögliche bei jeder Ursache. Welche von den Wirkungen, die möglich sind, eintritt, das ist objektiv zufällig. Zwar ist auch diese Zufälligkeit gesetzmäßig determiniert, nämlich nach dem Grade ihrer Möglichkeit, d. h. nach ihrer Wahrscheinlichkeit. Geschieht die gleiche Ursache oft und wiederholt und unter gleichen Bedingungen, so werden sich in den verschiedenen Ereignissen alle möglichen Wirkungen verwirklichen. Die ganze breite Skala des durch die Ursache gesetzten Möglichen wird auch in der Wirklichkeit erscheinen. In jedem Einzelfall aber erscheint nur eine der vielen Möglichkeiten ganz zufällig. In hunderttausend und Millionen Fällen erscheinen aber schließlich alle möglichen, und zwar in der Häufigkeitsverteilung, die die Statistik auf Grund der Theorie vorschreibt. Wenn wir die Zusammenhänge gründlich erforschen und untersuchen, können wir herausfinden, welche der vorhandenen Möglichkeiten einen hohen Grad von Wahrscheinlichkeit haben und welche einen sehr geringen.

Auch in unserem praktischen Leben gehen wir ständig mit dieser Methode an die Wirklichkeit heran. Unser Leben ist ja immer ein Wagnis. Immer versuchen wir vorher zu kalkulieren, wie groß unsere Chance bei einer Unternehmung ist. Manche Menschen kommen nie zum aktiven Handeln, weil sie mit der Berechnung ihrer Chancen nicht fertig werden. Manches junge Mädchen ist schon darüber in Verzweiflung geraten. Wenn man nichts riskieren will, kann man auch kein Glück haben. So ist das in unserem Leben. Wir wissen sehr wohl, daß wir nicht nur eine, sondern viele verschiedene Möglichkeiten haben. Wir suchen uns die aus, die uns angenehm sind, bei denen aber auch wenigstens einige Chance besteht, daß sie sich realisieren lassen.

Die Dialektik von Möglichkeit und Wirklichkeit hängt noch mit einer weiteren, interessanten, bedeutenden Dialektik zusammen, was schon aus der Quantenmechanik hervorgeht, nämlich mit der Dialektik von Kontinuität und Diskontinuität. Das Wellenbild, das Bild des Möglichen, ist ja ein Kontinuumsbild. Es ist Kontinuumsphysik, wie die klassische Mechanik. Das Bild des Wirklichen, das Korpuskelbild, ist eine Welt des Diskontinuierlichen. Die einzelnen Partikel und Teilchen sind eben Diskontinua. Das Wesen der Quantenmechanik, nämlich dieses Diskontinuierliche in der Wirkung, beruht ja darauf, daß das kleinste Wirkungsquantum eine endliche Größe hat. Die klassische Physik ergibt sich aus den Gleichungen der Quantenmechanik, wenn wir h für unendlich klein erklären. Man nennt dies das «Korrespondenzprinzip». Weil es das Wirkungsquantum, dies «Atom» der Wirkung gibt, hat die Welt das Diskontinuierliche an sich. Das Diskontinuierliche in Verbindung mit dem Kontinuum des Möglichen ergibt das Zufällige.

Daß Zufälligkeit aus der Dialektik von Kontinuität und Diskontinuität hervorgeht, ist im Grunde schon eine uralte Erfahrung des Menschen. Sie wurde nicht erst in der Quantenmechanik gewonnen. Jeder von uns kennt sie. Tatsächlich beruhen alle Glücksspiele darauf. Auf jedem Jahrmarkt gibt es die Glücksräder mit den vielen Zähnen, in die eine Feder eingreift. Es wird gedreht; es schnarrt, und schließlich bleibt das Rad an einer bestimmten Stelle stehen. Es kann nicht an einer beliebigen Stelle, sondern immer nur an einer der möglichen diskontinuierlichen Stellen stehenbleiben. Das «Kontinuum» liegt im Schwung des Rades, der ohne jede Diskontinuität jeden beliebigen Betrag haben kann. Wir würden uns mit Recht betrogen fühlen, wenn der Mann, der den Apparat dreht, eine besonders berechnete Maschine zum Anwerfen zur Verfügung hätte, die es ihm ermöglicht, das Endresultat vorher zu bestimmen, wenn also auch das Anwerfen diskontinuierlich wäre, genau abgestimmt auf die Möglichkeit der Endstellung. Auf ein solches Glücksrad würden wir uns nicht einlassen. Wirklicher Zufall wäre dann nicht am Werk. Dasselbe gilt vom Roulettespiel und anderen Glücksspielen, wo immer auf irgendeine Weise Kontinuität und Diskontinuität miteinander zusammengebracht sind, um das Zufällige sinnfällig zu erzeugen. Das Diskontinuierliche der Wirklichkeit und das Kontinuierliche des Zusammenhangs, sie bewirken das Zufällige. Dies ist nur ein anderer Aspekt der Dialektik von Zufälligkeit und Notwendigkeit.

Im Grunde kommt darin zum Ausdruck, daß mit jeder Wirkung zugleich eine Wandlung vollzogen wird. Im Augenblick des Wirkens wandelt sich die Form. In der Natur können wir an vielen Beispielen beobachten, wie oft sogar mit der Wirkung ganz Neues entsteht, wie etwas vollständig ausgelöscht wird, wenn es wirkt. Betrachten wir ein Lichtquant, das auf der Sonne gebildet wird und sich zur Erde bewegt. Sowie es auf der Erde ankommt und mit unserer Materie in Wechselwirkung tritt, ist es wieder verschwunden. Es hat aufgehört zu existieren. Seine Energie hat bewirkt, Elektronen auf eine energiereichere Bahn zu heben oder irgendwelche anderen Veränderungen hervorzurufen. Was war das Lichtquant nun in der Zeit, als es sich von der Sonne zur Erde bewegte? Wir nehmen die Relativitätstheorie zu Hilfe, um zu erfahren, in welchem Zustand das Lichtquant wohl während der acht Minuten war, die eine Reise von der Sonne zur Erde dauerte. Welches war die Eigenzeit des Photons bei seiner Bewegung zur Erde? Wir kommen zu dem außerordentlich paradoxen Ergebnis: Die Eigenzeit war Null. Da es sich mit Lichtgeschwindigkeit bewegte, war die Zeitdehnung unendlich. Das Photon – in seiner Eigenzeit gemessen – war schon wieder verschwunden, als es eben entstanden war. Lichtquanten sind sehr merkwürdige Formen der Wechselwirkung zwischen Naturerscheinungen. Körper, die eine Ruhemasse haben, haben wenigstens die Möglichkeit, eine Weile in ihrer eigenen Zeit zu existieren, auch ohne zu wirken. Aber eigentlich *wirklich* – dies schöne Wort bringt es ja zum Ausdruck – *wirklich* sind sie erst, indem sie wirken. Aber dann sind sie auch schon andere, unter Umständen gar nicht mehr vorhanden.

In den Kernen der Atome finden sich komplizierte Strukturen und Zustände. Es gibt Prozesse, bei denen aus den Kernen der Atome Teilchen herausfliegen. Bei der β-Strahlung sind es die

Elektronen oder Positronen. Waren sie zuvor vorhanden? – ist die Frage. Nein – sie wurden im Augenblick ihrer Entstehung erst geboren. Sie waren vorher noch nicht real existent. Sie entstehen erst als das Ergebnis einer energetischen Zustandsänderung des Kernes. Es ist wie bei den Lichtquanten, die auch nicht vorhanden sind, bevor sie entstehen. Die Teilchen entstehen als Individuen offenbar aus dem Nichts, aus einem Teil der Energie anderer Teilchen, die ihrerseits fortbestehen. Sie werden von einem bestimmten Individuum geboren, aber keine schon vorhandene Individualität setzt sich in ihnen fort. Etwas ganz Neues wird zur Welt gebracht.

Man hat in der Theorie der Elementarteilchen einen Begriff eingeführt, der dies zum Ausdruck bringt – den Begriff der virtuellen Teilchen. Das sind Teilchen, die in einem Kern gar nicht real enthalten sind, sondern nur virtuell. Es sind eben die *möglichen* Teilchen, die aus dem betreffenden Elementarteilchen hervorgehen können. Wir sehen also, daß auch in der Welt der Elementarteilchen die Individualität nur als Mögliches, noch nicht Wirkliches existieren kann. Ständig entstehen in der Welt Dinge, auch ohne daß ein bestimmter «Vorfahr» vorhanden war. Aus einem Elementarteilchen können drei entstehen, drei verschiedene, nun voneinander unabhängige Individuen, die einzeln wieder ein besonderes Schicksal haben können. Auch hier hat sich keine Individualität fortgesetzt, sondern es ist als neues Individuum in der Wirklichkeit erschienen, was zuvor in ihr nur als Möglichkeit existierte.

Wenn es das nicht gäbe, wenn in der Wirklichkeit nicht ständig Neues entstehen könnte, das zuvor nicht existent war, das nur als Möglichkeit entstand und sich dann heranbildete, dann könnte es auch keine Entwicklung, keine fortschreitende Verwandlung der Erscheinungen geben. Wir könnten nicht vom Einzeller zur Pflanze, zum Tier und schließlich zum Menschen aufsteigen. Es gäbe keinen Progreß in der Welt, wenn alles – zwar zufällig –, aber doch nur Fortsetzung des schon Vorhandenen wäre. Die Welt, in der wir leben, ist nicht einfach Fortsetzung des Vergan-

genen, sondern sie ist Wandlung des Vergangenen, immerwäh-
rende Erzeugung von Neuem, von noch nicht Existentem. Auch
das ist der Sinn des Satzes von Laotse: «Man muß wirken auf das,
was noch nicht da ist.» Das dialektische Denken ist uralt in der
Geschichte des menschlichen Geistes. Es ist von tiefer Bedeutung
für unser Leben und für unsere Zukunft. Erst dialektisches Denken gibt uns den Mut zu dem großen Wagnis, die Zukunft umzu-
gestalten.

Freiheit und Notwendigkeit

Ohne die Dialektik von Zufälligkeit und Notwendigkeit und von
Möglichkeit und Wirklichkeit können wir nicht begreifen, was
Freiheit wirklich ist. Der Begriff der Freiheit ist für die Menschheit von fundamentaler Bedeutung. Freiheit, hat Hegel gesagt,
ist Einsicht in die Notwendigkeit. Dieser Satz ist oft sehr einseitig, sehr mechanisch, sehr armselig interpretiert worden. Er hat
dann den Charakter eines lehrerhaften Dünkels. Herablassend
wird uns gesagt: Wenn ihr nicht einseht, was nun einmal Notwendigkeit ist – und diese Notwendigkeit hatten gewöhnlich diejenigen bestimmt, die das sagten –, so könnt ihr eben auch keine
Freiheit haben und werdet dafür eingesperrt. – Freiheit könnte
man sich also dadurch erkaufen, daß man freiwillig tut, was man
tun muß, obwohl man es gar nicht will. Mit einem Zynismus
ohnegleichen schrieben die Nazis an die Tore ihrer KZs: Arbeit
macht frei. Ich habe das so scharf wie möglich formuliert, weil
dies eben der Inhalt dieses Satzes nicht ist. Dies ist eine furchtbare Verzerrung. Jede Andeutung eines solches Sinnes im Zusammenhang mit diesem Satz ist eine grobe Verfälschung. Sie
stammt von der Denkweise her, es sei möglich, die Geschichte der
Menschheit zu befehlen und dann durchführen zu lassen. Zum
Glück geht das nicht.

Auch in dieser Denkweise kommt im Grund nur das mechanisch-materialistische Kausaldenken zum Vorschein, das leider

nicht nur das Denken reaktionärer Kreise, sondern auch das manches gutmeinenden Progressiven beherrscht. Es gibt Leute, die möchten jede einzelne Ursache planmäßig hervorrufen, damit sie zu ihrer Wirkung kommt. Alles soll vorher am grünen Tisch gründlich berechnet werden. Das widerspruchsvolle, komplexe Leben der Gesellschaft erscheint wie ein riesiger Apparat. Planung der Zukunft sei es, diesen gewaltigen Apparat aus Zahnrädern und Rädchen, in dem alles determiniert ist, in richtiger Weise in Gang zu halten. Und wenn er nicht ganz nach Wunsch funktioniert, wenn sich irgendwelche Schwierigkeiten ergeben, dann muß hier die Zahnradübersetzung geändert werden oder dort die Drehrichtung – irgendwann muß es doch einmal gelingen, das Räderwerk richtig zum Laufen zu bringen.

Diese mechanische Vorstellungsweise, dieses mechanisch-materialistische Kausaldenken, sucht im Prozeß der gesellschaftlichen Vorgänge nach fehlerhaften Ursachen, nach den Mängeln, die durch Korrekturen behoben werden sollen, damit eine «vollkommene» Gesellschaft entstehe. Das ist seinem Wesen nach utopisch. Mit diesem Denken können wir nicht frei und schöpferisch in den Zusammenhang der Dinge eingreifen, sondern nur grob-mechanisch operieren. Wir müssen zu dem Begriff der Freiheit tiefer vordringen. Der Satz «Freiheit ist Einsicht in die Notwendigkeit» ist voll tiefer Weisheit. Wenn wir die Geschichte der Menschheit betrachten, sollten wir ihn aber immer im Zusammenhang sehen mit einem zweiten Satz: «Der Weg der Menschheit ist der Weg aus dem Reich der Notwendigkeit in das Reich der Freiheit.»

Freiheit ist nur erstrebenswert, ist nur moralisch, die nicht die Freiheit einzelner ist, sondern die Freiheit aller, die Freiheit ist für jeden Menschen, die jedem die Möglichkeit läßt, nach seinem Willen und nach seinen Wünschen zu entscheiden. Das ist Freiheit. Freiheit ist nicht in dem Sinne Einsicht in die Notwendigkeit, daß man jeweils nur eine einzige notwendige Sache tun kann. Sondern wahre Freiheit haben wir erst, wenn es für unser Tun und Lassen eine breite Skala von Möglichkeiten gibt. Je mehr man nicht tun darf, um so weniger Freiheit. Wir wollen eine Welt schaffen, in der allen Menschen immer mehr Möglichkeiten offenstehen, so daß jeder ganz nach seinem individuellen Streben handeln kann, nicht beschnitten und eingeengt durch Anordnungen, Befehle und «Grundsätze».

Um diese Welt zu schaffen, bedarf es der Einsicht in die Notwendigkeit. Dies heißt ja nichts anderes, als die Entdeckung der phantastischen Möglichkeiten, die diese Welt uns bietet. Wir müssen von ihnen nur Gebrauch machen. Alles, was der Mensch mit seiner Hand künstlich erschafft, ist doch zugleich Naturvorgang. Alle von uns geschaffenen Dinge sind doch Gegenstände der Natur, in ihrem Wirken unabhängig von unserem Bewußtsein. Sie können zwar niemals von selbst entstehen – kein Radioapparat findet sich aus irgendwelchen Mineralien von selbst zusammen –, sondern nur durch uns, aber nur weil wir wissen, was an Notwendigkeit in der Natur wirkt. So gewinnen wir die Freiheit, Möglichkeiten zu verwirklichen, die sich ohne unsere Einsicht niemals realisieren würden, obwohl sie doch Naturdinge sind wie alle Dinge dieser Welt.

Über Moral

10. Vorlesung, 20. 12. 1963

In meiner letzten Vorlesung habe ich mich mit der Verhüllung der gesellschaftlichen Wirklichkeit durch die Ideologie befaßt. Wie die Ideologie einer Gesellschaft von ihr selbst hervorgebracht wird, wie sie inhärenter Bestandteil dieser Gesellschaft ist, der sie dazu dient, die herrschenden gesellschaftlichen Zustände aufrechtzuerhalten und vor revolutionärem Angriff zu schützen. Ideologie ist eben alles, was sich in den Köpfen der Menschen als Täuschung über die wahren Verhältnisse in der

Gesellschaft entwickelt, wobei jede Gesellschaftsformation einer bestimmten Art von Ideologie als Bedingung ihrer Existenz bedarf. Es ist unvermeidlich, daß uns dieses Thema zu den Problemen der Moral führen muß; denn die Moral ist die vollkommenste Form der Verhüllung der wahren gesellschaftlichen Verhältnisse. Sie greift am tiefsten in das Leben der menschlichen Seele ein.

Die moralischen Forderungen gehen aus den Notwendigkeiten hervor, die von der Gesellschaft gefordert werden müssen, damit sie bestehen kann. Nehmen wir die zehn Gebote Mosis. Ihr Inhalt ist weitgehend historisch bedingt. Manche haben eine längere, manche eine kürzere Lebensdauer. Das Gebot «Du sollst nicht töten!» ist eine ganz allgemeine Bedingung des gesellschaftlichen Lebens. Wenn es in einer Gesellschaft zulässig wäre, daß man nach Belieben andere töten darf, dann wäre jeder selber in der Gefahr, getötet zu werden. Es gilt das uralte Gesetz des Konfuzius: Was du nicht willst, das man dir tu, das füg auch keinem anderen zu. Das Gebot «Du sollst nicht stehlen!» bedeutet natürlich: Ich will nicht bestohlen werden. Eine Gesellschaft, in der Privateigentum besteht, muß auf die dringliche Einhaltung dieses Gebotes achten. Denn es könnte kein Privateigentum geben, wenn jeder sich nehmen könnte, was der andere hat. Wie kommt es aber, daß diese scheinbar so leicht einsehbaren, vernünftigen Forderungen den Charakter *moralischer* Gesetze angenommen haben? Ist der Mensch trotz besserer Einsicht «von Natur» böse, so daß er gegen diese Gebote handeln will aus einem merkwürdigen Trieb zum unmoralischen Leben? Es fragt sich also, sind diese Notwendigkeiten wirklich «moralische» Forderungen und nicht nur vernünftige? Wenn diese gesellschaftlichen Notwendigkeiten tatsächlich leicht einsehbare, vernünftige Forderungen wären, so brauchten sie nicht in der Form moralischer Forderungen erhoben zu werden. Sie müssen in die Form moralischer Gesetze gekleidet werden, solange sie nicht in gleicher Weise für alle Mitglieder der Gesellschaft gelten. Das Gebot «Du sollst nicht töten!» wird nur in solchen Gesellschaften als moralische Forderung erhoben, in denen bestimmte Personen das Recht haben zu töten. Nur von denjenigen, die getötet werden dürfen, wird gefordert, daß sie nicht töten sollen. «Du sollst nicht stehlen!» wird als moralische Forderung nur von denjenigen verlangt, die bestohlen werden, nämlich von den Ausgebeuteten. Nur in einer Gesellschaft, die auf Ausbeutung beruht, wo Menschen genommen wird, was sie mit ihren Händen geschaffen haben – nur eine Ausbeuter-Gesellschaft muß das Gebot «Du sollst nicht stehlen!» als moralische Forderung erheben. Mit einem Wort: Moralische Forderungen sind Forderungen, die zwar gesellschaftlich notwendig sind, die aber von denjenigen, die sie zu befolgen haben, nicht eingesehen werden können. Sie müssen *geglaubt* werden. Sie müssen auf höhere Kräfte zurückgeführt werden, auf göttliche oder auch auf biologische. Typisch für den Rassismus der Nazis war es, die Ungerechtigkeit der gesellschaftlichen Hierarchie, die Spaltung der Gesellschaft in Ausbeuter und Ausgebeutete, Führer und Gefolgschaft, mit der verschiedenen biologischen Wertigkeit der Menschen zu begründen. Das entspricht der Denkweise der Menschen in unserem Jahrhundert, die sich von religiösen, tieferen moralischen Aspekten freimachen wollen und die Notwendigkeiten ihres Lebens pseudowissenschaftlich verstehen wollen, in diesem Falle biologisch.

Die Gesellschaft muß so lange moralische Forderungen erheben, wie sie Notwendigkeiten hervorbringt, die von der Mehrheit der Mitglieder dieser Gesellschaft nicht eingesehen werden können, d. h. solange Unfreiheit in der Gesellschaft herrscht. In der Sklavenhalter-Gesellschaft war es eine gesellschaftliche Notwendigkeit, ein Sklave zu sein. Die Gesellschaft basierte darauf, daß es Sklavenhalter und Sklaven gab. Die Notwendigkeit, ein Sklavenhalter zu sein, war leicht einzusehen. Sie erschien auch nicht als «moralisch» – im Gegenteil. Aber das Sklavendasein, dieses entsetzliche Schicksal, war als Notwendigkeit von den Sklaven nicht einsehbar. Ihr Schicksal mußte ihnen moralisch vorgeschrieben werden. Die Notwendigkeit, ein Sklave zu sein, mußte durch eine moralische Forderung begründet werden. Darum finden wir in den Sklavenhalter-Gesellschaften die Vorstellung, daß Sklavenarbeit Gottesdienst sei. Die entsetzlichen Quälereien, denen die Sklaven ausgesetzt waren, die die Pyramiden erbauten, das Elend und die Not ihres Lebens, wurden in einen Gottesdienst transformiert, in einen Dienst für das Höhere und das Gute. Es wurde ihnen versprochen, wie später auch im Christentum, daß ihr so jammervolles irdisches Dasein in einem himmlischen Dasein nach dem Tode entgolten wird, wo ihnen Belohnung wird für ihre Not und ihre Mühe. Die moralischen Gesetze aller bisherigen Gesellschaftsordnungen sind Gesetze, in denen gesellschaftliche Notwendigkeiten gefordert werden, die wir als Individuen nicht einsehen können, weil sie im Widerspruch stehen zu unserem Gefühl für Gerechtigkeit, Freiheit und Menschenwürde. Sie sind im Grunde die Bedingungen, durch die das Unmoralische der Gesellschaft überhaupt erst aufrechterhalten wird.

Die moralischen Gesetze sind alles andere als allgemeine Prinzipien, die, unabhängig vom gesellschaftlichen Leben, allgemein und absolut gültig sind, etwa Ausdruck des absolut Guten im Sinne einer göttlichen Sittlichkeit. Im Gegenteil, sie sind die Verhöhnung des Guten. Sie sind das Mittel zur Aufrechterhaltung der Schlechtigkeit unseres Lebens. Nur weil die Gesellschaft «unmoralisch» ist, bedarf sie der Moral. Kant hat diesen Zusammenhang eingesehen, als er sich mit den Grundlagen der Moral und der Ethik befaßte. Er versuchte zu ergründen, nach welchem allgemeinen Grundsatz die Stimme unseres Gewissens ihre Entscheidung trifft, diese merkwürdige Instanz in der Tiefe unserer Seele, die so selten die Stimme eines guten, viel öfter aber die beklemmende Sorge eines schlechten Gewissens ist. Kant hat bekanntlich den kategorischen Imperativ als die Grundlage des moralischen Gesetzes in uns bezeichnet. Der kategorische Imperativ ist, wie Kant sagt, die allgemeinste Form der moralischen Forderung, die an uns gestellt wird. Er ist ein «Du sollst». Auch die Gebote Mosis beginnen ja mit dem Wort «Du sollst», was nur heißen soll, daß moralische Forderungen nur «Soll-Forderungen» sind, von denen man weiß, daß sie ständig übertreten werden. Kant sagt also: Was wir als moralisch empfinden, was die Stimme des Gewissens, das moralische Gesetz in uns sagt, entspricht dem allgemeinen Postulat: «Du sollst so handeln, daß die Maxime deines Handelns die Grundlage allgemeiner Gesetzgebung sein könnte.» Diese Formulierung macht mit voller Deutlichkeit klar, daß die moralischen Forderungen der Aufrechterhaltung der gesellschaftlichen Ordnung, d. h. aber der für sie notwendigen allgemeinen Gesetzgebung dienen. Es fragt sich nur: Sind also moralische Forderungen für alle Zukunft notwendig? Wird es immer eine Gesellschaft geben, in der Notwendigkeiten bestehen, die wir nicht einsehen können? Oder wird es möglich sein, eine Gesellschaft zu schaffen, deren Notwendigkeiten jeder einsehen kann, so daß er freiwillig, weil er einsieht, daß diese Notwendigkeiten wirklich in seinem Interesse liegen, nach solchen Notwendigkeiten handeln wird? Ist es möglich, eine «moralische» Gesellschaft zu errichten?

Die Ideen der Kommunisten von der kommunistischen Zukunft zeichnen das Bild dieser moralischen Gesellschaft. Sie bedeuten, daß das Ziel unseres Strebens eine Gesellschaft sein muß, die zu ihrer Aufrechterhaltung keiner moralischen Vorschriften bedarf, weil alle Mitglieder der Gesellschaft einsehen können, was notwendig ist, weil die Einsicht in die Notwendigkeit nicht durch die Unwahrhaftigkeit und Lügenhaftigkeit der gesellschaftlichen Beziehungen unmöglich gemacht wird. Der Kommunismus ist der alte Traum der Menschheit von einem Gemeinwesen, in dem nicht ein Teil Rechte hat, die einem anderen Teil vorenthalten sind. Er ist der Traum von einer menschlichen Welt, wo alle die gleichen Rechte und Möglichkeiten haben, wo der Mensch gut sein kann, ohne sich opfern zu müssen. Ich will an dieser Stelle einige Sätze des alten chinesischen Weisen Laotse zitieren, in denen die Vision einer solchen Gesellschaft aufleuchtet. Es heißt im «Tao Te King»:

«Gebt auf eure Heiligkeit, werft weg eure Schlauheit,
und das Volk wird hundertfach gewinnen.
Gebt auf die Moral, werft weg die Pflicht,
und das Volk wird zurückkehren zu Familiensinn und Liebe.
Gebt auf den Reichtum, werft weg den Gewinn,
und Diebe und Räuber wird es nicht mehr geben.»

Die kommunistische Gesellschaft wird keine Diebe und Räuber kennen, weil man Reichtum und Gewinn, d. h. Reichtum und Gewinn einzelner, weggeworfen hat, so wie es Laotse fordert. Es wird eine Gesellschaft sein, in der alle Menschen alle Möglichkeiten des Lebens haben, nach ihren Bedürfnissen leben können und wo niemand etwas stehlen kann, weil jeder alles haben kann.

Wenn ich dieses visionäre Bild der kommunistischen Gesellschaft entwerfe, so weiß ich, daß dies wohl ein Ziel ist, daß dies Ziel aber auch in seiner seligen Widerspruchsfreiheit eine Utopie ist. Wie ist das gemeint? Nun: Niemals wird es eine vollständig moralische Gesellschaft geben, in der keinerlei Widersprüche zwischen den individuellen Interessen und den Interessen der Gesamtheit der Gesellschaft mehr bestehen. Niemals wird eine solche widerspruchsfreie, absolute, moralische Gesellschaft möglich sein. Immer werden wir nur auf dem Weg zu ihr sein. Aber die kommunistische Epoche, die jetzt anhebt, deren Beginn wir alle in diesem Jahrhundert erleben, diese kommunistische Epoche wird Schluß machen mit all den Notwendigkeiten und Widersprüchen, die die Grundlage und die Grundwidersprüche der vergangenen Gesellschaftsepoche der Ausbeutergesellschaften waren. Die Widersprüche dieser Ausbeuterepoche werden im Kommunismus überwunden. Es wird eine Gesellschaft entstehen, in der sich niemand mehr auf Kosten des anderen bereichern *können* wird. Damit werden die sozialen Beziehungen zwischen den Menschen grundlegend gewandelt.

Die Beziehungen zwischen den einzelnen Menschen sind unmoralisch allein durch die materielle Abhängigkeit der Menschen voneinander. Das gilt nicht nur für die großen Kategorien

Ausbeuter und Ausgebeutete. Dieses Schema darf man nicht als die einzige Form der Darstellung des Sachverhaltes betrachten. Es ist außerdem nur ein grobes Schema. Weil es ein grobes Schema ist, das noch dazu von vielen fälschlich für das alleinige Wesen der kommunistischen Gesellschaftskritik gehalten wird, haben so viele Kritiker des Marxismus Grund für ihre Einwendungen. Tatsächlich sind die Beziehungen zwischen den Menschen durch ihre vielfältigen materiellen Abhängigkeiten viel abgestufter, viel mannigfaltiger, als es dieses grobe Schema überhaupt erkennen läßt. Wir alle sind gefangen in solchen materiellen Beziehungen. Keiner von uns – auch hier – ist davon ausgeschlossen. Unsere Beziehungen zueinander sind eben in dem Maße, wie sie durch materielle Abhängigkeit bestimmt sind, unmoralische, lügenhafte, unwahrhaftige Beziehungen. Und gerade sie rechtfertigen wir so gern mit moralischen Grundsätzen.

Eins der ernstesten Probleme, das in diesem Zusammenhang hervortritt, betrifft die Beziehungen zwischen Mann und Frau. Seit Jahrtausenden befindet sich die Frau in sozialer Abhängigkeit vom Mann. Aber das war nicht immer so. In der Urgesellschaft waren alle – Männer und Frauen – gleichgestellte Mitglieder der Gesellschaft. In der Urgesellschaft gab es auch keine Ehe. Es gab dort das, was man die Gruppenehe nennt. Innerhalb der Gruppe existieren ursprünglich überhaupt keine Vorschriften darüber, wer mit wem geschlechtliche Beziehungen haben darf. Das einzige Prinzip, dem alles untergeordnet war, war das Zusammenhalten der Gruppe. Was der Aufrechterhaltung und Sicherung des Lebens und der Existenz der zusammenlebenden Menschengruppe diente, das war die einzige Moral. Unter den Mitgliedern der Gruppe gab es keine materiellen Abhängigkeiten. Erst in dem Maße, wie der Mensch sich durch Erfindungsgeist und Erfahrung Vorteile verschaffen konnte, wie er es lernte, der Natur Vorteile abzuhandeln und dann auch Vorteile gegenüber seinen Mitmenschen, erst als sich die Spaltung der Gesellschaft, die Arbeitsteilung entwickelte, erst dann entwickelte sich eine Differenzierung und fortschreitende Veränderung in dem Verhältnis nicht nur der Gesellschaftsmitglieder nach ihrer sozialen Stellung, sondern auch eine Änderung in den Beziehungen zwischen Mann und Frau. Es entstand das, was wir die Moral dieser Beziehungen nennen. In der ursprünglichen Gesellschaft herrschte das Matriarchat. Auch heute noch gibt es in großen Teilen der Welt unter primitiven Völkern das Matriarchat. In Afrika lebt die Bevölkerung in weiten Gebieten im Matriarchat, zwar nicht mehr in dem ursprünglichen Matriarchat, wie es wohl in der Urgesellschaft bestand. Teils ist das Matriarchat schon entartet, teils bildet es nur noch die äußere Form eines Lebens, das sich schon im Übergang zum Patriarchat befindet. Aber noch immer ist die mütterliche Linie die eigentliche Stammeslinie. Nicht die Väter bestimmen den Namen, sondern die Mütter. «Pater semper incertus» (der Vater ist immer ungewiß) sagt ein lateinischer Satz. Darauf beruht das Matriarchat. Das Matriarchat läßt in Afrika auch die Vielweiberei zu. Das Matriarchat ist ja nicht etwa einfach die Umkehrung des Patriarchats, nicht ein «Versehen» der Gesellschaft, den Schwächeren an die führende Stelle zu bringen – ein Versehen, das später korrigiert wurde. Das Matriarchat ist von ganz anderer Struktur als das Patriarchat. Im Matriarchat kann sehr wohl auch Reichtum bei Männern entstehen. Er besteht dann darin, daß diese Männer viele Frauen haben, aber als Arbeitskräfte. Hiermit beginnt die materielle Abhängigkeit, es beginnt die Unterwerfung der Frau schon im Matriarchat. Häuptlinge mit 30 Frauen, reiche Leute, haben keineswegs eheliche Beziehungen zu ihren vielen Frauen. Eheliche Beziehungen haben sie immer nur zu wenigen. Diese Frauen ihrerseits haben alle ihre verschiedenen ehelichen Beziehungen zu anderen Männern – und sie haben *ihre* Kinder. Im Matriarchat gibt es die einschränkenden Bedingungen der uns gewohnten Form der Ehe nicht, die sich erst viel später im Patriarchat entwickeln. Im Patriarchat hat sich der Mann endgültig die soziale Überlegenheit über das Weib erkämpft und durchgesetzt. Die Frau wird zur Sklavin, zur Magd, von der gesagt wird: «Du sollst nicht begehren deines Nächsten Weib, Knecht, Magd, Vieh oder alles was sein ist!» Es heißt nicht: «Du sollst nicht begehren deines Nächsten Mann!» – sondern «deines Nächsten Weib!» In diesem Gebot kommt deutlich zum Ausdruck, daß die Grundlage der patriarchalischen Eheform die soziale Unterwerfung der Frau ist – ihre materielle Abhängigkeit vom Mann. Die Frau wird zur Sklavin des Mannes. In dem Maße, wie nun die männliche Familienordnung eingeführt wird, muß auch gesichert werden, daß die Regel «Pater semper incertus» außer Kraft gesetzt wird. Der Mann will wirklich der Vater seiner Kinder sein. Das ist neu, denn zuvor war nur die Frau Mutter ihrer Kinder, worüber ja nie ein Zweifel bestehen kann. Es entwickeln sich neue moralische Vorstellungen.

In der patriarchalischen Ehe, dieser so künstlich geschaffenen Einrichtung, beruhend auf der Ausbeutung des Menschen durch den Menschen im allgemeinen und beruhend auf der Ausbeutung der Frau durch den Mann im besonderen, ist es unsinnig zu glauben, daß den moralischen Grundsätzen irgendwelche natürlichen, biologischen oder allgemeinen ethischen Prinzipien zugrunde lägen. Diesen moralischen Regeln für die Beziehungen der Geschlechter liegen ausschließlich die inneren gesellschaftlichen Verhältnisse der Vergangenheit zugrunde. Die moralischen Forderungen, die sich in unserem Bewußtsein mit diesen Beziehungen verbinden, stellen nur die Verhüllung der wirklichen Gründe für die Form dieser Beziehungen dar.

Kürzlich war ich Teilnehmer einer Diskussion, an der auch einige Philosophen beteiligt waren. Wir diskutierten darüber, wie das Leben der Menschheit in einigen Jahrhunderten sein wird. Ich sprach davon, daß in der zukünftigen Gesellschaft gerade auch auf dem Gebiet der persönlichen Beziehungen der Menschen untereinander, nämlich der Ehe, eine große Änderung vor sich gehen wird. Als ich hinzufügte, daß es dann wahrscheinlich eine Ehe im heutigen Sinne nicht mehr geben werde, meinte einer der Philosophen, das bedeute die Propagierung der Polygamie. Dieses Mißverständnis ist geradezu charakteristisch. Ich sagte ihm, daß ich nicht daran zweifle, daß wir noch immer in einer Gesellschaft leben, die zwar die Monogamie zu ihrem Grundsatz erklärt hat, deren Praxis aber in Wirklichkeit die Polygamie ist, und zwar deshalb, weil die materielle Abhängigkeit zwischen Mann und Frau nicht nur die moralischen Forderungen bestimmt, sondern auch diese Beziehungen selbst in unmoralische verwandelt. Echte, natürliche, menschliche Beziehungen in der Liebe gibt es natürlich auch in unserer Gesellschaft massenhaft. Aber es gibt diese Beziehungen immer nur, solange noch keine materielle Abhängigkeit zwischen beiden Teilen besteht. In dem Maße aber, wie sich materielle Abhängigkeit in das Verhältnis einschleicht und an ihm mitwirkt, in ihm operiert, wird die Beziehung beschädigt und schließlich zerstört und aufgelöst. Es heißt nicht, daß deswegen die äußeren Formen der ehelichen Beziehung aufgehoben werden. Die Ehe wird oft als eine höchst unmoralische Beziehung ein Leben lang fortgesetzt, wenn sie noch so sehr innerlich ausgehöhlt ist. Die materielle Abhängigkeit ist der Feind moralischer Beziehungen zwischen den Menschen. Die materielle Abhängigkeit verwandelt reine und menschliche Beziehungen in unmoralische. Ich möchte sagen, die Ehe als Institution, in der solche materiellen Beziehungen sich manifestieren, ist geradezu der Todfeind wirklicher Liebe zwischen den Menschen.

Natürlich gibt es in jeder Gesellschaft Ausnahmen, aber auch Regeln. Es gibt ein berühmtes kleines Drama von Brecht «Die Ausnahme und die Regel». Darin wird geschildert, wie ein reicher Mann mit einem armen Führer durch die Wüste zieht. Sie verirren sich und sind in der Gefahr des Verdurstens. Der arme Führer – bezahlt durch den Reichen, unterwegs mißhandelt und gepeinigt – bringt dem Reichen die letzte Flasche Wasser, damit er trinken kann. Der Reiche hält aber die Flasche für einen Stein und glaubt, der Arme will ihn erschlagen. Daraufhin erschlägt der Reiche den Armen. Es kommt zu einer Gerichtsverhandlung. In der Gerichtsverhandlung erklärt der Richter: Es sei dem Reichen nicht zuzumuten gewesen, anzunehmen, daß der Arme ihm die Wasserflasche reicht. Die Regel müsse sein, daß der Ausgebeutete in solcher Situation den Ausbeuter erschlägt. Aus diesem Grunde müsse der Reiche freigesprochen werden. Brecht schließt an diese Parabel den Satz: Was hier geschah, war eine Ausnahme. Womit der Reiche und sein Richter rechneten, das war die Regel. Wir aber wollen eine Gesellschaft bauen, in der die Regel sein wird, was heute die Ausnahme ist.

In den Beziehungen der Menschen untereinander ist heute und war zu allen Zeiten vieles an Gutem, das aus tief Menschlichem emporsteigt. Leider ist es noch nicht die Regel, sondern nur die Ausnahme. Das liegt aber nicht am Versagen der Menschen, sondern es liegt an der Unmoral der Gesellschaft, in der sie leben. Wir müssen unsere Gesellschaft umwandeln. Wir müssen unsere menschlichen Beziehungen freimachen von materieller Abhängigkeit. Wenn zwischen Mann und Frau jede Form und jede Möglichkeit materieller Abhängigkeit aufgehoben sein wird, erst dann wird wirkliche Liebe, lang dauernde Liebe und nicht ein ständiger Wechsel der Beziehungen, wie das heute sehr häufig ist, die Regel sein. Der Mann ist nicht, wie es immer heißt, von Natur polygam, wozu – nebenbei gesagt – auch die Frauen gehören, mit denen er es sein kann. Dieses Schwanken, diese ständige Wiederauflösung sich entwickelnder persönlicher Beziehungen zwischen Männern und Frauen erwachsen aus der Unmoral unserer Verhältnisse. Bei Männern erwachsen sie im hohen Maße daraus, daß sie jeden sexuellen Erfolg wie Kapital in einem Kontobuch verbuchen. In unserer Gesellschaft leben wir immer noch zu sehr unter dem Motto des *Haben*. Wir streben nicht danach, eine tiefe, schöne Beziehung zum anderen Menschen zu gewinnen. Wir wollen ihn *haben*. Aus diesem Haben-Wollen, dieser Begierde, ihn allein zu besitzen, über ihn allein zu verfügen, entstehen die unmoralischen Leidenschaften unserer Zeit. Sie erwachsen daraus, daß wir in einer Gesellschaft leben, in der man *hat*, in der der eine mehr und der andere weniger an Macht, an Geld und Position, an Einfluß und Beziehungen *hat*. Erst wenn eine Gesellschaft entstanden sein wird, in der man keine Vorteile haben kann durch Geld, durch Macht, durch Beziehungen und dgl. mehr, erst dann werden die Beziehungen zwischen den Menschen wirklich moralische sein können.

Aus dem *Haben* entsteht auch eine der stärksten und gefährlichsten Leidenschaften, die mit der Liebe zusammenhängen, nämlich die Eifersucht. Ich möchte eine Geschichte dazu erzählen: Als ich die französische Sprache noch nicht sehr gut beherrschte, las ich einmal in einer französischen Zeitung zu meinem größten Erstaunen, daß ein Mann seine Frau mit der «Jalousie» erschlagen hatte. Ich hatte das Wort Jalousié nicht richtig übersetzt, denn es bedeutet Eifersucht. Trotzdem war ein Sinn in meiner falschen Übersetzung. Auf koreanisch schreibt man das Wort Eifersucht als ein Quadrat mit einem Strich darin. Das bedeutet nichts anderes als die im Hause eingeschlossene Frau. Eifersucht ist die im Hause eingeschlossene Frau. Der Mann hindert seine Frau, mit anderen Männern in Beziehungen zu treten, er schließt sie ein, er läßt die «Jalousie» herunter, seine Eifersucht. Die Frau muß verschleiert gehen, sie muß im Harem leben, abgeschnitten von der Umwelt. Eifersucht ist also eine männliche Untugend, die einer Welt entstammt, aus der wir heute heraussteigen.

Daß wir tatsächlich gegenwärtig aus dieser Welt heraussteigen, das dürfte wohl langsam vielen klargeworden sein, und zwar in aller Welt, nicht etwa nur in den sozialistischen Ländern oder gar in ihnen in erster Linie. In der ganzen Welt von heute beobachten wir das Ins-Wanken-Kommen der alten moralischen Grundfesten. Und zwar hängt dies Ins-Wanken-Kommen bei unserer Jugend nicht etwa damit zusammen, daß wir in einer dekadenten, morschen und sich auflösenden Gesellschaft leben, wie das häufig von prüden alten Tanten behauptet wird, sondern dieser Aufruhr der Jugend in der ganzen Welt rührt her von den Veränderungen der materiellen Beziehungen der Menschen untereinander. Weil die jungen Menschen – auch in den kapitalistischen Ländern – schon früh über erhebliche materielle Mittel verfügen, und zwar Männer wie Frauen, weil sie viel mehr Möglichkeiten haben als vor zwanzig, 30 Jahren, weil sie viel unabhängiger geworden sind – darum werden auch ihre Beziehungen untereinander freiere und unabhängigere Beziehungen, die mehr und mehr mit den alten moralischen Prinzipien in Widerspruch geraten. Dabei kommt es zu Konflikten mit der älteren Generation, die der Jugend entgegentritt und ihr Leben für unmoralisch erklärt. Wie leben aber diese Älteren? Nach außen tragen sie eine Fassade des moralischen Lebens zur Schau. Doch dahinter verbirgt sich meist ein wenig moralisches Leben. Die Älteren haben gelernt, dies Leben sorgsam zu verbergen und zu verhüllen. Sie haben eine große Technik entwickelt in der Aufrechterhaltung des schönen Scheins, während die jungen Menschen sich fragen: Was habe ich das nötig, es so zu machen wie die Alten? Wir Jungen sind freiere Menschen. Wir wollen das Leben leben, wie wir es können. Daraus erwächst das Problem der Generationen. Der tiefe Zweifel an der Wahrhaftigkeit der Älteren, der sich in der Jugend entwickelt, macht natürlich hier nicht halt, er dringt ein in das ganze Leben. Überall findet er Nahrung, bis hinein in das politische Leben, in dem die ältere Generation unserer Zeit so schwer versagt hat. Wir Älteren werden das Vertrauen der Jugend niemals gewinnen, wenn wir versuchen, der Jugend die Wahrheit über die Wirklichkeit unseres Lebens zu verheimlichen. Wir müssen offen, mehr als die Jugend es selbst von sich aus schon kann, die Zusammenhänge unserer Welt darlegen. Wir müssen uns selbst Klarheit verschaffen über die Rolle, die wir in dieser Welt gespielt haben, und wir müssen den Mut haben, Konsequenzen zu ziehen, schonungslos mit uns selbst. Wir müssen helfen, eine neue Moral zu begründen, die Moral der sozialistischen Entwicklung.

Die Funktion der alten Moral war die Aufrechterhaltung der alten Gesellschaftsverhältnisse. Sie hatte diese eine Aufgabe, nämlich die unmoralischen Grundlagen der Ausbeuter-Gesellschaft ideologisch-moralisch zu verhüllen und zu rechtfertigen und sie vor Zerstörung und Auflösung zu sichern. Die sozialistische Moral hat eine entgegengesetzte Aufgabe. Sie hat die Aufgabe, diese alte Gesellschaft aufzulösen, umzuwandeln, zu transformieren und umzuwälzen. Die Grundlage der alten Moral war die Demut, die Ergebenheit in das Schicksal. Die Grundlage der sozialistischen Moral ist die Solidarität, ist die Ungeduld, das Unzufriedensein mit dem Bestehenden. Die sozialistische Moral ist die Moral der Verwandlung, der Transformation, der Revolution aller gesellschaftlichen Beziehungen, und zwar auf der Grundlage einer immer breiteren Solidarität der Menschen. Natürlich treten in unserer Welt, in unserem Staat, in unserer Gesellschaft viele komplizierte Widersprüche in Erscheinung, so daß auch bei uns zeitweilig Normen der Moral entstehen, die nicht sozialistisch sind, die zwar neu sind, aber doch nicht sozialistisch, weil sie sich aus der Auseinandersetzung entwickeln, die in unserer Gesellschaft heute vor sich geht. Aus der ungenügenden Einsicht in die gesellschaftlichen Notwendigkeiten auch unserer sozialistischen Entwicklung gehen sie hervor. Auch hier erscheint manche vorübergehende Notwendigkeit, die man schwer einsehen kann, im Mantel der Moral. Denn der Sozialismus ist keine Sache, die man einfach nach Programm machen kann. Er ist eine Bewegung in der Menschheit, deren Fortschritt davon abhängt, in welchem Maße immer mehr Menschen Einsicht in den gesellschaftlichen Zusammenhang gewinnen und dadurch entschlossen werden, aktiv an der Umwandlung der Gesellschaft mitzuwirken. Es ist nicht möglich, den Sozialismus rein technisch-ökonomisch aufzubauen. Der Aufbau des Sozialismus ist mehr als ein industrieller und ökonomischer Prozeß, er ist im höchsten Maße auch ein Prozeß, der in unseren Köpfen vor sich geht, ein Prozeß der wachsenden Bewußtheit.

Daß wir weit von einer vollständigen Bewußtheit entfernt sind, muß uns dabei immer klar sein; weil unsere Bewußtheit stets unvollkommen ist, bedürfen wir ständig der Spontaneität unseres Handelns. Der Begriff Spontaneität wird manchmal in dogmatischer Weise abgewertet, als ob Spontaneität zielloses, eigennütziges, chaotisches Handeln bedeutet. Spontaneität bedeutet aber, trotz ungenügender Bewußtheit doch den Mut haben zum Weitergehen. Ohne Spontaneität kämen wir nicht einen Schritt voran. Es mag Leute geben, die glauben, vollkommene Bewußtheit der Zusammenhänge erreicht zu haben. Gerade sie befinden sich in schwerer Täuschung, die sie zu einer unbewußten Spontaneität verführt, deren Opfer sie dann werden. Besser ist es, sich der unvermeidlichen Spontaneität des eigenen Handelns immer bewußt zu sein und zu bedenken, daß alles Große immer ein Wagnis ist. Die Welt zu verändern ist kein Unternehmen mit Sicherheitsgarantie, sondern mit ungewissem Ausgang. Auch unsere Geschichte wird von den Menschen selbst gemacht, obwohl wir wissen, daß wir nicht alles wissen, was eigentlich dafür notwendig ist. Wir schreiten immer weiter voran in der Umwandlung der Gesellschaft und bemühen uns dabei, Schritt um Schritt die inneren Beziehungen dieses Prozesses aufzudecken. Wir verwandeln die unmoralische Welt, in der wir leben, von Stufe zu Stufe in eine moralischere, die der alten Moralgesetze nicht mehr bedarf.

Diese neue Gesellschaft ist nur die erste Etappe der kommunistischen Epoche, die vor uns liegt. Sie wird noch provisorisch und voller Widerspruch sein, auch dadurch, daß in den Köpfen der Menschen über Jahrhunderte fortleben wird, was in Jahrtausenden vorher entstanden ist.

Auch die moralische Gesellschaft wird noch lange mit den unmoralischen Erinnerungen und Vorstellungen in uns zu kämpfen haben. Bis wir wirklich in unseren Köpfen klar sein werden, werden wir hier auf der Erde unter uns viel klargemacht haben müssen. Wir müssen zuerst einmal die materiellen Voraussetzungen für das Moralisch-Sein-Können schaffen. Die Auseinandersetzung mit den alten in uns festgewachsenen Grundsätzen und Prinzipien, mit den vielerlei Überzeugungen und Vorurteilen, diese Auseinandersetzung wird dann in der zukünftigen Gesellschaft nicht mehr die Form bösartigen Streites haben. Sie wird nicht gelöst werden, indem man Leute einsperrt und ins Gefängnis steckt, weil sie anders denken. Wir werden miteinander ruhig reden und sachlich diskutieren in der Erkenntnis, daß in jedem von uns auch so ein Stück Überlebtes steckt, entstanden vor Jahrtausenden, tiefe Weisheit, aber vergangene, und alte und neue Irrtümer, nichts anderes als das so wunderbar Vollkommene und Unvollkommene des Menschlichen.

Zu Fragen der Moral

1. Seminar, 17. 1. 1964

Etwa die Hälfte aller Fragen, die bisher zur Behandlung im Seminar von Ihnen vorgelegt worden sind, beschäftigt sich mit der Moral-Vorlesung, die übrige Hälfte mit verschiedenen Fragen aus verschiedenen anderen Vorlesungen. Ich habe auch erwartet, daß diese Vorlesung ziemlich viele Diskussionen auslösen wird, und bin mir auch darüber klar, daß in dieser Vorlesung manches nicht ausgesprochen wurde und nicht ausführlich behandelt wurde, was eigentlich dazugehört. Eine Vorlesungsstunde ist kurz und schnell vorüber, und manches fällt einem dann erst später ein. Ich freue mich also, wenn wir in unserem Seminar weitere damit zusammenhängende Probleme behandeln können. Ich bin sehr dafür, daß wir möglichst offen und ohne Vorbehalt auch zu Erscheinungen unseres gegenwärtigen Lebens Stellung nehmen und nicht nur sehr allgemeine Betrachtungen über vielleicht noch allgemeinere Zusammenhänge anstellen, die ja immer eine vielfältige Auslegung zulassen.

Ich möchte also heute eine Reihe von Fragen im Zusammenhang zu beantworten versuchen. Ich will zuerst die Fragen vorlesen, ohne Anspruch auf Systematik der Reihenfolge:

1. «Sie haben offenbar so viel Vertrauen in den Menschen, daß Sie Zustände ähnlich denen, die Huxley in seinem Buch ‹Schöne neue Welt› schildert, nicht für möglich halten.»

2. «Läßt sich das außer mit dem Glauben an den Menschen irgendwie begründen? Von einer kommunistischen Gesellschaft erwarten wir doch, daß die materiellen und geistigen Bedürfnisse im zunehmenden Maße befriedigt werden. Der Mensch hätte zwar die Möglichkeit, sich voll zu entfalten. Welche zwingenden

Gründe würden aber die Möglichkeit zur Wirklichkeit werden lassen? Ich gehe von der Beobachtung aus, daß Konflikte, Widersprüche, Notsituationen, Glaube und Hingabe an etwas Höheres, als der einzelne ist, und anderes mehr den Menschen wachsen lassen und eigentlich Menschliches aus ihm hervorzaubern.»

3. «Ist die Frage der Bewältigung der Technik und ihrer Umwandlung in eine humanistische allein eine Frage der Gesellschaftsordnung? Woran liegt es, daß in unserem Arbeiter-und-Bauern-Staat eine Bürokratie entstehen konnte?»

4. «Macht die sozialistische Moral nicht eine Aufhebung der Zuchthäuser und Gefängnisse in ihrer bisherigen Form notwendig? Die Prügelstrafe in der Schule wurde als zweifelhaftes Erziehungsmittel erkannt und abgeschafft. Aber die Zuchthäuser bleiben.»

5. «Der Begriff moralisch ist nicht nur negativ (als Verhüllung uneinsehbarer Forderungen), sondern auch positiv verwendet worden. Etwa in Wendungen wie ‹eine wirkliche moralische Gesellschaft›. Das ist sicher nicht nur eine doppeldeutige Verwendung des Ausdrucks (zugespitzt in ‹unmoralische Moral›). Die Doppeldeutung könnte leicht ausgemerzt werden, indem $Moral_1$ und $Moral_2$ unterschieden wird. Was aber ist $Moral_2$, wenn $Moral_1$ die negative, verhüllende Moral ist? Sicherlich gibt es Eigenschaften oder Forderungen an das gesellschaftliche Zusammenleben, die als moralisch zu bezeichnen sind, ohne einer besonderen historischen Gesellschaftsformation untergeordnet zu sein. Jeder, der von Moral – in welchem Sinne auch immer – spricht, macht implicite diese Voraussetzung. Was kann man zu ihrer Explikation sagen? Nichts, oder nur Unbestimmtes, oder nur Unmögliches? Sind sie Gegenstand empirischer Untersuchungen oder nur der Spekulation? Wer, wenn überhaupt, hätte sie empirisch zu untersuchen, nicht der Philosoph, eher der Soziologe? Oder?»

6. «Sie erklären in Ihrer 10. Vorlesung, daß nur eine Ausbeutergesellschaft das Gebot ‹Du sollst nicht stehlen!› erheben muß. Auch bei uns gilt diese Maxime. Auch bei uns werden Verstöße gegen dieses Gebot juristisch als Diebstahl verfolgt. Stimmt Ihre

Behauptung nicht, oder müßte unsere Gesellschaft anders als üblich charakterisiert werden? Daraus ergibt sich die Frage nach dem historischen Charakter solcher sittlicher Forderungen wie ‹Du sollst nicht töten!›, ‹Du sollst nicht lügen!› Meinen Sie, daß de facto eine Gesellschaft jemals existieren wird, die auf diese Gebote verzichten kann, weil niemand gegen sie verstoßen wird, sie also nicht mehr aktuell sind, oder jeder gegen sie verstoßen darf, ohne daß das als unmoralisch gilt und juristisch verfolgt wird? Im anderen Fall hätten die Forderungen doch, zumindest die Zukunft betreffend, keinen historischen Charakter.»

7. «Bei der Bildung Ihres Moralbegriffs und bei der Vorstellung von der moralischen Gesellschaft der kommunistischen Zukunft gehen Sie von einem bestimmten Menschenbild aus. Sind die Annahmen über die Natur des Menschen so zwingend, daß die bei dem Versuch, den Endzustand zu erreichen, auftretenden politischen Konsequenzen verantwortet werden können?

Erläuterung: Sie stellen sich den Menschen heutzutage als entfremdet vor. Alle bösen, asozialen Handlungen entspringen aus dieser Entfremdung. In einer der wahren Struktur des Menschen entsprechenden Gesellschaft handelt der Mensch auf Grund einer natürlichen Einsicht in die Notwendigkeit. Seine Notwendigkeiten fallen mit den Notwendigkeiten der Gesellschaft zusammen. Sein Wollen entspricht den Erwartungen, die die Gesellschaft in ihn setzt. Der Mensch ist dann kein Anpassungsprodukt, angepaßt an eine bestimmte Gesellschaftsform, sondern er ist der eigentliche Mensch in einer ihm entsprechenden Gesellschaft. Gewiß eine Utopie, die aber wert wäre, angestrebt zu werden.

Mich stören nur die bisher nicht gesicherten Annahmen über die Natur des Menschen. Es ist denkbar, daß der Mensch Triebe hat, die die Gesellschaft sprengen müssen (z. B. Machttriebe), wenn sie nicht eingeschränkt, überformt werden. Diese Funktion der Einschränkung wird von der Moral ausgeübt. Moralgesetze ermöglichen den Triebverzicht. Sie sind immer gegen bestimmte, nicht gegen alle Triebe gerichtet. Eine Gesellschaft ohne Triebverzicht wäre nicht möglich. Daß der Mensch eine derartige

Triebstruktur haben könnte, legen Beobachtungen aus der Psychiatrie, legen Beobachtungen über die Verhaltensweise sozialer Tiere (ein Zusammenhang mit der Tierwelt ist nicht abzulehnen) nahe. Wenn das zutrifft, dann wäre eine moralische Gesellschaft in Ihrem Sinne nicht möglich. Will man aber einen ähnlichen Endzustand erreichen, weil man ihn für gut hält, für besser als alle bisher dagewesenen und alle denkbaren, so könnte das nur auf dem Wege der Anpassung geschehen. Man müßte die dieser Endgesellschaft entsprechenden Moralgesetze den Menschen einpflanzen, so daß sie ihnen zur inneren Notwendigkeit werden. Es taucht aber hier die Frage auf, ob dieser total angepaßte Mensch in dieser Gesellschaft optimale Glücksmöglichkeiten hat. Es ist bis heute nicht möglich, über die Glücksbedingungen der Menschen etwas auszusagen. Soziologie, Tiefenpsychologie, Verhaltensforschung, überhaupt die ganze Wissenschaft, müssen dieses Problem erforschen, damit man die heute einzig wichtige Frage nach der dem Menschen gemäßen Gesellschaftsform beantworten kann. Alle bisherigen Antworten darauf sind mehr oder weniger Spekulation. Wäre daraus nicht die Folgerung zu ziehen, zunächst sich alle Möglichkeiten offenzuhalten, anstatt mit aller Macht eine bestimmte Vorstellung zu verwirklichen? Die Konsequenz wäre eine echte Demokratie.»

8. «Daß es Triebe gibt, die zu einem sozialen Gefüge führen, die ihre Erfüllung in sozialer Tätigkeit erhalten, ist wahrscheinlich. Daß es aber Triebe gibt, deren Erfüllung das soziale Gefüge sprengen könnten, scheint mir sicher. Wie könnte sonst aus der von Ihnen angeführten hypothetischen Urgesellschaft die kapitalistische Gesellschaftsordnung entstehen? Die Triebe müssen überformt, eingedämmt und sublimiert werden. Das erfordert die Gesellschaft. Das ist eine Notwendigkeit, die aus der Gesellschaft entspringt. Als Moralgesetze werden sie den Menschen eingeimpft und so neben Trieben zu einer zweiten Notwendigkeit.

Frage: Liegt das Problem nicht darin, dem Menschen gemäße Moralgesetze zu finden, die eine optimale Befriedigung aller

Triebe gestatten, ohne daß dabei die Gesellschaft zugrunde geht? Oder liegt das Problem darin, die Moral schlechthin abzuschaffen?»

Das sind die Fragen, die ich jetzt behandeln will.

Es ist richtig, daß ich den Begriff Moral in doppeltem Sinne verwendet habe und – wie einer meiner Hörer einwendete – im Grunde eine Moral$_1$ und eine Moral$_2$ unterschieden habe. Aber entspricht das nicht eigentlich dem Sinn des Wortes Moral? Moral kommt doch von lateinisch: mores, die Sitten. Das Wort Sitten ist in unserem Sprachgebrauch nicht so vorbelastet wie das Wort Moral. Man spricht von guten Sitten und schlechten Sitten. Unter Sitten versteht man zunächst einfach alles, was zur Gewohnheit wurde, was dann von jedem gefordert wird. Ich glaube auch, daß ein Mißverständnis, wenn ich von einer «moralischen Gesellschaft» gesprochen habe, wahrscheinlich bei den wenigsten entstanden ist. Vielleicht gibt es tatsächlich eine Möglichkeit, noch einfacher auszudrücken, was ich meine. Ich nenne eine Gesellschaft «moralisch» im guten Sinne, wenn sie es allen Menschen möglich macht, gute Menschen zu sein, eine Gesellschaft, in der alle Menschen einsehen können, was in ihrem Interesse und im Interesse der Gesellschaft notwendig ist. Solange in einer Gesellschaft Notwendigkeiten bestehen – ich meine historisch bedingte, gesetzmäßige Notwendigkeiten –, die gegen einen Teil der Gesellschaftsmitglieder gerichtet sind, die von ihnen nicht eingesehen werden können, weil sie mit Freiheit und Menschenwürde unvereinbar sind, die aber gerade dann stets als «moralische» Gesetze in Erscheinung treten, ist diese Gesellschaft in ihrer Struktur «unmoralisch».

Diese Moralgesetze werden ja meist nicht in der Form vorgebracht, in der sie objektiv bestehen, sondern sie sind in bestimmte Formen religiöser und allgemeiner ethischer Prinzipien eingehüllt. Selbst inhaltlich leicht verständliche Forderungen, die klar und eindeutig ausgesprochen werden, wie z. B. das Gesetz «Du sollst nicht töten!», werden nicht rational begründet, sondern erscheinen als Forderungen einer transzendenten Instanz eines göttlichen Gesetzgebers. Wir fühlen uns durch die Stimme des Gewissens bedrängt, die uns Vorhaltungen macht, weil wir ihr ja keineswegs immer folgen. Das Gewissen, dieses merkwürdige Gefühl in uns für gut und schlecht, findet natürlich keineswegs immer eine klare Antwort. Aber schon das Suchen nach einer Antwort ist bereits eine Folge der Tatsache, daß wir vielfältigen ideologischen Kräften ausgesetzt sind, die aus der Gesellschaft kommen, mit denen wir als Individuen zu ringen haben. Die moralischen Forderungen und Gesetze würden nicht in der Form von göttlichen Gesetzen erscheinen, sie würden nicht als «moralisches Gesetz in uns» – wie Kant es nannte –, als Stimme des Gewissens sprechen, die aus dem tiefen Innern unserer Seele kommt, wenn sie selbstverständliche, jederzeit leicht einsehbare Notwendigkeiten wären, also in unserem eigensten Interesse liegende Vereinbarungen für das gesellschaftliche Zusammenleben. Das Gebot «Du sollst nicht töten!» kann doch nur dann als moralische, sittliche Forderung einer höheren moralischen Instanz erhoben werden, wenn bei den Gesellschaftsmitgliedern Motive möglich sind und auftreten können, die gegen diese Forderung verstoßen. Wo es keine Mörder gibt, braucht man den Mord nicht zu verbieten.

Es erhebt sich also wirklich die Frage, die verschiedene Hörer hier angesprochen haben, ob dieser Theorie nicht eine zu gute Meinung vom Menschen zugrunde liegt. Habe ich ein Menschenbild, an das man nur glauben kann, das man aber nicht wissenschaftlich begründen kann? Setzt die Ansicht, daß die moralischen Forderungen auch befolgt werden, sowie sie einsehbar sind, nicht einen von Natur guten Menschen voraus? Ist der Mensch vielleicht von Natur nicht gut, sondern böse? Ist in seinem Innern auch das Böse, das Asoziale als ein Element seines Wesens enthalten, so daß also für immer ein Widerspruch zwischen den gesellschaftlichen Interessen und Notwendigkeiten und den individuellen Neigungen zum Bösen bestehen wird? Tatsächlich setze ich keineswegs eine «zu gute» Meinung vom Menschen voraus. Aber ich glaube, daß der Mensch von Natur, also als nicht gesellschaftliches Wesen, wie er rein biologisch gegeben ist, *weder gut noch böse* ist. Beides – gut und böse – gehen überhaupt erst aus dem gesellschaftlichen Leben hervor. Gut und böse sind überhaupt keine Natureigenschaften. Auch Tiere sind weder gut noch böse. Sie verhalten sich, wie es das Gesetz ihres Lebens ihnen vorschreibt. Das Gute oder Böse im Menschen entsteht überhaupt erst durch das gesellschaftliche Leben. Es sind soziale Begriffe. Das gesellschaftliche Leben des Menschen ist auch kein biologischer Vorgang, zum Unterschied vom Leben der Tiergesellschaften, wie bei Termiten. Es ist eben eine viel höher entwickelte Form des gesellschaftlichen Lebens. Erst hier entwickeln sich überhaupt die moralischen Aspekte. Nicht ein vorgefaßtes Urteil darüber, daß der Mensch von Natur gut oder von Natur böse sei, liegt meinen Betrachtungen zugrunde, sondern im Gegenteil, es wird gerade kein solches Vorurteil, keine vorgefaßte Meinung über primäre moralische Qualitäten vorausgesetzt. Das moralische und das soziale Verhalten des Menschen wird vielmehr aus den sozialen Umständen, in denen er lebt, hergeleitet. Aus der sozialen Struktur, die sich mit dem Entwicklungsgrad der Gesellschaft ändert, gehen auch alle Motive für Handlungen hervor, die gegen das Gefüge der Gesellschaft gerichtet sind. Sogar diese Motive sind Wesenselement der betreffenden Gesellschaft. Solange Menschen ausgebeutet, unterdrückt und ihrer Freiheit beraubt werden, solange sie an der freien Entfaltung ihrer Persönlichkeit gehindert werden – vollständig werden wir uns erst in Jahrhunderten von allen diesen Fesseln gänzlich befreit haben –, werden aus dieser Beschränkung und Beeinträchtigung der menschlichen Würde immer Motive zu Handlungen gegen die Gesellschaft hervorgehen. Sie können individueller Protest sein. Sie können auch zu sozialen Kämpfen und schließlich zum revolutionären Aufstand führen. Sie können aber auch aus dem unmoralischen Gefüge der Gesellschaft erwachsen, aus den besonderen Möglichkeiten für asoziales Verhalten, die in der Struktur der Gesellschaft begründet sind. Der Mensch versucht, sich aus der Bedrängnis, in die das gesellschaftliche Leben ihn bringt, auf irgendeine Weise herauszuwinden. Er versucht, sich eine Sonderposition zu schaffen. Sagen wir es deutlich: Er versucht sich in die Lage derer zu bringen, die in dieser Gesellschaft herrschend sind. Das Streben nach Herrschaft in einer Gesellschaft, in der Menschen von Menschen beherrscht werden, ist die Quelle alles Unmoralischen, das aus der Unmoral der gesellschaftlichen Zustände hervorgeht. Dies Nach-oben-Streben, dies Streben, andere unter sich zu haben und zu unterdrücken und sich dadurch Vorteile zu verschaffen, ist im höchsten Maße verwerflich. Aber es ist das normale, völlig durchgängige Streben der übergroßen Mehrheit aller Menschen in Gesellschaften, in denen eine soziale Hierarchie besteht. Wir Deutschen haben diese Methode des Nach-oben-Strebens zur Perfektion entwickelt. Es ist das System der «Radfahrer» – nach unten treten und nach oben buckeln. Es ist das System der Karrieristen und Speichellecker, der Duckmäuser und Lobhudler. Daß es immer noch so massenhaft in Erscheinung tritt, liegt nicht etwa daran, daß der Mensch diese widerliche Tendenz von Natur hat, sondern weil er in einer Gesellschaft lebt, in der dieses Streben Aussicht auf Erfolg verspricht, und man ständig Leute um sich hat, die auf diese Weise Erfolge erzielen.

Solchen «Sitten» widerstrebt im Grunde unser inneres Gefühl. Unsere Hoffnungen sind auf eine Gesellschaft der Gleichberechtigung der Menschen, der Aufhebung dieser Schichtung der Gesellschaft gerichtet. Wir erstreben eine Gesellschaft von freien und gleichen Menschen. Solange die utopische moralische Gesellschaft nicht verwirklicht ist, werden wir immer in Konflikte geraten. Selbst in unserem Streben nach einer freien demokratischen, moralischen Gesellschaft werden wir uns dabei ertappen, wie wir gegen unsere eigenen Prinzipien handeln. Wehe, wenn wir emporsteigen! Wir werden auf einmal Menschen von Bedeutung und Verantwortung, von richtungweisender Gestalt und dgl. Lächerlichkeiten mehr. Je mehr man in die Höhe steigt, um so mehr bekommt man Verachtung für alles, was man unter sich hat. Das ist keine menschliche, sondern eine zutiefst unmenschliche Schwäche.

Diese Beispiele mögen deutlich machen, daß die «moralische Gesellschaft» nicht eine Gesellschaft ist, die voraussetzt, daß der Mensch von Natur gut ist. Nein, das Gute, das Menschliche, die Humanitas gehen nicht aus der Biologie, nicht aus primären Eigenschaften der individuellen Lebewesen hervor. Nur die Menschheit als Ganzes hat diese Möglichkeit zum Guten, zur Humanität.

Ich war vor drei Jahren in Lambaréné bei Albert Schweitzer. Ich hatte viele Gespräche mit ihm, die mir unvergeßlich sind. Einmal, als ich ihm beim Betreten eines Hauses, wie das die Sitte ist, den Vortritt lassen wollte, sagte er unwirsch, aber schalkhaft: «Ach, laß den Unsinn, immer diese dummen Sitten!» Und dann, als ich ihm den Willen getan hatte: «Ach, es ist überhaupt furchtbar, sich immerzu um seinen Nächsten zu kümmern; es ist doch etwas Schreckliches!» Ich erwiderte ganz betroffen: «Aber Herr Schweitzer, Sie haben sich doch Ihr ganzes Leben immer so sehr um Ihre Nächsten gekümmert. Da wundert es mich aber, wenn Sie sagen, man solle sich nicht um seinen Nächsten kümmern.» Darauf meinte er: «Ja, das ist richtig. Leider muß man das noch. In der Zeit, in der wir leben, müssen wir uns leider noch sehr um unseren Nächsten kümmern, aber wir wollen es wenigstens nicht auch noch mit diesen lächerlichen kleinen Höflichkeiten tun. Da kann es doch schon aufhören! Das Ziel ist doch, endlich zu einem Leben zu kommen, wo alle Menschen glücklich sein können, wo alle frei leben können und zugleich sicher sind, wo man sich nicht um seinen Nächsten zu kümmern braucht. Das ist jedenfalls die Meinung eines großen chinesischen Philosophen gewesen. Ich bin auch der Meinung.» Darauf sagte ich zu ihm: «Was Sie sagen, finde ich sehr richtig, und glauben Sie mir, wir Kommunisten möchten gern eine solche Gesellschaft aufbauen. Wir glauben, daß es möglich ist, eine Gesellschaft zu errichten, in der man sich nicht um seinen Nächsten zu kümmern braucht, weil sein Leben gesichert ist und weil er frei leben kann. Das wird dann eine menschliche Gesellschaft sein, die den Namen menschlich erst verdient.» Sehr ernst und mit seiner ganzen herzlichen Freundlichkeit sagte er da: «Wissen Sie, Herr Havemann, darum fühle ich mich so sehr mit den Menschen im Osten verbunden, weil ich nämlich weiß, daß sie hieran auch wirklich glauben!»

Auch in der westlichen Welt streben viele nach einem besseren Leben der Gesellschaft, aber die meisten sind von tiefem Zweifel erfüllt, ob eine solche wirklich menschliche Gesellschaft errichtet werden kann. Da gibt es die Vorstellung, daß der Mensch eine ganz bestimmte soziale Natur habe und daß man dieser sozialen Natur eine bestimmte soziale Struktur und Gesetzgebung anpassen müsse, wie das hier auch im Schreiben eines Hörers ausgesprochen wird. Wenn man diese soziale Natur erst einmal richtig analysiert hat, müßte man die dazu passende soziale Struktur der Gesellschaft entwerfen und schließlich schrittweise verwirklichen. Dies alles seien wissenschaftliche Aufgaben, mit denen wir uns sorgfältig befassen müßten und die wir nur mit Hilfe verschiedener Wissenschaftszweige, der Psychologie, der Soziologie und möglicherweise noch mancher anderer genauestens zu studieren haben, um herauszufinden, wie man eine Anpassung sowohl des Menschen an ein ihm adäquates soziales Gefüge wie auch des sozialen Gefüges an den Menschen erreichen könnte. Bis zur Lösung dieser wissenschaftlichen Aufgabe sollte man sich aber nicht festlegen und nicht versuchen, schon jetzt «mit aller Gewalt» eine bestimmte Lösung anzustreben, die sich jemand ausgedacht hat (er meint damit die kommunistische Lösung), bevor man überhaupt weiß, ob sie wirklich wissenschaftlich erwiesen ist. Das sei wahre Demokratie. Eine Reihe von Ihnen hat dieser Auffassung Beifall gezollt.

Diese Darstellung erweckt den Anschein wissenschaftlicher Objektivität, einer sorgfältigen und prüfenden Einstellung gegenüber vorgefaßten Meinungen und unwissenschaftlichen Vorurteilen. Tatsächlich kommt aber in dieser Auffassung dieselbe vorgefaßte Meinung über das Wesen des Menschen zum Ausdruck, von der ich schon sprach, letzten Endes nämlich wieder die Idee, daß *der Mensch als soziales Wesen biologisch determiniert* sei. Das gilt auch von dem, was ein Hörer über die Triebe geschrieben hat. Er meinte, das gesellschaftliche Leben erfordere Triebverzicht, und dies werde durch die Moralgesetze erreicht. Unser Triebleben kommt sicher aus der Tiefe unserer biologischen Existenz. Wir haben den Nahrungstrieb, den Geschlechtstrieb, den Trieb für die Sicherung der Nachkommenschaft, überhaupt vielfältige Triebe für die Sicherung der biologischen Existenz. Diese Triebe sind im Menschen ebenso vorhanden wie in anderen Tieren. Sie bedürfen zu ihrer Entstehung natürlich nicht erst der Gesellschaft, sondern sind einfach Voraussetzungen für die Entwicklung höher organisierten Lebens. Aber sind diese Triebe tatsächlich Kräfte, die das soziale Gefüge der Gesellschaft antasten können? Ich glaube, eher umgekehrt: Die Entfaltung dieser Triebe kann durch das soziale Gefüge der Gesellschaft in Frage gestellt werden. Die Befriedigung dieser natürlichen, notwendigen Triebe kann bei einem großen Teil der Gesellschaftsmitglieder behindert werden, vielleicht um einer Minderheit die Möglichkeit zu geben, ihren Trieben um so zügelloser freien Lauf zu lassen. Es kann Not und Elend geben. Komplizierte moralische Vorschriften für die Beziehungen der Geschlechter untereinander können entstehen. Auch das Verhältnis der Eltern zu den Kindern kann von der Gesellschaft her beeinträchtigt werden. Aber ich glaube nicht, daß eine wahrhaft moralische Gesellschaft gedacht werden kann, in der aus diesen Trieben Motive für asoziale, bösartige und der Gesellschaft feindliche Handlungen hervorgehen. Das Triebleben der Menschen wird nur asozial in seiner Wirkung, wenn die Gesellschaft selbst die Voraussetzung dafür in sich enthält. Asoziale Handlungen gehen dann stets gerade aus der Notwendigkeit des Triebverzichts hervor. Aber trotzdem ist eine Gesellschaftsstruktur, in der kein Triebverzicht notwendig ist, deswegen keineswegs eine biologisch determinierte Struktur.

Die Auffassung, man müsse die menschliche Gesellschaft irgendwelchen biologischen Gegebenheiten des Menschen anpassen, ist letzten Endes eine Auffassung, die innerlich verwandt ist mit etwas ganz Entsetzlichem unserer Zeit, nämlich mit dem Rassismus. Es ist die Vorstellung, daß das politische, gesellschaftliche und geistige Leben, letzten Endes alles, was den Menschen vom Tier unterscheidet und ihn überhaupt erst zum Menschen macht, doch nur biologisch determiniert sei. Von da ist es nicht weit zu der Theorie von den höherwertigen und den niederwertigen Menschen, von den biologisch determinierten guten und schlechten Menschen, von den biologisch guten und bösen Trieben. Es ist der «Biologismus» in der Geschichte. Er ist eine unwissenschaftliche Denkweise. Man weiß heute in aller Welt, bei Marxisten und Nichtmarxisten, daß jede Form des Biologismus bei der Analyse gesellschaftlicher und sozialer Strukturen vollständig falsch ist und jeder wissenschaftlichen Grundlage entbehrt. Ich wiederhole also: Wo der Mensch als Wesen der Natur und als soziales Wesen in Widerspruch gerät zur Gesellschaft, wo in ihm Motive entstehen zu asozialem und antisozialem Handeln, liegt die Quelle hierfür nicht in seinen biologisch gegebenen Eigenschaften, die gegenüber den Begriffen Gut und Böse neutral sind, sondern in der Struktur der Gesellschaft, der er angehört. Wir müssen dabei immer bedenken, daß alle Ideen und Ansichten in unseren Köpfen ja nicht von uns selbst produziert werden, sondern von der Gesellschaft, in der wir leben, hervorgebracht sind. Von allen Seiten strömt, von Kindesbeinen an, auf uns ein, was wir im Laufe des Lebens denken werden. Auch das Vorurteil des Biologismus, ob in der Form der rassistischen Überheblichkeit, des biologischen Stolzes auf die Vorfahren, oder in der Form der Erbsünde, hat nicht wissenschaftliche Erkenntnis zur Grundlage, sondern gehört zur Ideologie der Gesellschaft, der wir entstammen. Auch das Moralische wird uns in dieser komplexen Weise einverleibt. Es erscheint uns als so «evident», daß wir mit dem tiefsten Inneren unseres Herzens in Widerstreit geraten, sobald wir zu Fragen der Moral eine materialistische Einstellung zu gewinnen versuchen. Blinder Glaube ist eben leichter als materialistischer Zweifel!

Ich habe in der Vorlesung über Moral ausführlich dargelegt, daß es im Sozialismus keine erstarrten moralischen Normen geben kann, sondern daß das Wesen der sozialistischen Entwicklung gerade die Überwindung der erstarrten moralischen Normen ist. Letzten Endes ist das Ziel der sozialistischen Entwicklung ja sogar die Überwindung des Sozialismus. Der Sozialismus ist nur ein Weg, kein Ziel. Er ist der relativ kurze Weg von der langen historischen Epoche der Ausbeutergesellschaften zu der neuen langen Epoche der verschiedenen kommunistischen Gesellschaften. Im Kommunismus wird es keine Ausbeutung des Menschen durch den Menschen mehr geben, weil sie historisch überlebt sein wird, weil die Ausbeutung für die Entwicklung der Gesellschaft ein Hindernis, ein Anachronismus, ein Widersinn geworden ist. Wenn der Mensch die Naturkräfte im höchsten Maße beherrscht, so daß er jederzeit alles, was jeder Mensch braucht, in beliebiger Menge erzeugen kann, wenn Hunger, Not und Elend, alle bisherigen Bedrängnisse des Menschen mit Hilfe technischer Mittel aus der Welt geschafft sein werden, kann niemand mehr gezwungen werden, für andere zu arbeiten. Es wird das Motiv, zu herrschen und auszubeuten, nicht mehr geben, weil es die Möglichkeit der Ausbeutung nicht mehr gibt.

Aber auch diese Gesellschaft wird ihre Widersprüche haben. Auch sie wird Konflikte entstehen lassen, auch auf der Ebene des Sozialen. Wir können schon heute manches von dem ahnen, was da kommen wird. Unsere heutige Gesellschaft, die die ersten Schritte auf dem Weg in die Zukunft unternimmt, birgt in sich noch viel Altes, das aus der Vergangenheit noch ganz lebendig in uns ist. Aber auch neue Konflikte, die in der kommunistischen Zukunft erscheinen werden, können wir schon ahnen. Die moderne kapitalistische Wirtschaft ist bestrebt, den Menschen zu einem Optimalverbraucher zu erziehen. Das Ideal der kapitalistischen Wirtschaft ist der Mensch mit maximalen Bedürfnissen, die er ununterbrochen befriedigt. Seine Existenz ist an einen engen Temperaturbereich gebunden, er braucht sein ideales Klima. Die Kleidung wechselt er jeden Tag dreimal. Jede Jahreszeit beschert ihm eine neue Mode. Er hat immer nur ein Auto, das «up to date» und neuester Jahrgang ist. Mit vielen komplizierten Raffinements läßt er sich sein Gefühl berieseln und seine Sinne kitzeln. Eine endlose Skala von Bedürfnissen wurde in raffinierter Weise ausgeklügelt, damit er sie konsumiert und sich befriedigt. Der Mensch verwandelt sich in einen vollendeten Sklaven seiner Bedürfnisse. Auf der Schattenseite dieses phantastischen Lebens erscheint die Loslösung des Menschen von allem Geistigen, von all dem, was nicht zu technisieren ist und sich nicht in Güter des Massenbedarfs umwandeln läßt. Die Senkung des wissenschaftlichen, künstlerischen und kulturellen Niveaus der allgemeinen Bildung ist phantastisch. Je höher die Ökonomie sich entwickelt, je tiefer ist die kulturelle Barbarei. Offensichtlich gibt es auch bei uns Leute, die dies Ziel für das einzig erstrebenswerte halten. Eine neue Gesellschaft zieht sich immer gerne den Sonntagsstaat der alten Gesellschaft an.

In einer kommunistischen Gesellschaft sollte sich aber vielleicht der Mensch gerade von seinen Bedürfnissen befreien. Dann wäre also Bedürfnislosigkeit als das Ziel der Menschen anzustreben. Es gibt zwei Formen des Reichtums. Die eine repräsentierte Alexander der Große, die andere Diogenes in seiner Tonne. Alexander besaß alle Schätze der Welt. Aber sein Reichtum hatte einen Fehler. Alexander hatte nie genug. Diogenes besaß nichts. Er saß in seiner Tonne und hatte den einzigen Wunsch, daß Alexander ihm aus der Sonne gehe. Diogenes hatte alles, was er haben wollte. Er war eigentlich der Reichere. Nun will ich nicht etwa damit sagen, daß die kommunistische Gesellschaft uns das Leben des Diogenes bescheren wird, aber ich glaube doch, daß wir uns in dieser zukünftigen Gesellschaft von der sklavischen Unterwerfung unter materielle Bedürfnisse befreien müssen. Vielleicht wird dies in der ersten Phase des Aufbaus des Kommunismus ein tiefer Konfliktstoff sein. Denn so leicht wird sich der Mensch von der magischen Verführung des Habens und Herrschens nicht befreien. Der Wettbewerb zwischen den beiden Systemen in der Periode der friedlichen Koexistenz wird auch bei uns manche Übertreibung zustande bringen. Das sind natürlich nur reine Vermutungen. Sie sollen nur zum Ausdruck bringen, daß auch die künftige Gesellschaft reich an Konfliktstoffen sein wird.

Nicht nur die schon sozialistische Welt, auch der Kapitalismus ist in seinen Zentren einem Umwandlungsprozeß unterworfen. Auch ohne die Tätigkeit einer revolutionären Partei verwandelt sich der Kapitalismus von heute tiefgreifend. Er hebt sich auf. Schon Marx wies darauf hin, daß die Automatisierung der Produktion die ökonomischen Voraussetzungen des Kapitalismus zerstört. Natürlich soll das nicht heißen, daß die Änderungen der politischen und gesellschaftlichen Struktur in den großen Zentren des Kapitalismus ohne schroffen und revolutionären Bruch erfolgen werden, aber die Formen, in denen die Menschheit zum Kommunismus übergehen wird, sind nicht nur von Land zu Land, von Nation zu Nation verschieden, sie sind auch davon abhängig, in welcher Phase der historischen, ökonomischen und sozialen Entwicklung sich das Land und die ganze Welt befindet. Die Welt hat sich seit der russischen Revolution gewaltig verändert. Auch der Kapitalismus hat sich verändert, weil es diese russische Revolution gab. Er hat Züge angenommen, die er nicht hätte, wäre diese sozialistische Revolution unterblieben, darunter auch Züge, die keineswegs alle negativ einzuschätzen sind. Noch liegt der große Prozeß der endgültigen Umwandlung tief im Dunkeln vor uns. Vieles können wir noch nicht erkennen. Aber eines wissen wir: Was kommen wird, wird in Form und Inhalt neu und anders sein als alles Vergangene. Die Revolutionäre unserer Zeit müssen immer wieder neu lernen. Sie müssen sich von der Illusion freimachen, daß ihre Erfahrungen und Traditionen im Verlaufe des gesamten Prozesses der Umwälzung der Welt unerschütterliche Gültigkeit behalten.

Zu Fragen der sozialistischen Moral

2. Seminar, 24. 1. 1964

Ich will mich heute mit einigen schwierigen Fragen der sozialistischen Moral beschäftigen. Der wesentliche Unterschied zwischen der alten Moral und der sozialistischen Moral kann in folgenden wenigen Worten ausgedrückt werden. Die Grundelemente der alten Moral waren: Demut, Ergebenheit in das Schicksal, Hoffnung auf eine höhere Gerechtigkeit, Einordnung der Menschen in die gesellschaftliche Hierarchie. In der sozialistischen Moral sind andere Begriffe wesentlich: die Solidarität, der Widerstand, der Zweifel an allem Hergekommenen, das Selbstvertrauen, die Entschlossenheit, die Verhältnisse zu ändern. Das sind natürlich, wenn man sie der Wirklichkeit konfrontiert, große Worte. Bevor ich mit meinen Ausführungen beginne, will ich deshalb zuerst wieder einige Fragen vorlesen, die inzwischen von Hörern hierzu eingegangen sind.

Ich habe mich schon im letzten Seminar mit dem Einwand befaßt, daß die Moral die Aufgabe habe, die natürlichen Triebe des Menschen zu regeln und einzuschränken. Ein Hörer schreibt, es gäbe noch einen biologischen Trieb, von dem ich noch gar nicht sprach, nämlich den Geltungstrieb, der sich in folgenden Erscheinungsformen zeige:

«Streben nach Macht, Ehrgeiz, Streben nach Ruhm, Wettbewerb, Leistungssport, Eitelkeit – Wilhelm Busch sagt: ‹Nichts ist dem Menschen so eigen und nichts steht ihm so an, als wenn er Ordenszeichen und Bänder tragen kann.›»

Dann schreibt der Hörer:

«Meine Ansicht, daß der Trieb biologisch zu bestimmen ist, möchte ich an folgenden Beispielen begründen, die sicherlich nicht allein durch andere biologische Triebe zu erklären sind:

1. Kleine Kinder prügeln sich, um festzustellen, wer der Stär-

kere ist; sie schreien sich gegenseitig an, um festzustellen, wer am lautesten schreien kann.

2. Kleine Kinder nehmen sich gegenseitig ihr Spielzeug weg, obwohl sie das gleiche Spielzeug selbst besitzen.

3. Die Hackordnung bei Hühnern.

4. Machtkämpfe bei Tieren, die keine natürlichen Feinde haben, z. B. Elefanten, wo also die Notwendigkeit, daß der Stärkste die Herde anführt, nicht vorhanden ist.»

Diese Frage lenkt uns auf eine zweite, in der es heißt:

«In Ihrer Vorlesung Nr. 9 wiesen Sie auf eine Erscheinungsform hin, die Sie Bonapartismus nannten. Halten Sie diese Epoche für nur einmal nach jeder Revolution möglich, oder könnten sich ähnliche Perioden im Gefolge einer bestimmten Revolution mehrmals wiederholen? Speziell halten Sie weitere Stalinismen für prinzipiell möglich? Wenn ja, gibt es eine Möglichkeit, dies zu verhindern?»

Dann schreibt ein anderer Hörer:

«1. Sie operieren oft mit den Wörtern gut und böse oder schlecht, besonders in bezug auf den Menschen. Welches ist Ihr Maßstab, an dem Sie gut und böse messen?

2. Wie kann man folgende Erscheinungen in der DDR, die sich auf dem Wege des Sozialismus befindet, erklären: Ist die Ursache in der besonderen Situation der Spaltung Deutschlands zu suchen? Sind es Folgen des Dogmatismus und des Personenkults? Sind es Notwendigkeiten auf dem Wege zum Kommunismus? Sind Politiker dafür verantwortlich?

a) Reise-, Auswanderungs- und Informationsbeschränkungen,

b) Ahndung von politischen Witzen, besonders Mitglieder der Regierung betreffend,

c) Bestrafung wegen sogenannter staatsfeindlicher Äußerungen,

d) Nachteile im Fortkommen durch Nichtteilnahme an der Jugendweihe,

e) Diskriminierung durch Versäumen der Wahl,

f) Nachteile für Nichtangehörige der Arbeiter-und-Bauern-Klasse, z. B. bei Immatrikulation, Stipendium, Besuch der erweiterten Oberschule.»

Zum Schluß noch eine Frage: Der Hörer meint, der Kommunismus sei etwas nie Erreichbares, die vollständige Verwirklichung eines idealen, absoluten Kommunismus sei eine Utopie. Andererseits aber «wäre er erreicht, dann wäre er das Ende der Entwicklung. Wenn alle Menschen dieselben Ansichten über gute und böse Moral hätten, dann gäbe es keine Diskussionen und keine Weiterentwicklung. Es wäre also zugleich langweilig und erstrebenswert. Glück wäre es und Unglück. Ist das nicht eine Aufhebung der Dialektik? Muß der Stillstand der Entwicklung unabwendbar sein? Was kommt nach dem Kommunismus?»

Ist der Kommunismus eine Utopie? Wenn man ihn als die absolute und endgültige Lösung aller gesellschaftlichen Widersprüche auffaßt, ist er tatsächlich eine Utopie. Er ist dann eine Idee, die wir uns vielleicht kaum vorstellen können, ein phantastischer Idealzustand der menschlichen Gesellschaft in einer fernen Wirklichkeit. In dieser Absolutheit gedacht, ist er das nie erreichbare Endziel der menschlichen Kulturentwicklung. Aber gleichzeitig ist der Kommunismus auch eine Epoche, deren Anbeginn wir alle erleben. Er wird eine lange Epoche mit vielen Stadien und verschiedenen Formationen sein. Wie die vergangene Epoche der Ausbeutergesellschaften verschiedene Formationen und Phasen durchlaufen hat, wird auch der Kommunismus eine ständige Veränderung und Entwicklung erleben. Das einheitliche Wesen dieser Epoche des Kommunismus wird darin bestehen, daß die Grundwidersprüche der Ausbeuterepoche in ihm aufgehoben sein werden, nämlich alle die Widersprüche, die auf der Ausbeutung des Menschen durch den Menschen beruhen. Aber die vollkommen moralische Gesellschaft, die das ideale Ziel der Entwicklung ist, wird nie verwirklicht werden. Ihr werden wir uns immer nur nähern, schrittweise, in großen und in kleinen Schritten, mit großen leidenschaftlichen Auseinandersetzungen, auch in der Zukunft. Etwas Ähnliches kann man auch von dem Urkommunismus sagen. Wissenschaftlich gesehen ist er eine Fiktion. Er ist keine Utopie. Aber in absoluter Reinheit hat er gewissermaßen nur existiert, um sich sogleich zu wandeln und sich in seiner Absolutheit aufzuheben. Damit ein Häuptling hervortreten konnte, mußten zuerst lauter Gleiche dasein.

Ich glaube nicht, daß man diese Entwicklung aus einem «natürlichen» Geltungstrieb herleiten kann. Ich glaube, daß der Geltungstrieb in der Form, wie er in der menschlichen Gesellschaft in Erscheinung tritt, erst entsteht, wenn sich in der Gesellschaft ein hierarchischer Aufbau entwickelt hat. In dem Maße, wie ein solcher hierarchischer Aufbau sich verfestigt und ausgebildet hat, wird der Geltungstrieb sogar zu einer Notwendigkeit für die Individuen. Sie versuchen, mehr zu scheinen als zu sein, weil sie auf der sozialen Stufenleiter emporklettern wollen. Natürlich zeigt sich dieser enge Zusammenhang zwischen hierarchischem Aufbau und Geltungstriebe auch in der Periode des Bonapartismus und des Stalinismus. Wenn wir diese Erscheinungen vernünftig einschätzen wollen, dann dürfen wir sie aber nicht nur allgemein und losgelöst von den tatsächlichen historischen Prozessen betrachten. Wir müssen uns zunächst einmal überhaupt die Frage stellen: Was sind die Wesenszüge der sozialistischen Entwicklung. Der Sozialismus ist eine Phase des Übergangs. Er ist überhaupt keine gesellschaftliche Formation. Er ist der Übergang von der Epoche der Ausbeutergesellschaften zur kommunistischen Epoche. Es ist ein Zwischenstadium, ein Prozeß unaufhaltsamer Veränderung. Darum liegt seiner Moral die Solidarität der Massen und revoltierenden Menschen zugrunde, ihre Aktivität, ihre Nichtunterordnung und ihre Unzufriedenheit. Dies alles sind Eigenschaften, die in einer Periode der Umwälzung in Erscheinung treten müssen. In dieser Phase des großen Übergangs werden erst einmal die ökonomischen Voraussetzungen für die Befreiung des Menschen von der Ausbeutung geschaffen. Wenn man den Umstand bedenkt, daß sich die sozialistischen Revolutionen aus historischen Gründen, die ich hier nicht untersuchen will, in rückständigen Ländern durchgesetzt haben, dann erklärt es sich, daß eine ungeheure Anstrengung hierzu erforderlich ist. Die Menschen müssen sehr viel arbeiten und werden persönlich sehr wenig von dieser Arbeit haben. Es muß akkumuliert werden für die Zukunft. Die Ausbeutung des Menschen durch den Menschen verwandelt sich in eine Art Selbstausbeutung für die Zukunft. Für sehr viele Mitglieder der Gesellschaft ist dieser Zusammenhang natürlich nicht erkennbar. Sie sehen nur die schwere Arbeit und das Elend ihres Lebens. Sie vergleichen ihren Lebensstandard mit dem Lebensstandard in hochentwickelten, hochtechnisierten kapitalistischen Ländern. Sie sehen nicht, daß in dieser Epoche alles getan werden muß, um möglichst schnell durch sie hindurchzukommen. Die sozialistische Dynamik wird immer danach streben, diese Epoche abzukürzen. Mit ungeheuren Anstrengungen schaffen wir für unsere Zukunft, nicht für den Augenblick. Die Revolutionäre dieser Epoche, die staatlichen Leitungen, müssen immer das Bestreben haben, das Ziel so schnell wie möglich zu erreichen. Denn solange der Lebensstandard der allgemeinen Produktion nicht entspricht, wird das Volk unzufrieden sein, weil es sich beim Vergleich mit anderen Industrieländern benachteiligt fühlt. Die Führer eines sozialistischen Staates befinden sich in einer komplizierten Lage. Je schneller sie dem Ziel zustreben, um so weniger können sie dem Volk geben. Je weniger sie dem Volk geben, um so mehr wird Widerstand gegen ihre Politik entstehen und um so mehr werden Schwierigkeiten sein. Es ist eine Art von Circulus vitiosus. Verlangsamt man die Entwicklung des Sozialismus, weil man weniger akkumuliert und mehr konsumiert, so macht man die Leute zufriedener. Will man die Entwicklung aber beschleunigen, so werden die Leute unzufrieden.

Um diese Unzufriedenheit zu überwinden und einen schnelleren Aufbau zu ermöglichen, muß man alles tun, um die Massen mit Begeisterung zu erfüllen. Man muß es mit den Mitteln der Überzeugung versuchen. Es ist kein leichter Kampf, die Menschen zum Glauben an den Sozialismus zu bringen, ohne ihre materiellen Interessen sofort befriedigen zu können. Die materiellen Interessen des einzelnen befinden sich im Widerspruch zu den Interessen der Gesamtentwicklung. Das ist eine der Hauptschwierigkeiten des sozialistischen Aufbaus. Wenn das allerdings die einzige Schwierigkeit wäre, dann wäre es vielleicht gar nicht so schlimm. Hinzu kommen noch unendlich viele andere, die durch die historische Entwicklung gegeben sind. Es gab den Hitlerkrieg, es gab den Überfall auf die Sowjetunion. Es gibt auch starke Kräfte in der Welt, die den Aufbau des Sozialismus behindern. Ich will das hier nicht im einzelnen alles aufzählen. Ich will Sie nur bitten, sich stets zu vergegenwärtigen, was alles einander widerstreitet, ökonomisch und politisch, in einem Lande, in dem der Sozialismus aufgebaut wird. Die Tatsache, daß jede Akkumulation nur mit den persönlichen Opfern von Millionen erkauft werden kann, führt leicht dazu, daß jeder, der hierzu aus Mangel an Überzeugtheit nicht bereit ist, als Feind der Entwicklung angesehen wird. So entsteht eine Feindseligkeit gegenüber jedem, der zweifelt und Einwendungen macht, der nicht ohne weiteres bereit ist, die politischen Grundsätze des sozialistischen Aufbaus anzunehmen. Wer nicht leidenschaftlich an diesem Aufbau teilnimmt, wird schließlich sogar verdächtigt, ein Knecht der feindlichen Ideologie oder gar ein Agent des westlichen Kapitalismus zu sein. Alles das sind natürlich im Grunde Erscheinungen, die dem wahren Wesen des Sozialismus fremd und zuwider sind. Aber es ist schwer, dieser Gefahr zu entgehen. Wenn sich dann auch noch ein Mann wie Stalin an die Spitze setzt, der zum Diktator wird und sich selbst für den absolut Weisen und Allwissenden hält, dessen Worte ständig wie ein Evangelium verkündet werden, wenn sich eine vielstufige Hierarchie ausbildet, eine große politische Bürokratie, die eine lückenlose Kontrolle über jeden einzelnen ausübt, dann ist es fast unvermeidlich, daß Streber und Heuchler sich Vorteile verschaffen, indem sie, ohne selbst überzeugt zu sein, ständig große Worte im Mund führen, um sich oben beliebt zu machen. Es formt sich auf eine neue, ungeheuer wirksame Weise ein hierarchisches System von außerordentlicher Zähigkeit und Lebenstüchtigkeit. Es ist schwer, es zu überwinden, selbst wenn die notwendige Einsicht gewonnen ist, selbst wenn dies System im Grunde schon ins Wanken geraten ist und immer mehr Menschen begriffen haben, daß man es überwinden muß. Diese Überwindung ist so schwer, weil in einem solchen System natürlich sehr viele Menschen nicht auf Grund wirklicher Fähigkeiten in bestimmte Stellungen und Funktionen gekommen sind, sondern eben auf Grund dieser ekelhaften Fähigkeit, gerade in einem solchen System an eine solche Stelle kommen zu können. Trotzdem ist das Problem nicht in erster Linie eine Frage von Personen. Zwar werden auch personelle Veränderungen unvermeidlich sein. Aber sie sind nicht das Primäre, sie sind das Sekundäre. Was sich ändern muß, ist das innere Verhältnis. Was notwendig ist, was zum Sozialismus als Lebensbedingung dazugehört und was in der Periode des Stalinismus verlorengegangen war, das ist die Demokratie. Sozialismus ist ohne Demokratie nicht zu realisieren. Was ich hier sage, hat Lenin immer und immer wieder mit aller Schärfe und Deutlichkeit gesagt. Er hat davor gewarnt, daß die Demokratie gestört wird, und darauf hingewiesen, welche furchtbaren Folgen die Zerstörung der Demokratie beim Aufbau des Sozialismus haben muß. Nur durch Demokratie können wir die Massen von der Notwendigkeit des Kampfes für den Sozialismus überzeugen und für diesen Kampf gewinnen.

Menschen kann man viel befehlen und vorschreiben, aber man kann ihnen nicht vorschreiben, was sie denken sollen. Das Denken des Menschen ist das einzige, das sich wirklich und vollständig jeder Art von Befehl entzieht. Auf das Denken kann man nur einwirken, wenn man selbst bereit ist, seinen Standpunkt jederzeit der Kritik auszusetzen, wenn man jederzeit bereit ist, sachlich zu argumentieren und auch jedes sachliche Argument anzuerkennen. Größte Geduld gegenüber Andersdenkenden, Sachlichkeit in der politischen Argumentation und die Bereitschaft, auch eigene Fehler zu erkennen und einzugestehen, sind Grundvoraussetzungen aller politischen Arbeit im Sozialismus;

denn ohne die freiwillige Bereitschaft der Massen können wir wenig erreichen. Der XX. und der XXII. Parteitag der KPdSU waren große entscheidende Schritte auf diesem Wege zur Wiederherstellung der sozialistischen Demokratie.

Im Zusammenhang mit den Fragen der sozialistischen Moral erhebt sich die Frage nach den Quellen der Kriminalität in der Epoche des Sozialismus. Ich will zunächst nur die normale Kriminalität betrachten und nicht die Tätigkeit politischer Gegner. Weil in der Periode des sozialistischen Aufbaus noch Privateigentum besteht und weil man in dem Maße, wie man Privateigentum haben kann, auch Macht und Wohlleben genießen kann, gibt es natürlich auch Kriminalität, d. h. die Versuchung, sich durch Diebstahl, Einbruch, Mord und Totschlag unrechtmäßig in den Besitz von materiellen Gütern zu setzen. Diese Kriminalität wird existieren, solange man Vorteile durch den Besitz materieller Güter haben kann. Sie ist die unvermeidliche Kehrseite jeder Ungleichheit in der Verteilung des gesellschaftlichen Reichtums. Im Sozialismus gilt der Grundsatz: Jedem nach seinen Leistungen. Wer viel leistet, soll viel haben; wer wenig leistet, soll wenig haben. Solange dies Prinzip gilt, werden einige viel haben und andere wenig. Dabei ist es keineswegs immer die Schuld derer, die wenig leisten, daß ihr Beitrag zum Sozialprodukt geringer ist. Die Umstände ihrer persönlichen Entwicklung, für die sie ja keine Verantwortung tragen, waren oft allein entscheidend, daß sie sich nicht höher qualifizieren konnten. Es war nicht etwa Faulheit. Selbst wenn Faulheit bei einem Menschen auftritt, sollten wir sie als soziale Erscheinung betrachten und nicht nur als eine individuelle. Für die sozialen Erscheinungen müssen wir uns alle mitverantwortlich fühlen. Solange die soziale Frage nicht gelöst ist, wird es einzelne geben, die sie gewissermaßen auf privatem Wege lösen wollen, indem sie sich das Volkseigentum direkt aneignen. Und solange wird man wohl auch etwas unternehmen müssen, um das zu verhindern. Es wird Gerichte geben müssen, die sich mit solchen Taten befassen.

Ich habe einmal im Zuchthaus in der Nazizeit einen Bankräuber kennengelernt. Bankräuber sind hochangesehene Kriminelle. Sie sind die Elite dieses Berufszweiges und sehen mit einer ziemlichen Verachtung und Geringschätzung auf alle anderen Sparten des kriminellen Gewerbes herab. Sie genießen in den Zuchthäusern großes Ansehen. Der Bankräuber erzählte mir, daß er immer nur die sauberste Arbeit gemacht hat. Er hat seine Fälle stets wissenschaftlich vorbereitet. Viele tausend Mark hat er investieren müssen, bevor er zu einem Bankraub schreiten konnte. Es war sehr interessant zu hören, was es da alles für Verfahren gab, um die Verhältnisse in der betreffenden Bank gründlich auszukundschaften, bis schließlich der Bankraub etwas ganz Ungefährliches war. Er arbeitete auch immer ohne eine Waffe. Außerdem, meinte er, wurde ja auch niemand persönlich geschädigt. Die Bank ist ja gegen solche Sachen versichert. Im Grunde würden die Versicherungsgesellschaften die Policen zu Unrecht einnehmen, wenn keine Bankräuber tätig wären. Schließlich, sagte er, werden arme Leute bestimmt nicht geschädigt, und die Reichen, deren Geld ich da nehme, die haben es ja auch nur gestohlen! Das war seine Moral.

Ein armer Hund, der am Verhungern ist, fühlt sich im Recht, wenn er vom Reichen auch ohne dessen Einwilligung nimmt, was er braucht. Diese private Lösung der sozialen Konflikte durch Diebstahl ist natürlich eine falsche Theorie. So werden wir unser Ziel, Gerechtigkeit für alle zu schaffen, nie erreichen. Raub und Diebstahl müssen deshalb auch im Sozialismus durch Sicherheitsmaßnahmen verhindert werden, auch durch gerichtlich verhängte Strafen. Was es meiner Meinung nach aber in einem sozialistischen Lande nicht geben dürfte, das ist die Todesstrafe. Ich bin ein absoluter und entschiedener Gegner der Todesstrafe. Die Todesstrafe ist eine sehr schlimme Sache. Ich glaube, daß man in wenigen Jahrhunderten kaum Verständnis dafür haben wird, daß noch in der Mitte des 20. Jahrhunderts fortschrittliche Länder diese Strafe hatten. Sie wird als Barbarei empfunden werden, die ebensoviel Grauen erwecken wird wie die Vorstellung von der Menschenfresserei heute. Die Notwendigkeit der

Todesstrafe wird gewöhnlich von ihren Anhängern mit den schrecklichsten Morden begründet, mit den Morden an unschuldigen Kindern. Die Empörung über solche Untaten soll atavistische Regungen in uns wecken. Ich glaube aber, die Anführung dieser Verbrechen ist nur ein Vorwand. Letzten Endes wird die Todesstrafe nur gefordert, um politische Gegner umbringen zu können. In alten Zeiten war es sogar das Recht der Fürsten und Könige, die Abtrünnigen, die sich gegen ihren Staat und ihre Macht vergingen, selber mit dem Schwert zu richten. Im Grunde ist dieser Zustand überall dort noch vorhanden, wo die Todesstrafe existiert. Ich selber war zum Tode verurteilt. Ich bin davongekommen. Aber ich habe erlebt, daß meine besten Freunde hingerichtet wurden. Dies Erlebnis hat mich zu einem unbedingten Gegner der Todesstrafe gemacht. Ich kann diese Strafe auch nicht anerkennen, wenn mir vorgehalten wird, daß es doch schreckliche Kriegsverbrecher gibt, entsetzliche Barbaren in Menschengestalt, wie etwa die Aufseher in den KZs und Zuchthäusern, die Gefangene ermordet und gepeinigt haben. Ein moderner Staat darf seine Hände nicht mit Blut besudeln, nur weil andere es getan haben.

Zweifellos müssen wir die Gesellschaft vor ganz bestimmten Menschen schützen. Wenn man weiß, daß jemand zum Mord fähig ist und das durch eine Tat bereits bewiesen hat, dann muß man die Gesellschaft vor ihm schützen. Er muß abgesondert werden. Es muß aber auch versucht werden, ihn zur Einsicht zu bringen und zu erziehen. Auch andere Verbrecher, oft sind es schwere Psychopathen, keine normalen Menschen, muß man in erster Linie als Verunglückte unserer Zeit ansehen. Man muß zwar die Gesellschaft vor ihnen schützen, aber ihnen auch zu helfen suchen. Das Prinzip der Sühne durch Strafe, durch Freiheitsentzug und Entwürdigung ist antihuman. Es entspringt einer primitiven atavistischen Denkweise. Die moderne Gesellschaft wird Verbrechen nicht zu ahnden suchen. Sie wird versuchen, die Folgen verbrecherischer Handlungen zu beseitigen und die Täter, die wie ihre Opfer im Grunde selber Opfer der gesellschaftlichen Widersprüche wurden, in die Gesellschaft zurückzuführen und ihnen das Leben innerhalb der Gesellschaft wieder zu ermöglichen. Wie der Strafvollzug sich heute noch vollzieht, ist im allgemeinen das Gefängnis eine Hochschule der Kriminalität. Viele Menschen werden dort verdorben statt erzogen. Ich glaube, daß unsere Juristen das sehr wohl wissen. In unserem Staat sind sehr viele Versuche unternommen worden und werden weiterhin unternommen, um diesen Zustand zu ändern und den Strafvollzug in eine Umerziehung umzuwandeln.

Es bedarf der sozialistischen Moral, weil beim Aufbau des Sozialismus ein ständiger Widerspruch gegenüber alten Vorstellungen und alten Einrichtungen, die der Vergangenheit entstammen, immer bestehen wird. Wir werden es schwer haben, die sozialistische Moral durchzusetzen, weil sie erfordert, daß ihre Vertreter und Anhänger im Kampf für den Aufbau und die Verwirklichung des Sozialismus wahrhaftige Vorbilder sein müssen. Sie müssen die Kraft haben, immer mehr Menschen für die sozialistische Umgestaltung zu begeistern und zu gewinnen. Was uns aber in der ganzen bisherigen Entwicklung dabei am meisten behindert hat, das sind die dem Sozialismus so feindlichen Tendenzen der Auflösung der Demokratie, wie sie in der Periode des Personenkults hervorgetreten sind. Der Mensch wurde zur Heuchelei und zur Unwahrhaftigkeit erzogen. Ständig wurden von ihm politische Bekenntnisse verlangt, ohne daß sie aus ehrlichem Herzen kamen. All das müssen wir vollständig überwinden. Wir müssen es schamlos offen beim Namen nennen. Wir müssen uns zum Sozialismus bekennen, gerade indem wir gegen diese Erscheinungen der politischen Heuchelei mit aller Schärfe auftreten.

Es vollzieht sich gegenwärtig in der Welt ein Prozeß der Umwandlung, der intensiven Weiterentwicklung. Das ist in vielen Ländern des Sozialismus deutlich zu erkennen. In der Sowjetunion gab es große innere Auseinandersetzungen über viele Fragen, und es gibt sie noch heute. Es begann mit dem XX. Parteitag der KPdSU und setzte sich fort im XXII. Parteitag. Die

Erscheinungsformen des Stalinismus wurden analysiert und gebrandmarkt. Mit vielen Fragen hat man sich schonungslos in aller Öffentlichkeit auseinandergesetzt. Es erschien eine große Literatur über die Schrecken der Einzelherrschaft des Stalinismus. Ich bin überzeugt, daß auch die Auseinandersetzungen, die heute zwischen den Chinesen und den Russen vor sich gehen und an denen viele kommunistische Parteien der Welt teilnehmen, uns zeigen, daß wir mit dieser ersten Phase der nachrevolutionären Epoche fertig werden. Die Probleme des sozialistischen Aufbaus werden nun tatsächlich gelöst werden. Es ist in der Sowjetunion auf ökonomischem und auf technischem Gebiet bereits Ungeheures geleistet worden. Man bedenke dabei, welche Schäden dieses Land durch den Krieg erleiden mußte. Aber es ist natürlich noch viel zu tun auf politischem Gebiet. Die materielle und machtmäßige Sicherung der sozialistischen Revolution war die zentrale Frage der Periode von 1917 bis 1950/55. Diese Periode ist abgeschlossen. Die sozialistische Revolution hat sich konsolidiert und stabilisiert. Sie hat sich ökonomisch außerordentlich ausgeweitet. Jetzt hat sie die Möglichkeit, mit all den Übeln fertig zu werden, die sich im Laufe der ersten Periode entwickelt haben. Sie hat den neuen Weg bereits eingeschlagen, den Weg des demokratischen Sozialismus.

Aus: «Dialektik ohne Dogma?» Naturwissenschaft und Weltanschauung, Reinbek (Rowohlt Verlag) 1964

JA, ICH HATTE UNRECHT
WARUM ICH STALINIST WAR
UND ANTISTALINIST WURDE

Hermann Knappe hat im «Forum» Äußerungen aus zwei Abschnitten meines Lebens einander gegenübergestellt. Äußerungen aus den Jahren 1951–1953 und Äußerungen von heute. Er hat recht: Was ich damals dachte und schrieb, kann nicht als «Jugendsünde» abgetan werden. Meine Irrtümer von damals waren ernster Natur.

Hermann Knappe wirft mir vor, daß ich mich bisher nicht offen und selbstkritisch hierzu bekannt habe. Ich nehme seinen Vorwurf uneingeschränkt an. Wenn man seine Meinung zu wichtigen Fragen ändert, so genügt es nicht, die neuen Ansichten zu vertreten und die alten zu kritisieren. Man muß danach forschen, warum man früher anders dachte, warum man heute anders denkt. Man muß den Wandel des eigenen Denkens in schonungsloser Offenheit darlegen. Wer den Eindruck zu erwecken versucht, er habe nie geirrt – oder wer es auch nur zuläßt, daß dieser Eindruck entstehen kann –, handelt unehrlich und verdient keinen Kredit.

Die Beispiele, die Hermann Knappe aus meinen früheren Schriften als Beleg meines damaligen Denkens anführt, geben nur ein blasses Bild. Es war viel schlimmer.

Damals galt für mich der Grundsatz: Die Wahrheit ist «parteilich». Jeden Gedanken, der nicht «marxistisch» war, hielt ich für feindlich und für falsch zugleich. Natürlich maßte ich mir nicht an, aus eigenem Denken zu beurteilen, ob bestimmte Meinungen das Prädikat «marxistisch» verdienten oder nicht. Das zu entscheiden war Sache der Partei. Ich war zu unbedingter Bescheidenheit gegenüber der kollektiven Weisheit der Partei erzogen. Für mich galt: Die Partei hat immer recht.

Die Partei lobte Lyssenko. Also war Lyssenko ein Marxist. Seine Ansichten waren richtig. Ich mühte mich nach Kräften, sie zu verteidigen.

Sartre war ein Feind. Man brauchte ihn nicht zu lesen. Es war besser, man las ihn nicht. Man entging dadurch der Gefahr, von der Ideologie des Klassenfeindes benebelt zu werden. Darum wurden ja auch die Schriften Sartres bei uns nicht veröffentlicht. Wie sie einzuschätzen waren, hatte die Partei längst gesagt.

Stalin war für mich der bedeutendste damals lebende Marxist. Seine Worte waren unwiderleglich. Ich konnte mich nur bemühen, ihn zu verstehen. Wenn es mir nicht gelang, lag es nicht an Stalin, sondern an mir.

Leszek Kolakowski, der polnische Philosoph, hat die Geistesverfassung, in der ich mich damals befand, in «Der Mensch ohne Alternative» treffend charakterisiert: «Wie jeder Marxist im Jahre 1950 wußte, war die Vererbungslehre Lyssenkos richtig, war Hegels Philosophie eine aristokratische Reaktion auf die Französische Revolution, war Dostojewskij ein ‹verfaulter Dekadenzler› und Babajewskij ein ausgezeichneter Schriftsteller, war Suworow ein Träger des Fortschritts und die Resonanztheorie in der Chemie ein überholter Unsinn. Jeder Marxist wußte dies auch dann, wenn er nie etwas von Chromosomen gehört hatte, wenn er nicht wußte, in welchem Jahrhundert Hegel gelebt hatte, wenn er nie eine Erzählung von Dostojewskij gelesen und nie ein Chemiebuch für die Mittelschule durchgearbeitet hatte. Mit allem brauchte er sich nicht zu befassen, denn der Inhalt des Marxismus war ja durch die Behörde festgelegt.»

Denn, so sagt Kolakowski: «Das Wort Marxist bezeichnet nicht einen Menschen, der die eine oder andere inhaltlich umrissene Auffassung von der Welt besitzt, sondern einen Menschen mit einer bestimmten Geisteshaltung, die durch die Bereitschaft gekennzeichnet ist, Auffassungen zu akzeptieren, die behördlich bestätigt worden sind. Welchen aktuellen Inhalt der Marxismus besitzt, ist von diesem Gesichtspunkt aus ohne Bedeutung – man wird dadurch zum Marxisten, daß man sich bereit erklärt, von Fall zu Fall den Inhalt zu akzeptieren, den die Behörde präsentiert.»

Die Weisheit der Partei

Ich hatte allerdings schon damals oft Schwierigkeiten, die Weisheiten der Partei bis ins letzte zu verstehen. Im stillen Kämmerlein mußte ich mir beispielsweise sagen, daß ich immer noch nicht ganz begriffen hatte, worin der imperialistische, der Arbeiterklasse feindliche Charakter der Resonanztheorie von Linus Pauling eigentlich bestand. Darum vermied ich es, mich öffentlich darüber zu äußern. Aber Sartre hatte immerhin das antikommunistische Drama «Die schmutzigen Hände» geschrieben. Sein Fall war klar.

Als Anton Ackermann, damals ein führender Genosse, uns klarmachte, daß es einen besonderen deutschen Weg zum Sozialismus gäbe, hatte er natürlich recht – und mit ihm die Partei. Als aber die Partei erklärte, daß es keinen besonderen deutschen Weg zum Sozialismus gäbe, war es klar, daß Ackermann unrecht hatte und die Partei wiederum recht.

Damals war ich der Meinung, daß man einen guten Genossen daran erkennen kann, wie schnell er neue weise Einsichten der Partei verstehen und öffentlich für sie eintreten kann. Die schlechten, unsicheren Genossen andererseits waren daran zu erkennen, daß sie in unbescheidener Überheblichkeit Einwendungen machten und völlig abwegige Fragen stellten, die man am besten gar nicht beantwortete. Die schlechtesten Genossen aber, die schon mit einem Bein im Lager des Klassenfeindes standen, das waren jene Unglücklichen, die es wagten, Kritik an den führenden Genossen der Partei zu üben, gar Kritik an dem führenden Genossen.

Heute erscheint mir die Geistesverfassung, in der ich mich damals befand, als geradezu lächerlich. Damals war sie das aber keineswegs. Sie war für einen guten Kommunisten eigentlich selbstverständlich. Wir hatten einen jahrzehntelangen schweren Kampf hinter uns. An einem Abschnitt dieses Kampfes, der ein Kampf auf Leben und Tod war, hatte ich in der antifaschistischen deutschen Widerstandsbewegung teilgenommen. Meine besten Freunde waren in diesem Kampf gefallen. Der Zusammenbruch des verhaßten Hitler-Regimes war ein großer Sieg unserer guten Sache. Er war unter der Führung Stalins errungen worden. Meine Befreiung aus dem Zuchthaus, mein Leben, mein Denken – alles verdankte ich der Partei, verdankte ich Stalin. Ich las im Jahre 1945 das Buch Arthur Koestlers «Darkness at Noon». Ein Offizier der US-Army hatte es mir geliehen.

Alles Verleumdung, gemeine raffinierte Lügen von Renegaten – das war mein Urteil. Bis im Jahre 1956 der XX. Parteitag der KPdSU kam. Unter den Stößen dieses Erdbebens brach das Bauwerk meines Glaubens zusammen.

Was ich heute denke, was ich heute schreibe, das ist Wiederaufbau aus den Trümmern. Ich glaube, daß er möglich ist. Ich glaube, daß er notwendig ist. Ich selbst kann jedenfalls ohne den Versuch eines solchen Wiederaufbaus nicht leben. Das habe ich in meinen Vorlesungen versucht. Ich habe dabei einen Fehler gemacht. Ich habe das Ausmaß meiner eigenen Verstrickung in die Ideenwelt des Stalinismus nicht offen dargelegt. Wie oft habe ich daran Kritik geübt, daß Chruschtschow nur von den Fehlern Stalins sprach, nicht aber von den eigenen: Der Mensch neigt eben zu unangemessenem Großmut gegen sich selbst. Das ist eine Schwäche. Hermann Knappe hat recht, wenn er das offene Eingeständnis begangener Fehler und Irrtümer von mir fordert. Er hat noch mehr recht, wenn er das nicht nur von mir forderte.

Jahrelang glaubte ich, ein guter Marxist zu sein. Weil ich das glaubte, war ich es nicht. Heute glaube ich nicht mehr. Ich bin im

Zweifel, in Unruhe. Ich bemühe mich, alles selbst zu überdenken. Ich lese, wo ich es bekommen kann, was ich früher nicht für lesenswert hielt. Ich habe «Die schmutzigen Hände» von Sartre nie gelesen. Ich wollte es nicht. Es hätte mir auch nicht geholfen. Heute habe ich das in «Rowohlts Deutscher Enzyklopädie» erschienene Buch «Marxismus und Existentialismus» gelesen. Ich fand darin einen anderen Sartre. Von ihm stammt auch das Wort «Sklerose» zur Charakterisierung der dogmatischen Erstarrung des Marxismus unter dem Einfluß des Stalinismus, welches dem «Forum» wie auch dem «Spiegel» das Stichwort für die Überschriften ihrer Artikel gab.

Aber was sagt Sartre wirklich: «Man verstehe uns jedoch richtig: diese Sklerose ist keine reguläre Alterserscheinung. Sie ist das Ergebnis einer Weltlage von ganz besonderer Art. Der Marxismus ist längst noch nicht erschöpft, er ist noch ganz jung, er steckt fast noch in den Kinderschuhen: Er hat kaum begonnen, sich zu entwickeln. Er bleibt also die Philosophie unserer Epoche: Er ist noch nicht überlebt, weil die Zeitumstände, die ihn hervorgebracht haben, noch nicht überlebt sind. Unser ganzes Denken kann sich nur auf diesem Nährboden bilden. Es muß sich in diesem Rahmen halten oder im Leeren verlieren oder rückläufig werden.»

Pflicht zum eigenen Urteil

Wie man sieht, ist Sklerose nicht unbedingt ein medizinischer Begriff. Die Sklerose des Marxismus jedenfalls ist nicht heilbar. Wie aber könnte man sie heilen, wenn man sie überhaupt leugnet?

Vom Existentialismus, also von der durch ihn selbst in höchstem Maß geprägten Lehre, sagt Sartre in der Einleitung: Man wird «verstehen, daß ich ihn für eine Ideologie halte, denn er ist ein parasitäres System, das am Saum des Wissens lebt, des Wissens, dem er sich ursprünglich entgegenstellt, dem er sich aber heute einzugliedern sucht». Nämlich dem Wissen des Marxismus. Meine Meinungen über Sartre haben sich vielleicht nicht weniger gewandelt als die Meinungen Sartres über den Existentialismus und den Marxismus. Ich bewundere das an Sartre.

Um die Bedeutung dieses Wandels ganz zu verstehen, um die ganze Tiefe dieses Wandels zu würdigen, muß man auch heute noch lesen, was Sartre früher sagte und dachte. Dies gilt nicht nur für Sartre. Darum ist die Gegenüberstellung meiner damaligen und meiner heutigen Ansichten berechtigt und notwendig.

Vor dem XX. Parteitag war ich Stalinist. Meine gründliche Abkehr von dieser Geisteshaltung erfolgte 1956 nach den Enthüllungen des XX. Parteitages in einem ganzseitigen Artikel im «Neuen Deutschland», der den Titel hatte: «Gegen den Dogmatismus – für den wissenschaftlichen Meinungsstreit». Seitdem habe ich den Streit, den ich wünsche und nicht im geringsten beklage.

Vor dem XX. Parteitag war, was die Parteiführung sagte, für mich tabu. Sie hatte das Recht der Zensur und der Unterdrückung aller Meinungen, die sie nicht teilte. Heute weiß ich, daß die Parteiführung das Recht der Zensur nicht hat. Ich weiß, jeder von uns, außerhalb und innerhalb der Partei, hat das Recht und die Pflicht, sich ein selbständiges Urteil zu bilden, auch über die Gedanken, die ich in meinen Vorlesungen dargelegt habe. Die Veröffentlichungsrechte für die DDR sind noch frei.

Aus: «Die Zeit» vom 7. Mai 1965

BERUFSVERBOT UND
PARTEIAUSSCHLUSS

Robert Havemann hat im Wintersemester 1963 / 64 an der Humboldt-Universität in Berlin eine Vorlesung gehalten, die zum Anlaß genommen wurde, ihn 1964 aus der Partei auszuschließen und ihn ab 1965 mit Berufsverbot aus dem akademischen Leben zu entfernen. Begründet wurde dieses Berufsverbot mit einem Interview, das Havemann seinerzeit dem «Spiegel» gegeben hatte und in dem er für die Wiederzulassung der KPD in der Bundesrepublik bestimmte Verhaltenstaktiken der westdeutschen Kommunisten empfahl. Im folgenden Kapitel beantwortet Robert Havemann Fragen nach diesen Ereignissen – er geht auf seine Freundschaft zu Wolf Biermann ein und beschreibt die peinlichen Umstände seiner Halbgefangenschaft im eigenen Haus.

(Manfred Wilke)

Ich war ja von Anfang an daran beteiligt, eine neue, bessere, eine sozialistische Universität zu schaffen. Auch als meine Kritik an bestimmten Erscheinungen immer schärfer wurde, auch an der Politik der Partei außerhalb der Universität überhaupt, auch dann noch war innerhalb der Universität und innerhalb der Grundorganisation der SED, zu der ich gehörte, all mein Streben darauf gerichtet, die Politik der DDR positiv zu beeinflussen und weiterzuführen, um sie aus ihrer Sackgasse herauszubekommen. Ich hatte eine sehr feste Position innerhalb der Grundorganisation der Chemiker. Meine Genossen waren fast ausnahmslos meine Freunde und ich ihr Freund. Wir hatten ein offenes Verhältnis zueinander ohne irgendwelche Hemmungen vor schärfster Kritik, auch an meiner Person. Wir lebten zusammen in einer Gemeinschaft, die ich immer als ganz hervorragend empfunden habe. Mit vielen dieser Leute, dieser jungen Kommunisten und Wissenschaftler verbindet mich noch heute eine sehr freundschaftliche Beziehung, obwohl wir uns nur sehr selten sehen können, im Interesse ihrer Existenz. Meine Vorlesung diente im Grunde dem Ziel, der Partei zu helfen, sie war nicht gehalten worden, um ihr Schwierigkeiten zu machen.

Ich hatte mich häufig mit Kurt Hager darüber unterhalten, für wie ungenügend ich den philosophisch-ideologischen marxistischen Unterricht in dem sogenannten gesellschaftswissenschaftlichen Grundstudium halte, überhaupt, was für eine verballhornte und oberflächliche Form des dialektischen Materialismus an der Universität vertreten wird. Ich habe ihm oft gesagt: «Ich will mal ein Buch schreiben, in dem der dialektische Materialismus auf der Höhe der Zeit dargestellt wird, soweit mir das eben gelingen kann.» Und so hatte ich schon mindestens seit 1960, wenn nicht schon früher, jedes Jahr meine Vorlesungen gehalten unter dem Titel «Naturwissenschaftliche Aspekte philosophischer Probleme». Ich hatte im ersten Jahr vielleicht fünf bis zehn Hörer, aber ich hielt durch. Das war natürlich eine Vorlesung ganz anderen Inhalts als die, die ich 1964 hielt. Sie beschäftigte sich zwar mit ähnlichen Problemen, war aber sehr viel mehr auf rein naturwissenschaftliche Fragen beschränkt. Das ging nun so von Jahr zu Jahr. Immer wieder meldete ich die Vorlesungen an, die Zahl meiner Hörer wuchs immer ein wenig mehr. Schließlich, im Wintersemester 1962/63, wurde meine Vorlesung sogar offizieller Bestandteil des gesellschaftswissenschaftlichen Grundstudiums. Damals hatte ich ungefähr zweihundert Hörer. Aber das waren Hörer, die mußten kommen. Immerhin, sie kamen.

Schon in den Jahren 1957 bis 1959 hatte ich häufiger erheblichen Streit mit der Partei, hauptsächlich mit den Philosophen, die die Niederlage, die sie 1956 erlitten hatten, nicht verwinden konnten. Mehrmals wurden vom philosophischen Institut der Humboldt-Universität Diskussionen organisiert, die letzten Endes nur die Aufgabe hatten, mich zu desavouieren und mich als Revisionisten zu brandmarken. Aber mir machten diese Streitgespräche großen Spaß, und es war wirklich ein Vergnügen, mit diesen Leuten, die ihren Marxismus nicht ordentlich studiert hatten, zu streiten. Ich kann mich noch an eine Diskussion erinnern, wo schließlich einer der Hauptdrahtzieher dieser ideologischen Streitereien, der Genosse Gerhard Zweiling, plötzlich vor die Versammlung hintrat und erklärte, daß irgendein hohes Gremium beim Staatssekretariat für Hochschulwesen erklärt hätte, daß meine Meinung parteifeindlich und staatsfeindlich wäre und es deswegen gar nicht zulässig sei, sich überhaupt mit mir zu unterhalten. Daraufhin wollte man mir nicht das Wort zur Erwiderung geben. Aber zufällig war ein Mann da, den sie eigentlich als ihren Zeugen, einen naturwissenschaftlichen Kronzeugen, vorgesehen hatten, nämlich der Genosse Segal, ein physiologischer Chemiker. Dieser trat seine Wortmeldung, als er an der Reihe war, an mich ab, so daß ich dann kurzerhand erklären konnte, daß ich unter diesen Umständen, wenn tatsächlich ein solcher Beschluß vorläge, es selbst aus Parteidisziplin vorzöge, die Diskussion nun abzubrechen. Mit mir zusammen zogen etwa die Hälfte der Anwesenden aus dem Versammlungslokal aus. Das empfanden die anderen natürlich als eine furchtbare Beleidigung, und es gab einen entsetzlichen Krach. Trotzdem kamen sie damit in keiner Weise zu einem Ziel.

Auch in der Parteiorganisation der Humboldt-Universität selbst gab es ständig Versuche, mir Schwierigkeiten zu machen. Es wurden Parteiversammlungen veranstaltet, in denen ich verurteilt und zur Rechenschaft gezogen wurde. Den Höhepunkt bildete schließlich eine Hochschulkonferenz, auf der ich zwischen zwei Feuer geriet: Einerseits waren da die Radikalinskis von der Humboldt-Universität und die dortigen Parteileute und Professoren und andererseits einige Leute im Zentralkomitee, die offenbar an diesem Streit weniger interessiert waren. Die letzteren hatten mich aufgefordert, zu einem ganz bestimmten Thema zu sprechen, und zwar genau zehn Minuten lang, und mich auf diese Sachen überhaupt nicht einzulassen. Nachdem ich mein Thema, das ich schriftlich formuliert hatte, so langweilig wie möglich abgelesen hatte, gab es einen Riesentumult. Die Leute verlangten, ich sollte öffentlich in der Versammlung Stellung zu den Angriffen gegen mich beziehen. Ich zog dann gegen die andern ganz furchtbar vom Leder, was zur Folge hatte, daß ein Beschluß gefaßt wurde, mich wegen parteiunwürdigen Verhaltens zu kritisieren oder zu verurteilen. Während ich da noch als Aussätziger in der Masse der Delegierten saß – es war eine große Versammlung –, schickte die anwesende sowjetische Delegation, die sich im Präsidium befand, einen Mann, den ich schon kannte, den Philosophen Jan Vogeler, den Sohn des Malers Heinrich Vogeler, der fließend Deutsch und Russisch spricht, zu mir und ließ mir im Auftrage des Leiters der Delegation, ich habe leider den Namen dieses Mannes vergessen, einen Gruß bestellen, und ich sollte mich gar nicht beunruhigen, das wären alles völlig nebensächliche Dinge, es würden für mich daraus keine Folgen entstehen. Ich hatte damals offenbar in der Sowjetunion oder zumindest bei gewissen Kreisen der sowjetischen Partei starke Rückendeckung in meinem Streit mit der SED.

Im Laufe der Jahre trat ich auch auf verschiedenen Konferenzen von Philosophen und Naturwissenschaftlern in der DDR, in Leipzig und der ČSSR auf, hielt dort Vorträge zum Thema Spontaneität und Bewußtheit, wobei ich mich für die Spontaneität einsetzte. Ich erklärte, daß überhaupt keine menschliche Aktivität ohne Spontaneität möglich ist. In Prag, wo damals mein guter Freund Arnost Kolman Direktor des Philosophischen Instituts der Akademie der Wissenschaften war, nahm ich auch an einer großen Philosophen-Konferenz teil. Ich unterbreitete den Anwesenden meine Ansichten über Zufälligkeit und Notwendigkeit, die aus der Quantenmechanik entwickelt waren und im wesentlichen das exemplifizierten, was man in der Dialektik der Natur bei Engels lesen und aus den Zitaten entnehmen kann, die Engels aus der Wissenschaft der Logik von Hegel herausgeschrieben hat. So ging es Jahre in einer positiven Weise voran.

Mein offener Streit, der immer stärker werdende Streit mit den Kathederphilosophen der DDR, machte meine Vorlesungen interessant, machte mich auch ihnen gegenüber militant. Dadurch wuchsen die Hörerzahlen so rapide an. Ich hielt regelmäßig meine Vorlesung. 1963 wurde eine neue Vorlesungsreihe für Studenten über Philosophie und Naturwissenschaften offiziell eingerichtet, und es gab keinen Dozenten dafür. Man verfiel auf mich, und ich hatte zwei junge «Ge-Wi» (Gesellschaftswissenschaften)-Assistenten, die bei den Vorlesungen anwesend waren. Mit ihnen hatte ich mich befreundet, und sie staunten nicht schlecht, als sie hörten, was ich den staunenden Studenten alles vorsetzte, aber das alles vollzog sich, ohne daß man es richtig merkte.

Die ersten Vorlesungen habe ich noch in dem ziemlich kleinen Hörsaal des Physikalisch-Chemischen Instituts in der Bunsenstraße gehalten. Aber dann wurde mir von der Universität mitgeteilt, so ginge es nicht, das Gestühl würde vor Überbelastung einbrechen, weil die Leute zu zweit immer auf einem Sitz saßen und auf den Gängen überall rumstanden. Also zogen wir um und bekamen dann eine ungünstige Vorlesungszeit – nämlich freitags um 14.00 Uhr – angewiesen für den großen Hörsaal des Chemischen Instituts, in den also sieben- bis achthundert Leute hineingehen. Aber das war natürlich eine Fehlrechnung. Gerade die Tatsache, daß diese Zeit frei war, bewirkte, daß von allen Seiten die Leute hinkamen. Es kamen auch Leute mit der Eisenbahn angereist und konnten auf diese Weise an der Vorlesung teilnehmen, was wahrscheinlich sehr schwer für sie gewesen wäre, wenn die Vorlesung vormittags angesetzt worden wäre. Da ich die Vorlesungen auch ganz ungestört durchführen konnte und irgendwelche Einwendungen von der Partei nicht erfolgten, waren sich viele Leute nicht im klaren darüber, ob das nicht tatsächlich vielleicht eine Initiative wäre, die ganz offiziell von der SED ausgeht. Das Ganze hing auch damit zusammen, daß ich mit dem Parteisekretär der Humboldt-Universität, Werner Tschoppe, befreundet war, der vollständig auf meiner Seite stand und nach oben hin immer so tat, als ob er überhaupt nichts bemerkt hätte, was ich mal wieder irgendwo gesagt hatte. Viele meiner Äußerungen und Bemerkungen wurden natürlich in der Universität unter den Studenten kolportiert, oft übertrieben oder verzerrt, und so konnte sich der Parteisekretär immer herausreden, daß es wahrscheinlich gar nicht so schlimm wäre und der Genosse Havemann vielleicht manchmal nicht so exakt mit seinen Formulierungen wäre, aber es nicht schlecht meinte.

Ich habe auch immer wieder zu aktuellen politischen Ereignissen Stellung genommen in der damaligen Zeit, zur Kuba-Krise und zum chinesischen Angriff gegen Indien. Es gab deswegen sogar diplomatische Demarchen von seiten der Chinesen gegen meinen Vortrag, aber im wesentlichen war ich immer durch die Partei gedeckt, bis zu dem berühmten Leipziger Vortrag von 1962, der auch in dem Buch «Dialektik ohne Dogma?» abgedruckt ist. Der Vortrag wurde mit aller Entschiedenheit abgelehnt, man hatte auch vorher versucht, mich im Zentralkomitee überhaupt davon abzuhalten, einen solchen Vortrag zu halten. Ich hatte davon schon vorher ganz offen gesprochen. Der Vortrag fand statt, der Beifall von den anwesenden Naturwissenschaftlern, die zahlenmäßig eine sehr starke Gruppe bildeten, war überwältigend. Um so eisiger war das Schweigen der Philosophen und ihre Wut, die sich dann in einer Reihe von unglaublichen Angriffen gegen mich austobte. «Agent des ausländischen Geheimdienstes» war eine schnell herbeizitierte Floskel, «Verräter» natürlich usw. Das Gebell von diesen ideologischen Wachhunden machte mich natürlich in keiner Weise unsicher, im Gegenteil, es freute mich. Herr Harig, ein alter Leipziger Professor, hatte die Aufgabe, den Bericht über diese Konferenz herauszugeben, und weigerte sich natürlich, meinen Beitrag abzudrucken. Aber ich ließ ihn vervielfältigen und verschickte ihn in hundert oder mehr Exemplaren in alle Himmelsrichtungen, in die DDR und ins Ausland. Ich bekam zahlreiche außerordentlich freundliche Zuschriften von vielen Leuten, teilweise auch von solchen, bei denen ich es gar nicht erwartet hätte. Diese Antworten und Zuschriften vereinigte ich wieder zu Auszügen, das wurde noch mal vervielfältigt und noch einmal all den Leuten vorgehalten, die sich am meisten über mich aufgeregt hatten.

So begann schließlich das Jahr 1963, in dem ich die letzten großen Vorlesungen hielt, die den endgültigen Bruch mit der Partei herbeiführten; sie wurden offiziell angekündigt im Vorlesungsverzeichnis der Humboldt-Universität, also ganz reguläre, freie Vorlesungen mit dem Thema «Naturwissenschaftliche Aspekte philosophischer Probleme».

Meine letzte Vorlesung wurde sogar von der DEFA gefilmt. Das Foto, das auf dem Buch «Dialektik ohne Dogma?» abgebildet ist, ist ein Foto von dieser letzten Vorlesung, die übrigens in dem Buch nicht abgedruckt ist.

Die letzte Vorlesung heißt «Über die Ungleichheit der Menschen» und wurde später von den «Frankfurter Heften» veröffentlicht. In Übersetzungen, die im Ausland erschienen sind, ist sie auch enthalten. Der Anlaß zu der Filmaufnahme war – das war aber eher ein Vorwand –, daß eine Gruppe von Dokumentarfilmleuten den sogenannten Chemikerball, der sehr bekannt war an der Universität, aufnehmen wollte. Der Chemikerball sollte einige Tage später stattfinden. Die Filmleute hatten sich das so überlegt: Sie wollten gern ihren Film beginnen lassen mit einer großen Vorlesung, in der der Professor noch ein paar Worte zum Schluß sagt und alle rausgehen. Nachdem der Chemikerball abgelaufen war mit all seinen Turbulenzen, sollte das letzte Bild dieses Dokumentarfilmes darin bestehen, daß man sieht, wie die Studenten wieder alle in den Hörsaal hineinströmen, um sich wieder der Wissenschaft zuzuwenden. Zu diesem Zweck sollten meine Hörer, weil sie ja wirklich die zahlreichsten und stürmischsten Hörer waren, gefilmt werden.

Dazu passierte dann folgendes: Nachdem alle Lampen aufgestellt waren und der Raum für die Filmaufnahmen verdunkelt worden war und die Filmkamera und Mikrofone postiert usw., wurden die Anwesenden, dicht im Hörsaal gedrängt zusammensitzende Leute, aufgefordert – auch von mir –, noch einmal ganz diszipliniert den Hörsaal zu verlassen, um dann, möglichst ohne sich zu streiten, wieder hereinzukommen. Das sollte gefilmt werden, es wurde ihnen erklärt, warum usw., und sie haben es tatsächlich gemacht. Sie sind alle, bis der Hörsaal ganz leer war, hinausgegangen – draußen war ja das große Treppenhaus, wo sie sich dann wahrscheinlich bis auf die Straße hinunter aufgestellt haben –, dann wurde ein Signal gegeben, und sie durften alle hereinkommen, da wurde das Hereinkommen, das Hereinströmen in wüstem, schnellem Strom gefilmt. Anschließend wurde dann der Beginn der Vorlesung gefilmt, aber zu meiner Verwunderung nicht bloß der Beginn, sondern die ganze Vorlesung, und zum Schluß, als unter großem Beifall die Vorlesung zu Ende war, wurde wieder das Herausströmen der Hörer gefilmt. Was ganz natürlich wirkte.

Aber inzwischen waren die Drähte, die Telefondrähte zwischen Universität und Staatssicherheit in Weißglut geraten. Kaum hatten die Leute ihre Filmkamera zugemacht, da kam schon die Stasi und beschlagnahmte die Filmrollen, die Leute wurden alle zu Verhören abgeholt, es war eine Katastrophe erster Klasse. Sie mußten sich mit großer Mühe wieder rausreden, diese netten Menschen, die diesen Film aufgenommen haben. Der Film soll noch existieren, soll tatsächlich in irgendeinem Giftschrank, ich weiß nicht bei welcher Behörde, wahrscheinlich bei der Stasi oder auch bei der DEFA, schmoren. Die nächste Vorlesung für das nächste Semester mit dem gleichen Thema war schon im Vorlesungsverzeichnis abgedruckt. Aber inzwischen wurde ich fristlos entlassen, und so konnte ich die Vorlesung nicht halten. Bis zum letzten Moment war das alles vollständig legal und vollkommen normal, den Universitätsnormen entsprechend.

Eigentlich rechnete ich im Frühjahr 1964 nicht mehr mit meinem Parteiausschluß. Meine Vorlesungen waren zwar auf einem Plenum des ZK kurz nach Beendigung des Winterhalbjahrs, des

Studienjahres 1963 / 1964, scharf verurteilt und anschließend waren in verschiedenen Parteiversammlungen schwere Vorwürfe gegen mich erhoben worden, nicht von Mitgliedern meiner Grundorganisation, sondern eben von Mitgliedern der Bezirksleitung und des Zentralkomitees. Auch hatte eine Aktivtagung der Humboldt-Universitätspartei stattgefunden, wo eine ganze Reihe von schärfsten Angriffen gegen mich geführt wurde, insbesondere eine über fünfstündige Rede von Kurt Hager, der mit meinen revisionistischen Ansichten abrechnete. Aber ich hatte bei den Chemikern fast sämtliche Mitglieder meiner Grundorganisation der Partei hinter mir. Sie verteidigten mich und bestritten die gegen mich erhobenen Vorwürfe. Es gab eine Versammlung mit Kurt Hager, bei der nicht ich, sondern junge Studenten und Assistenten Kurt Hager klipp und klar bewiesen, daß alle Behauptungen, die er bezüglich meiner Ansichten aufgestellt hatte, einfach nicht wahr waren, nicht zutrafen und deswegen gar nicht diskutiert werden könnten. Mir schien es so, als ob der Versuch der Partei, mich mit den normalen Mitteln der Parteiverfahren und der Parteikritik auszuschließen, ziemlich aussichtslos war. Darum war ich auch überrascht, als ich plötzlich noch während einer Sitzung bei der Akademie der Wissenschaften aufgefordert wurde, sofort zur Universitätsparteileitung in die Universität zu kommen.

Ich ließ die Leute ruhig warten und blieb bis zum Schluß meiner Sitzung in der Akademie. Als ich in die Universität kam, traf ich alle Mitglieder der Universitätsparteileitung an, zwanzig bis fünfundzwanzig Leute etwa, die sich schon ziemlich gelangweilt hatten, aber eisern auf mich warten mußten. Was war geschehen? Ohne mein Wissen war in einer Hamburger Zeitung ein sogenanntes Interview mit mir erschienen, mit direkten Fragen und meinen angeblichen Antworten. Ein gewisser Karl-Heinz Neß hatte es im «Hamburger Echo» veröffentlicht, der mich einige Tage vorher in meinem Institut besucht hatte und sich nicht als Journalist, sondern als interessierter Zuhörer meiner Vorlesung mit mir über einige Fragen unterhalten wollte. Dieses

Interview, von dem ich immer noch nicht weiß, ob es nicht vielleicht doch im Auftrag der Partei durchgeführt worden war, wurde zum Anlaß genommen, um meinen sofortigen Ausschluß aus der Partei zu beschließen. Alle Mitglieder der Parteileitung bis auf eines, nämlich Professor Wolfgang Heise, stimmten für meinen Parteiausschluß. Ich wurde zunächst mal dort, ohne Befragung meiner Grundorganisation und ohne, daß ein Parteiverfahren gegen mich eröffnet worden war, widerrechtlich und gegen die Statuten aus der Partei ausgeschlossen. Wenig später wurde ich auf ebenso formlose und widerrechtliche Weise fristlos aus meiner Stellung als Direktor des Physikalisch-Chemischen Instituts und als Professor an der Humboldt-Universität entlassen. Allerdings wurde dieser Beschluß, der völlig übereilt und unüberlegt erfolgt war, dann doch noch in der Hinsicht revidiert, als man den Schein eines ordnungsgemäßen Disziplinarverfahrens für notwendig hielt, das dann natürlich zum gleichen Ergebnis kam.

Nach meinem Ausschluß aus der Partei ging eine unglaubliche Gehirnwäsche aller Mitglieder in der chemischen Grundorganisation los. In stundenlangen «Einzelgesprächen» wurden sie, einer nach dem anderen, durchgeknetet und weichgemacht. Manche kamen dann auch zu mir – manche wagten das nicht mehr –, um sich über die fiesen Methoden zu beklagen, die bei ihnen angewendet worden waren. Man drohte mit Auflösung der ganzen Grundorganisation. Es war ein ungeheurer Kraftakt der Parteiidioten gegen die friedlichen Wirkungen, die ich da hinterlassen hatte.

Immer wieder wurde für den Parteiausschluß dieses idiotische Interview als Begründung angeführt. Die Partei hatte eben nicht den Mut, mir gegenüber die wahren Gründe für ihre Empörung zu äußern. Sie riskierte es nicht, einfach zu sagen: «Weil du in deinen Vorlesungen dies und das gesagt hast, schließen wir dich aus!» Sie mußte fadenscheinige, unwahre und lächerliche Argumente heranzitieren, um ihre schmähliche Handlungsweise zu rechtfertigen. Durch ihr Verfahren, durch die Art und Weise, wie sie meinen Ausschluß und auch meine fristlose Entlassung aus der Humboldt-Universität durchführte, dokumentierte sie das schlechte Gewissen, das sie hatte, weil sie nicht den Mut gehabt hatte, mir die Wahrheit zu sagen.

Das ist überhaupt typisch für dieses System: Es hat nicht den Mut zu erklären, was es will, was es getan hat und was es tut. Deswegen bekommt man auch für keine der Willkürhandlungen und -entscheidungen irgendeine schriftliche Mitteilung. Das geht mir bis heute so. Selbst das Kreisgericht in Fürstenwalde, das dieses idiotische Urteil über meinen Hausarrest gefällt hat, hat es nicht gewagt, mir ein Schriftstück über diese Verurteilung auszuhändigen. Ich durfte einmal, nachdem das Urteil rechtskräftig, wie sie es nennen, geworden war, einen Blick darauf werfen. Es wurde aber dann sofort wieder weggenommen. Keiner der Anwesenden hatte je einen Brief in der Angelegenheit geschrieben, der Herr Staatsanwalt war oft bei mir, aber niemals mit irgendeiner Art von Papier. Es gibt keine schriftliche Dokumentation über das Unrecht, das sie mir zugefügt haben. Das ist ganz einfach so, weil sie sich schämen würden, wenn die Weltöffentlichkeit, überhaupt die Öffentlichkeit, oder irgend jemand handgreifliche Beweise für ihre unglaublichen Handlungen in die Hände bekäme.

Man hatte mich zwar fristlos aus der Humboldt-Universität entlassen, aber man war so großzügig, mir die Arbeitsstelle für Fotochemie bei der Akademie der Wissenschaften zu belassen und mich offiziell zum dortigen Leiter einzusetzen. Ich war zwar schon vorher der Leiter gewesen, aber ohne Vertrag und ohne Entgelt. Nun bekam ich dort mein Gehalt, zwar nicht in der Höhe wie als Universitätsprofessor, aber es war doch genug. Es wurde mir sogar versprochen, daß man mein Gehalt wieder auf die ursprüngliche Höhe erhöhen würde, wenn die Regierung es genehmigen würde. Diese Arbeitsstelle für Fotochemie sollte eigentlich das Embryonalstadium eines größeren Instituts für Fotochemie bei der Akademie der Wissenschaften werden. Ich hatte zahlreiche Mitarbeiter gewonnen und ein großes Arbeitsprogramm entworfen, das auch bis dahin in jeder Hinsicht gefördert worden war. Aber nun war es damit zu Ende. Schon im ersten Jahr zeigte sich, daß die finanziellen Mittel für unsere Arbeitsstelle reduziert wurden, daß die Zahl der zulässigen Forschungsthemen herabgesetzt wurde, daß man in jeder Weise bemüht war, auch meine wissenschaftliche Tätigkeit unter wachsenden Druck zu setzen. Die Partei begann mit einem sich ständig verschärfenden Krieg gegen mich. Als ich dann im Dezember 1965 meinen Artikel im «Spiegel» veröffentlichte, in dem ich vorschlug, eine neue Kommunistische Partei in der Bundesrepublik zu gründen*, nahm man das zum Anlaß, sich endgültig von mir zu trennen. Ich wurde vor Herrn Klare zitiert, der jetzt Präsident der Akademie der Wissenschaften der DDR ist, damals war er Leiter der Adlershofer Forschungsinstitute. Obwohl der Mann meinen Artikel gar nicht gelesen hatte, erklärte er, ich hätte in diesem Artikel die Aufrechterhaltung des KPD-Verbots empfohlen und damit also einen unglaublichen Schaden verursacht. – Wem eigentlich? Ich habe, wie man ja weiß, das Gegenteil vorgeschlagen. Aus diesem Grunde sei ich fristlos zu entlassen, und ich erhalte sofortiges Hausverbot für mein Institut in Adlershof.

In den Zeitungen der DDR war eine zweispaltige Erklärung des Parteivorstands der KPD abgedruckt worden, in dem diese unglaubliche Behauptung aufgestellt worden war: Ich hätte das Verbot der KPD in der Bundesrepublik gerechtfertigt und mit dem Bundesnachrichtendienst zusammengearbeitet, weiteren Geheimdiensten als Agent gedient und all das, was man an Beschimpfungen und Verleumdungen gegen einen Menschen überhaupt zusammenschmieren kann.** Daß man es wagen konnte, so eine Behauptung aufzustellen, obwohl wirklich doch jeder – besonders im Westen – nachlesen konnte, daß ich das Gegenteil

---

* Robert Havemann: *Die Partei ist kein Gespenst. Plädoyer für eine neue KPD*, in: «Der Spiegel» Nr. 52/1965
** *Havemann will die KPD spalten*, Erklärung des Politbüros des Zentralkomitees der KPD, in: «Neues Deutschland» v. 21. Dez. 1965

davon gesagt hatte, das scheint mir heute noch ziemlich erstaunlich. Natürlich hat sich später niemand von der DKP, die meinen Vorschlägen entsprechend gegründet wurde, je an mich gewandt und gesagt: «Wir haben deinen Vorschlag von damals aufgenommen, oder wir hatten ihn sowieso schon vor, und es ärgerte uns, daß ausgerechnet du mit diesem Vorschlag kommen mußtest.» Wie auch immer es gewesen sein mag, niemals gab es irgendeine Äußerung dazu von dieser Seite. Ich hatte allerdings auch vorgeschlagen, daß die neu zu gründende kommunistische Partei die Gelegenheit nutzen sollte und gründlich aus den Fehlern der vergangenen KPD lernen müßte. Aber das waren alles einfache Vorschläge für die innerparteiliche Diskussion der KPD. Ich hatte auch vorgeschlagen, man sollte sich die schwedische Partei zum Vorbild nehmen, die damals eine besonders demokratische Parteistruktur entwickelt hatte. Aber um all das ging es nicht, es ging darum, mich im höchsten Maße politisch unter Druck zu setzen, um die Wirksamkeit meiner Ideen, die sich offenbar immer weiter ausbreiteten, zu bekämpfen.

Im Frühjahr 1966 folgte dann mein Ausschluß aus der Akademie, auch ein unglaublicher Vorgang. Der Antrag auf Ausschluß, den das Präsidium gestellt hatte, fand im Plenum der Akademie nicht die erforderliche Mehrheit, wurde also abgelehnt. Damit war meine Mitgliedschaft zunächst gesichert. Eine Woche später aber wurde mir mitgeteilt, daß das Präsidium der Akademie auf Grund einer Empfehlung oder etwas Ähnlichem beschlossen hätte, mich aus den Listen der Akademie zu streichen. Gleichzeitig wurde mir auch für sämtliche Einrichtungen der Akademie – einschließlich der Gebäude der Zentrale – Hausverbot erteilt, so daß ich mich auch nicht mehr mündlich oder persönlich an irgendein Mitglied der Akademie oder an den Präsidenten Hartke wenden konnte. Dieser Hartke war übrigens eine sehr eigenartige Person. Sein Vater, ein alter Sozialdemokrat, war Mitglied unserer Widerstandsgruppe «Europäische Union» gewesen. Damals hatten wir noch keine Ahnung, daß er einen Sohn hatte. Er hatte uns diesen Sohn verschwiegen, weil er sich seiner wohlweislich schämte. Dieser Sohn war in den höchsten Rängen der Abwehr der Naziwehrmacht tätig und Mitglied im Reichssicherheitshauptamt. Er war ein sogenannter NS-Führungsoffizier im Reichssicherheitshauptamt, d. h. der Behörde, zu der auch die Gestapo als eine Unterabteilung gehörte. Natürlich war er langjähriges Mitglied der Nazipartei gewesen und jetzt Präsident der Akademie der Wissenschaften in Berlin. Dieser Bursche hatte die Stirn, mich aus der Akademie auszuschließen, jemand, der nichts weiter geleistet hatte, als ein Buch über die «Spätrömischen Kinderkaiser» zu schreiben, das er schon während der Nazizeit (1940) verfaßt hatte.

In dieser Zeit und später haben mir einige bedeutende Wissenschaftler der DDR geholfen, nachdem ich fristlos in Adlershof bei der Akademie der Wissenschaften entlassen worden war und dann auch noch sehr viele Unkosten wegen meiner Scheidung hatte. Es war ja ganz unsicher, wie ich überhaupt materiell diesen Schlag aushalten könnte. Es hat sich dann aber doch gezeigt, daß es gar nicht so schlimm war, daß man ganz gut durchkommen kann, wenn man sich nur Mühe gibt.

Einen umfangreichen Briefwechsel hatte ich nach meinem Parteiausschluß und dem Berufsverbot nicht. Anfänglich bekam ich noch öfter Briefe von verschiedenen Freunden, besonders aus dem Ausland und Westdeutschland, aber innerhalb der DDR war das für die betreffenden Briefschreiber zu riskant. Ich habe zwar immer wieder Briefe, auch mit voller Unterschrift, von Leuten bekommen, die ich gar nicht kannte, die mir ihre Solidarität bekundeten, aber die meisten Leute, die mit mir gut befreundet waren, also mir jedenfalls sehr freundlich gesinnt waren, mußten sehr vorsichtig sein und haben natürlich einen Briefwechsel, der gegen sie verwertet werden könnte, vermieden.

Im Jahre 1964, als meine Vorlesungen unter dem Titel «Dialektik ohne Dogma?» veröffentlicht wurden, erschien auch Wolf Biermanns «Drahtharfe» im Wagenbach-Verlag. Damit wurde auch er zum Gegenstand scharfer Parteikritik. Allerdings machte die Partei noch mal einen Versuch mit ihm und gestattete ihm, in Berlin im Kabarett «Die Distel» mit vier Liedern aufzutreten. Mit Wolf bin ich nun seit fast zwanzig Jahren befreundet. Unsere Freundschaft bedeutet für mich sehr viel, und ich muß sagen, ich verdanke ihr auch, daß ich mich niemals – auch nur im geringsten – habe von meiner Position abbringen lassen, auch wenn es nicht immer ganz einfach war. Eigentlich bis zu der berühmten Erklärung gegen die Ausweisung Biermanns hat sich kein einziger bürgerlicher Intellektueller der DDR offen und öffentlich für Biermann oder für unsere Position oder überhaupt für eine unzweideutige Kritik an der Politik der SED geäußert. All diese Leute, viele sehr sympathische, auch intelligente und künstlerisch hochbegabte Leute, wagten es nicht, ebenso wie Wolf aufzutreten und neben ihn zu treten, weil sie das Berufsverbot fürchteten, das an ihm für alle sichtbar ausgeübt wurde. Sie versuchten, durch die Art und Weise, wie sie ihre Bücher, ihre Gedichte, Romane und sonstiges verfaßten und schrieben, vor der Kritik der Partei wie unter einem warmen Regen davonzukommen, gerade noch zulässig zu bleiben und die Rolle eines ideologischen Ventils der Opposition in der DDR anzubieten. Im Grunde waren sie fast alle derselben Meinung wie wir und haben das auch dadurch gezeigt, daß sie mit uns regen Kontakt hatten und wir uns oft mit ihnen trafen. Besonders bei Wolfs Geburtstagsfeiern versammelte sich immer eine sehr große Anzahl von hundert oder mehr Literaten, Schriftstellern, Schauspielern und Künstlern aller Kategorien und feierten Wolfs Geburtstag. Er sang seine Lieder, und es war eine einzige große Identifizierung, eine einzige große Solidaritätsveranstaltung mit Wolf, was mich immer wieder glücklich machte und ihn auch. Natürlich hatte auch die Stasi von all diesen Dingen Kenntnis erhalten und alles getan, um die Leute einzuschüchtern, was ihnen bei einigen auch immer wieder gelungen ist.

Der große, entscheidende Wendepunkt in dieser Situation war dann die Erklärung der DDR-Schriftsteller zur Ausbürgerung Wolf Biermanns vom 17.11.1976, jener Erklärung von Sarah

Kirsch, Christa Wolf, Volker Braun, Franz Fühmann, Stephan Hermlin, Stefan Heym, Günter Kunert, Heiner Müller, Rolf Schneider, Gerhard Wolf, Jurek Becker, Erich Arendt und der des Bildhauers Fritz Cremer. Sie hatten sich gegen die Ausbürgerung Wolf Biermanns ausgesprochen, die unter Mißachtung und Vergewaltigung der Gesetze der DDR während seiner Reise in die Bundesrepublik erfolgt war. (...)

Der Erklärung gegen die Ausbürgerung Biermanns schlossen sich innerhalb von kurzer Zeit Hunderte von Leuten an, natürlich auch weniger bekannte, auch Studenten und junge Leute. Sofort setzte sich die Maschine der Staatssicherheit in Bewegung, die sehr viele dieser jüngeren Leute verhaftet und verhört, aus ihren Stellungen entlassen und in einer ganz widerlichen Weise verfolgte, weil sie für Biermann eingetreten waren. Zu denen, die sofort verhaftet wurden, gehörten auch meine Freunde Jürgen Fuchs, Gerulf Pannach und Christian Kunert und einige junge Leute, die zum Freundeskreis meiner Tochter Sybille in Jena gehört hatten.

Dann erschien die Polizei auch bei mir, um mich dem Kreisgericht Fürstenwalde vorzuführen. Dort war eine außerordentliche Gerichtsverhandlung, ein Schnellverfahren, beantragt. Man teilte mir mit, daß ich durch die Veröffentlichung meines Artikels im «Spiegel», in dem ich mich gleichfalls gegen die Ausbürgerung Biermanns geäußert und an die Parteiführung der DDR appelliert hatte, diesen Beschluß rückgängig zu machen, die öffentliche Ruhe und Ordnung in der DDR gefährdet hätte. Aus diesem Grunde wurde beschlossen, daß ich mein Grundstück in Grünheide nicht verlassen dürfe. Man hatte mir gerichtlich ein absolutes Ausgehverbot erteilt, und ich durfte mich nicht von meinem Grundstück entfernen.

Ich wurde dann zurückgebracht. Vor meiner Haustür stand bereits die Polizei. Die Polizisten wollten sogar auf meinem Grundstück herumlaufen, weil ja in einem Häuschen, das auf unserem Grundstück steht, noch die Familie Fuchs wohnte. Mit denen durfte ich auch nicht in Kontakt sein, wie man mir verkündet hatte. Das ließ sich natürlich alles nicht so durchführen. Das Urteil war eigentlich noch gar nicht rechtskräftig, was ich in diesem Moment gar nicht richtig begriffen hatte. All diese Polizeimaßnahmen hätten eigentlich nicht begonnen werden dürfen.

Ich wandte mich sofort an den mir befreundeten Rechtsanwalt Götz Berger, einen ehemaligen Spanienkämpfer und alten Kommunisten, mit der Bitte, gegen das Urteil Revision einzulegen. Götz besuchte mich, und am gleichen Tag – während Götz hier bei mir war – erschien ein Vertreter des Generalstaatsanwalts der DDR, um mir mitzuteilen, daß der Generalstaatsanwalt darauf verzichten wollte, das Urteil des Kreisgerichts zu vollstrecken, wenn ich mich verpflichtete, keinerlei Kontakte mit ausländischen Stellen und Einrichtungen aufzunehmen, deren Tätigkeit gegen die DDR gerichtet wäre. Ich fragte daraufhin den Staatsanwaltsvertreter, ob er unter diesen Stellen auch solche verstünde, die als Journalisten und Büros offiziell mit Genehmigung der Regierung der DDR tätig wären, ob ich beispielsweise nach seiner Meinung auch mit Herrn Lothar Loewe, dem Vertreter der ARD, nicht in Kontakt treten dürfte. Der Herr Staatsanwaltsvertreter erklärte, er könnte hierauf keine Antwort erteilen. Es gab dann noch einen Disput zwischen dem Staatsanwaltsvertreter und Götz Berger, die sich persönlich kannten. Es war ihm offenbar sehr peinlich, diesem Herrn Staatsanwaltsvertreter, daß Götz Berger hier bei mir war und Zeuge dieser merkwürdigen Mitteilung geworden war.

Er ging dann wieder, und Götz Berger und ich arbeiteten zusammen die Schrift aus, mit der Einspruch gegen das Kreisgerichtsurteil erhoben wurde. Noch bevor überhaupt irgendein Termin für meine zweite Verhandlung, die Revisionsverhandlung, vor dem Bezirksgericht anberaumt war, wurde Götz Berger aus der Liste der Anwälte Berlins durch Verfügung des Ministers für Justiz gestrichen. Ein Verfahren, das einmalig ist in der Geschichte der Anwaltskammer, dem Berliner «Rechtsanwaltskollegium», wie sich die heutige Anwaltskammer nennt.

Damit wurde praktisch gegen einen Anwalt ein Berufsverbot ausgesprochen.

Seit jenen Novembertagen lebe ich nun mit meiner Familie hier draußen in Grünheide unter den sehr merkwürdigen Bedingungen, die sich ein krankhaftes Gehirn ausgedacht haben mag. Der Zweck der Übung ist sicherlich nicht, irgendwelche Ermittlungen gegen mich durchzuführen, denn was über mich zu wissen ist oder was man brauchen könnte, um gegen mich vorzugehen, da bedarf es keiner weiteren neuen Erkenntnisse. Der Sinn der Sache ist ganz offensichtlich: Mir die DDR zu verekeln, mich hier rauszuekeln und rauszutreiben: Man will mich loswerden. Man will, daß ich auch den Weg der anderen gehe, es vorziehe, meine Zelte abzubrechen und mein Heil im Westen zu versuchen. Das geschieht nun seit über achtzehn Monaten und jährt sich nun im November 1978 zum zweitenmal. Ein Ende ist nicht abzusehen.

Was sind die wesentlichen Bedingungen des jetzigen «Verfahrens»? Alles beruft sich auf dieses merkwürdige Urteil des Kreisgerichts in Fürstenwalde, das eben dann gnädigst teilweise dadurch aufgehoben wird, daß ich mein Grundstück doch verlassen darf, wenn auch nur in beschränktem Maße, daß ich unbeschränkt – von Ausnahmen abgesehen – nach Berlin fahren kann, sofern ich mich dort nicht in meiner Wohnung oder auch in Wohnungen anderer Leute mit irgendwelchen «Westlern», also Leuten aus Westdeutschland, West-Berlin oder dem westlichen Ausland, treffen will. Geschieht das, dann gerät die Maschinerie in Aufruhr: Es kann passieren, daß ich zur Strafe für mehrere Tage auf meinem Grundstück eingesperrt werde und ein Polizeiwagen vor meiner Tür steht, bis alle Maßnahmen ebenso willkürlich wiederaufgehoben werden. Weil man befürchtet, daß irgendwelche Leute mir – wie zu meinem Geburtstag – Glück wünschen oder vielleicht auch demonstrativ ihre Sympathie bekunden könnten, wird mir auch der Aufenthalt auf meinem Grundstück beschränkt. Der Polizeiwagen steht vor der Tür und wacht über jeden meiner Schritte. Das Grundstück ist umstellt.

Von der Wasserseite her – wir haben ein Wassergrundstück – und auf den Nachbargrundstücken ist Polizei postiert, nachts mit kleinen Scheinwerfern. Auf der Straße direkt vor meinem Haus stehen an beiden Enden der Straße große LKWs und je ein Polizeifunkwagen. Darin sitzen Polizisten, die jeden kontrollieren, der hier hinein oder heraus will, und nur Leute hereinlassen, die hier wohnen, und von Besuchern, die hier hereinwollen, nur die direkten Anverwandten. Eine Ausnahme sind der Pfarrer von Grünheide mit seiner Familie und ebenso die Frau des uns gegenüber wohnenden Zahnarztes. Sie dürfen aus unerfindlichen Gründen zu mir kommen und mich besuchen.

Wenn ich nach Berlin fahre oder überhaupt von meinem Grundstück wegfahre, werde ich sofort von einem Wagen, der schon in der Burgwallstraße postiert ist, verfolgt. Später setzen sich eine ganze Reihe von weiteren Fahrzeugen in Bewegung. Wenn ich allein fahre, sind es immer zwei bzw. drei Fahrzeuge, wenn ich mit meiner Frau zusammen fahre, sind es mindestens vier oder fünf oder auch sechs, die uns auf allen Fahrten, die wir machen, stets in einer langen Schlange verfolgen, besetzt mit zwei, drei und vier Personen. Der Aufwand ist gewaltig und erregt großes Aufsehen bei der Bevölkerung und Empörung. Sie sehen diese vielen jungen Leute – sie sind meistens fast noch Halbwüchsige oder ganz junge Nichtsnutze, die diesen Dienst zu machen haben –, und die Leute fragen sich: «Wozu, die können arbeiten, statt diesen Blödsinn zu tun!» Der Schrecken, der anfänglich vielleicht auf manche durch diese Maßnahmen ausgeübt wurde, ist inzwischen längst der Lächerlichkeit gewichen, in die der Staat durch diese kraftlose Kraftmeierei geraten ist. Zur Charakterisierung dieses Zustandes ist noch hinzuzufügen, daß ich, wenn ich mit meinem kleinen Motorboot hier auf dem See spazierenfahre, ständig von einem sehr schnellen Motorboot begleitet werde, das mir, mit mehreren Leuten besetzt, überallhin folgt. Das wirkt natürlich lächerlich auf die vielen Camper und Erholungssuchenden, die sich hier aufhalten. Außerdem werde ich dann auch noch am Ufer von «meinen Autos» beobachtet, die, je nachdem, wo ich mich mit dem Boot gerade befinde – mal hier, mal dort –, am Ufer oder auf Brücken auftauchen und auf mich warten, ängstlich besorgt, ich könnte irgendwo aus meinem Boot aussteigen und ihnen vielleicht mit einem bereitstehenden Wagen entkommen, der dort auf mich wartet.

Es ist wirklich ein unglaublich lächerlicher Vorgang und ausgesprochen sinnlos, weil der Zweck, der mit diesen Maßnahmen verfolgt wird, nicht erreicht werden kann. Ich denke ja gar nicht daran, die DDR zu verlassen, wo man wirklich auf Schritt und Tritt beobachten kann, wie das Regime allen Kredit verliert und schon verloren hat und es eigentlich nur noch weniger äußerer Anstöße und Ereignisse bedarf, um das Politbüro zum Teufel zu jagen.

Aus: Robert Havemann – ein deutscher Kommunist, Reinbek (Rowohlt) 1978 *

* Wegen dieses Buches erhielten die Herausgeber Manfred Wilke und dessen beteiligte Ehefrau mehr als zehn Jahre Einreiseverbot in die DDR. Auch nach Aufhebung des Hausarrestes gegen Robert Havemann wurden die Besucher in Grünheide von der Staatssicherheit observiert. Wer aus dem Westen kam, erhielt Einreiseverbot. Die Familie des Pfarrers der Gemeinde, Freunde und Bekannte der Havemanns wurden schikaniert, benachteiligt, einige eingesperrt und so außer Landes gedrängt. Deren Rehabilitierung steht noch aus.

SOZIALISMUS UND DEMOKRATIE DER «PRAGER FRÜHLING» – EIN VERSUCH, DEN TEUFELSKREIS DES STALINISMUS ZU DURCHBRECHEN

Sozialisten und Kommunisten in aller Welt verfolgten heute mit wärmster Sympathie und von großen Hoffnungen erfüllt die politische Entwicklung in der ČSSR. Was hier geschieht, wird nicht nur für die Zukunft dieses Landes von entscheidender Bedeutung sein, sondern es wird weltweite Rückwirkungen zeitigen und tut dies schon heute. Zum erstenmal wird hier der Versuch gemacht, Sozialismus und Demokratie in Übereinstimmung zu bringen. Bisher gab es in sozialistischen Ländern wohl verschiedene Ansätze, den Teufelskreis des Stalinismus durch eine Art schleichender Demokratisierung zu durchbrechen. Aber das Bleigewicht der Parteibürokratie hat die wenigen hoffnungsvollen Versuche stets wieder gelähmt und zum Stillstand gebracht.

In der ČSSR erleben wir heute den grandiosen Versuch eines radikalen und kompromißlosen Durchbruchs zur sozialistischen Demokratie. Gelingt dieser Versuch, so wird dieser Erfolg von einer historischen Tragweite sein, die sich nur mit der der russischen Oktoberrevolution vergleichen läßt. Eins der Haupthindernisse für die weitere Umwälzung vom Kapitalismus zum Sozialismus wird dann beseitigt sein: die tief deprimierende Erfahrung der vergangenen Etappe der Weltrevolution nämlich, daß Demokratie nur unter den Bedingungen des bürgerlichen Kapitalismus möglich, aber mit dem System des Sozialismus unvereinbar sei.

Man fragt sich: War der bittere und opferreiche Gang der Entwicklung der Revolution in den vergangenen Jahrzehnten wirklich unvermeidlich, oder war er nur die tragische Auswirkung des Handelns einzelner in Irrtümern befangener Personen, etwa Stalins? Ich glaube, er war weder das eine noch das andere. Eine unvermeidliche, zwangsläufige Entwicklung der Geschichte gibt es nicht. Die Menschen machen ihre Geschichte selbst, allerdings meist schlechter, als möglich wäre. Trotzdem ist es notwendig, auch für den Gang dieser schlechten Entwicklung das gebührende Verständnis aufzubringen.

Die russische Revolution siegte in einem äußerst rückständigen feudalen Lande, das die bürgerliche Demokratie fast nur vom Hörensagen kannte. Die Revolution war für Jahrzehnte, im Grunde noch bis 1950, von innen und von außen bedroht. Die innere Bedrohung resultierte aus dem unlösbaren Widerspruch zwischen den durch die Revolution geschaffenen sozialistischen Produktionsverhältnissen und den besonders zu Anfang fast hoffnungslos rückständigen Produktivkräften. Die äußere Bedrohung fand ihren Höhepunkt im Zweiten Weltkrieg und dauerte nach dem Krieg noch wenigstens so lange an, bis das nukleare Gleichgewicht des Schreckens hergestellt war. Die KPdSU und die sowjetischen Arbeiter haben zur Überwindung dieser doppelten Bedrohung schwerste Opfer gebracht und Unvergleichbares geleistet. Ohne die Sowjetunion und ohne ihren Sieg über Hitler-Deutschland würden wir alle heute unter der Knute des deutschen Faschismus schmachten, der sich mit dem US-Imperialismus in die Beherrschung der Welt teilen würde. Das sind die großen und bewundernswerten Verdienste der Sowjetunion für die Revolution.

Heute existiert in der Sowjetunion eine große Industrie. Der ursprüngliche Widerspruch zwischen den Produktionsverhältnissen und dem Stand der Entwicklung der Produktivkräfte ist weitgehend überwunden. Damit ist auch dort die Entwicklung an dem Punkt angelangt, wo der in der Vergangenheit entstandene stalinistische Überbau durch einen modernen demokratischen Überbau ersetzt werden kann und ersetzt werden muß. Das gleiche gilt heute für alle anderen sozialistischen Staaten, in denen der stalinistische Überbau immer mehr zu einer Fessel der Entwicklung der Produktivkräfte geworden ist.

Der Stalinismus ist das System des Mißtrauens und der Heuchelei, die Demokratie das des Vertrauens und der freien und kritischen Meinungsäußerung. Im Stalinismus hat der Staat die Bürger, in der Demokratie haben die Bürger den Staat. Die Demokratie war die große Errungenschaft der bürgerlichen Revolution. Sie kann im Sozialismus nur in einem dialektischen Sinne aufgehoben – im Sinne von aufbewahrt und auf eine höhere Stufe gehoben – und überwunden werden, nämlich in ihrer unvollkommenen und ungenügenden Form, die aus dem Fortbestehen der Ausbeutung im Kapitalismus resultiert und im Spätkapitalismus zur Aushöhlung und Entartung der Demokratie führt.

Die wirtschaftliche Macht der Konzerne über die Massenmedien und die «repressive Toleranz des Establishment» haben durch Beseitigung der Freiheit der Meinungsbildung die der Form nach fortbestehende Freiheit der Meinungsäußerung zur Farce gemacht. Die fortschrittlichen und revolutionären Kräfte sind in vielen Ländern bereits aus den Parlamenten verdrängt. Sie führen ihren Kampf in den Gewerkschaften und als außerparlamentarische Opposition. Ihre Lage ist eigenartig und von der unsrigen grundverschieden. Sie sind zwar auch die eigentlichen Verfechter der Demokratie gegenüber dem autoritären System der manipulierten Gesellschaft. Aber sie kämpfen nicht für die Wiederherstellung der Demokratie innerhalb dieser Gesellschaft, sondern enthüllen durch ihren Kampf das autoritäre Wesen des spätkapitalistischen Parlamentarismus. Ihr Ziel ist die Umwälzung der Gesellschaft, wodurch erst die Voraussetzungen für eine echte Demokratie geschaffen werden sollen.

Wir hingegen haben diese Umwälzung auf eine merkwürdig anachronistische Weise längst hinter uns gebracht. Aber die tödlichen Gefahren, die unsere Revolution bedrohten, haben uns dann um ihre Früchte gebracht, nämlich um die Lösung der eigentlichen Aufgabe, um die Errichtung der sozialistischen Demokratie.

«Freiheit ist die Freiheit des Andersdenkenden.» Diese Worte Rosa Luxemburgs haben eine brennende Aktualität erlangt. Wir vernehmen sie heute von vielen Seiten, ermutigend, aber auch mahnend, ja sogar zweifelnd. Wird die sozialistische Demokratie ohne jede Einschränkung der Freiheit von Andersdenkenden auskommen? Genosse Ernst Fischer sagt, daß die notwendige Einschränkung dieser Freiheit sich zu richten hat gegen den Antisemitismus und überhaupt gegen jede Form des Rassismus und des Völkerhasses, gegen den Faschismus und gegen die Verherrlichung des Krieges als eines Mittels zur Lösung politischer Probleme. Ich glaube, diese Rudimente einer barbarischen Ideologie haben samt und sonders in einem sozialistischen Lande keine Wurzeln mehr. Ihre Ablehnung ist daher weniger eine Aufgabe staatlicher Anordnungen. Sie ist einfach Wesensbestandteil der sozialistischen Gesellschaftsmoral. Leute, die diesen Ideen noch anhängen, sind eigentlich nicht mehr Objekte der Gerichte, sondern gehören vor den Psychiater.

Gerade in der nichtadministrativen Erledigung dieser Art des Andersdenkens erweist sich die Überlegenheit der sozialistischen Demokratie. Wenn wir Rassismus und Faschismus, soziale Ungleichheit und Ausbeutung ablehnen, schränken wir gar keine Freiheit von Andersdenkenden ein. Hier wird im Gegenteil Freiheit durch Einsicht in die Notwendigkeit gewonnen und bedarf dann keines Zwanges mehr. Wie leicht könnte sonst eine partielle Einschränkung der Freiheit Andersdenkender zum Vorwand genommen werden, immer mehr demokratische Freiheiten schrittweise wiederaufzuheben, nachdem man sie im Grundsatz deklariert hat.

In der sozialistischen Demokratie sind alle Rechte und Freiheiten in Kraft, die in der bürgerlichen Demokratie gewonnen wurden. Aber das für den Kapitalismus charakteristische Vorrecht, das diejenigen genießen, die über Kapital verfügen, ist endgültig beseitigt. Damit wird erst die wirkliche Gleichheit aller Bürger ermöglicht. Die sozialistische Demokratie ist deshalb von Grund auf stärker, reicher und freier, als es die bürgerliche Demokratie überhaupt sein kann.

Entscheidend für die Demokratie ist die demokratische Kontrolle der Regierung von unten. Dies bedeutet das Recht auf Opposition, sowohl in der Öffentlichkeit, in Presse, Funk und Fernsehen wie auch im Parlament und den Volksvertretungen, dessen Mitglieder durch freie und geheime Wahlen bestimmt sind. Dies bedeutet auch die Unabhängigkeit der Richter und die Einrichtung von Verwaltungsgerichten, vor denen der Bürger gegen behördliche Willkür Klage erheben kann. Demokratie bedeutet eben, daß das Regieren schwerer und das Regiertwerden leichter gemacht werden. Beides ist sehr nützlich.

«Sozialismus *ist* Demokratie» – dies große Wort muß wahr gemacht werden. Das ist heute angesichts der erregenden Entwicklung in der ČSSR unsere leidenschaftliche Hoffnung. Wir deutschen Sozialisten und Kommunisten führen einen schweren Kampf. In der westdeutschen Bundesrepublik hat sich ein wirtschaftlich äußerst leistungsstarker spätkapitalistischer Staat restauriert. Er erweckt bei vielen mit Erfolg den Einruck, er sei freiheitlich und demokratisch. Wir in der DDR haben mit großen Mühen und auch mit erheblichen Erfolgen unsere Wirtschaft aufgebaut und Industrie und Landwirtschaft auf guten Stand gebracht. Ich glaube, daß die Lösung der deutschen Frage im Sinne von Sozialismus und Demokratie fast unvorstellbar erleichtert und beschleunigt würde, wenn der Weg, den die ČSSR jetzt eingeschlagen hat, auch bei uns beschritten wird.

Nichts hat ja den Kampf der Sozialisten und Kommunisten in den kapitalistischen Ländern mehr gelähmt und behindert als die Formen des stalinistischen und bürokratischen Sozialismus in den sozialistischen Ländern. Dieser fatale Widerspruch zwischen Möglichkeit und Wirklichkeit hat die Sache des Sozialismus diskreditiert. Wenn aber in der ČSSR bewiesen werden wird, daß Sozialismus und Demokratie nicht nur miteinander vereinbar, sondern wesensgleich sind, wenn bewiesen wird, daß wahre Demokratie nur im Sozialismus wirklich vollendet werden kann, dann wird die lähmende Enttäuschung weichen. Die revolutionäre Jugend der Welt wird wieder ein Ziel vor Augen haben, das frei ist von dunklen Schatten.

Aus: «Die Zeit» vom 31. Mai 1968

ANTWORT AUF ZWEI FRAGEN

1. Warum bleiben Sie in der DDR, obwohl Sie dort daran gehindert werden, in Ihrem Beruf zu arbeiten, und obwohl Sie dort nicht eine Zeile publizieren können?
2. Aus Ihren Schriften geht hervor, daß Sie Kommunist sind. Warum veröffentlichen Sie dann in westdeutschen und anderen westlichen Publikationsorganen und Verlagen, die den Interessen des Kapitalismus dienen?

Beide Fragen hängen eng zusammen, so eng, daß man sie überhaupt nicht getrennt beantworten kann. So könnte ich zum Beispiel das, was ich publizieren will, gar nicht im Westen publizieren, wenn ich nicht hier in der DDR wäre. Das klingt vielleicht paradox, ist es aber nicht. Wenn ich ein Feind der DDR und des Sozialismus wäre, dann wäre es ganz selbstverständlich, wenn ich in jenes Wunderland der Freiheit und des Wohlstands hinüberwechselte und dort ätzende Anklagen gegen das System der neostalinistischen Unterdrückung veröffentlichte. Aber ich bin gerade das Gegenteil, ein Freund der DDR und überzeugter Sozialist.

Wenn ich in den Westen ginge, würde ich sehr darunter leiden, daß ich mich dort kaum politisch betätigen könnte. An den komplizierten Auseinandersetzungen der Linken könnte ich mich nur schwer beteiligen. Ich würde auch mit Recht von vielen meiner Freunde wegen Fahnenflucht verurteilt werden. Dieser Umstand würde es praktisch unmöglich machen, mich bei meinen linken Freunden politisch frei bewegen zu können. Ich wäre einfach unglaubwürdig. Im Westen könnte ich mich weder für die DDR einsetzen noch Kritik an ihr üben, ohne in einen falschen Geruch zu kommen. Beides aber kann ich als Bürger der DDR, der in der DDR lebt, in sehr wirksamer Weise tun. Das liegt auch daran, daß ich zu einem großen Teil gar nicht für den Westen, sondern in erster Linie für die DDR und die Länder des Sozialismus publiziere.

Es ist mir zwar sehr daran gelegen, daß politisch Interessierte auch im Westen meine dortigen Veröffentlichungen lesen. Aber noch mehr bin ich daran interessiert, daß möglichst viele Exemplare hierher in die DDR gelangen, weil hier die Leser leben, an die ich mich eigentlich wende. Das ist das Vorteilhafte an der Spaltung Deutschlands (es gibt kaum sonst noch etwas, was daran vorteilhaft ist), daß man in dem einen Teil drucken kann, was die Leute dann in dem anderen Teil lesen können. Das gibt es nur in zwischen Ost und West geteilten Ländern. Meine tschechoslowakischen Freunde zum Beispiel genießen diesen Vorteil nicht. Darum haben sie es sehr viel schwerer, sich in ihrem eigenen Land politisch zu betätigen, und es wäre unklug, wenn ich mich dieses Vorteils begeben würde.

Wenn ich die DDR verließe, würde ich auch alle meine Freunde hier sehr enttäuschen. Und das Schlimmste wäre nicht einmal die Enttäuschung, die sie über mich empfänden; schlimmer wäre, daß ich ihren Zweifeln an unserer guten Sache Vorschub leisten würde. Weil aber von diesen Menschen, die in den sozialistischen Ländern leben und den Glauben an den Sozialismus nicht verloren haben, die Zukunft abhängt, ist es wirklich Verrat, wenn man ohne dringende Not hier einfach wegläuft.

Es ist zwar richtig, daß wir in der DDR – wie auch in den anderen Ländern des Warschauer Paktes – den entscheidenden zweiten Schritt der sozialistischen Revolution noch vor uns haben, den Schritt in die freie sozialistische Demokratie, den unsere tschechoslowakischen Genossen im Jahre 1968 schon unternommen hatten. Auch ist es richtig, daß man sich hierzulande zwar sehr gegen die Konvergenztheorie ereifert, um so mehr aber in praxi Konvergenz der Systeme betreibt, indem man bedingungslos den Götzen der Consumer Society huldigt. Aber trotzdem sind wir hier in der DDR unserem Ziel, dem Sozialismus, um einen entscheidenden Schritt näher. Um einen Schritt, von dem die Linken in der Bundesrepublik vorläufig nicht einmal mehr träumen können, nachdem ihr hoffnungsvoller Aufschwung dahin ist. Außerdem ist es ganz offensichtlich geworden, daß ein gerüttelt Maß Schuld an den politischen Enttäuschungen, die unsere linken Freunde und Genossen erlebt haben, bei uns liegt. Ohne die gewaltsame Niederschlagung des Prager Frühlings wäre die Zersplitterung der Linken im Westen undenkbar. Die kommunistische Bewegung in den nordischen Staaten, in Frankreich und in Italien wäre ungleich stärker, und auch die DKP in der Bundesrepublik hätte vielleicht Chancen bei Wahlen.

Solange es also in der DDR überhaupt Möglichkeiten politischer Betätigung gibt, wird jede politische Aktivität für den Sozialismus hier um ein Vielfaches effektiver sein als in der Bundesrepublik. Die Zukunft des Sozialismus in Deutschland wird eben doch hier in der DDR entschieden. Und ich bin überzeugt, daß die Möglichkeiten politischer Betätigung in den kommenden Jahren nicht ab-, sondern zunehmen werden. Dies hängt auch mit der endlich erreichten internationalen Anerkennung der DDR zusammen, deren jahrzehntelange Verweigerung zur inneren Erstarrung wesentlich beigetragen hat.

Wie lange werden wir, deren Schriften hier nicht gedruckt werden und deren Namen hier niemand nennen darf, gezwungen sein, für die DDR im Westen zu publizieren? Genau bis zu dem Tage, an dem auch unsere Genossen hier sich stark genug fühlen werden, sich mit unseren Ansichten und unserer Kritik öffentlich auseinanderzusetzen, und bereit sein werden, unsere Artikel, unsere Bücher und unsere Lieder auch hier in der DDR zu veröffentlichen. Ob unsere führenden Genossen wissen, wie sehr das zur Hebung auch ihres Ansehens und ihrer Popularität beitragen würde?

Aus: «europäische ideen» Berlin 1973, Heft 1

BRIEF AN ERNST BLOCH

Lieber hochverehrter Ernst Bloch!

Ich sende Ihnen zu Ihrem Geburtstag meine herzlichen Grüße und Glückwünsche. Und da ich es auf diese besondere Weise tun kann, über die Ätherwellen des Radios, von dem einen Deutschland zu dem anderen, uns hier schon so fernen – oder vielleicht auch nur: *noch* so fernen –, darum kann ich wohl sagen, daß ich Ihnen diese Grußworte zum Geburtstag zugleich stellvertretend für viele hier, junge und weniger junge, über die unsägliche deutsch-deutsche Grenze sende.

Vor zwanzig Jahren, ich erinnere mich noch sehr gut, wie damals in der DDR Ihr siebzigster Geburtstag gefeiert wurde. Der Aufbau-Verlag hatte Ihre wichtigsten Werke veröffentlicht, und nun erschien, um Sie würdig zu ehren, ein Sammelband mit Artikeln von DDR-Philosophen und Schriftstellern, die Ihnen literarisch Reverenz erwiesen, herausgegeben von der Deutschen Akademie der Wissenschaften zu Berlin. Wenig mehr als ein Jahr danach dann der zwanzigste Parteitag der KPdSU, die Aufdeckung der Verbrechen Stalins und des Stalinismus.

Ich gehörte damals zu denen, die die Enthüllungen des zwanzigsten Parteitags sehr hart und schmerzlich getroffen haben. Unsere Schmerzen waren aber nur ganz vordergründig Schmerzen der Enttäuschung und Verzweiflung, tiefer in unserem Innern bohrte Schlimmeres. Wir fingen an zu ahnen, wie tief wir selbst schon im Sumpf staken und wie schwer es sein würde herauszukommen. Wie es in Okudschawas Lied von der Liebe heißt, in der Übersetzung meines Freundes Wolf Biermann: «Ach, der erste Verrat kann aus Schwäche geschehn. Und der zweite Verrat will schon Orden sehn. Doch beim dritten Verrat mußt du morden gehn, selber morden gehn – und das ist geschehn.» Hatten wir nicht schon die Orden gesehn? Und vielleicht noch mehr?

Es ist ja so schwer, mit dem eigenen Unrecht fertig zu werden. Und doch ist es für die Sache des Sozialismus-Kommunismus unausweichliche Notwendigkeit, daß wir mit unserem Unrecht gnadenlos ins Gericht gehen, was wohl auch heißen soll, ihm gerecht zu werden, es also mit wissenschaftlicher Nüchternheit zu analysieren und zu verstehen. Das ist seitdem weltweiter Prozeß in der Bewegung des Sozialismus. Wir stehen vor der Aufgabe, zum erstenmal, ein Stück Geschichte zu analysieren, die wir selbst gemacht haben – und die, eh wir's begriffen haben, eben auch uns selbst gemacht hat, in der wir zugleich Subjekt und Objekt gewesen sind und noch sind. Wie wir heute wissen, aus bitterer Erfahrung, waren die etablierten Systeme der sozialistischen Staaten dieser Aufgabe nicht gewachsen. Es gab nur eine Ausnahme: die ČSSR. Die anderen fielen in einen noch perfekteren Neo-Stalinismus zurück, sehr schnell.

Noch ehe fünf Jahre seit Ihrem siebzigsten Geburtstag vergangen waren, begann in der DDR das Gebell einer ganzen Meute kleiner bissiger Köter gegen Ernst Bloch, gegen den Mann, den sie eben noch katzbucklig verehrt und gepriesen hatten. Es erschien in hoher Auflage und billiger Aufmachung ein Pamphlet gegen Sie, eine staatlich lancierte Anti-Bloch-Hetzschrift, teils wohl sogar von denselben Autoren, die noch wenige Jahre zuvor Ihre Lobhudler gewesen waren. Ich weiß nicht mehr die Einzelheiten und wüßte sie jetzt gern, denn gerade in den Details wird alles blitzartig beleuchtet und in seiner ganzen abscheulichen Widersinnigkeit direkt sichtbar. Ich kann mich nur noch daran erinnern, daß Sie schließlich daran gehindert wurden, Ihre Vorlesungen in Leipzig zu halten, daß dann der 13. August 1961 kam und Sie von einer Reise nach Westdeutschland nicht zurückkehrten.

Seit ich es damals erfuhr, daß Sie nicht in die DDR zurückkehren würden, bin ich darüber traurig und empfinde meine Mitschuld daran, daß dies geschehen konnte. Ich sehe meine Mitschuld hauptsächlich darin, daß ich mich nicht sogleich öffentlich mit Ihnen solidarisiert habe, als die Hetze gegen Sie anfing. Damals hatte ich ja noch alle meine Ämter und Würden, und dementsprechend hätte ich einige Aussicht auf Erfolg gehabt, unseren DDR-Staat vor der kapitalen Dummheit seiner Verantwortlichen zu bewahren. Aber das traurige Spiel nahm ungehindert seinen Fortgang und wurde konsequent zu Ende geführt bis zu Ihrem Ausschluß aus der Deutschen Akademie der Wissenschaften. An der Abstimmung im Plenum der Akademie über Ihren Ausschluß konnte ich nicht teilnehmen, weil ich als korrespondierendes Mitglied hierzu nicht berechtigt war. Wie Sie wissen, kam der schmähliche Beschluß nur dadurch zustande, daß vor der Abstimmung eine große Zahl der Mitglieder die Sitzung verließ. In dem verbliebenen Rest hatten dann Ihre Gegner die Mehrheit. Es war das typische Verhalten von Leuten, die sich vor der Verantwortung drücken. Wolf Biermann hat eben nur zu recht, wenn er in seinem Spottlied singt: «Was haben wir denn an denen verloren, an diesen deutschen Professoren, die wirklich manches besser wüßten, wenn sie nicht täglich fressen müßten. Beamte feige, fett und platt, die hab' ich satt!»

Ihr Ausschluß aus der ehemals Preußischen, jetzt Deutschen Akademie der Wissenschaften war wohl die größte Schande, die sich diese Akademie je zufügen ließ. Denn Sie hatten einen berühmten Vorgänger: Albert Einstein, der von den Nazis aus der Akademie ausgeschlossen wurde, weil er denen nicht paßte. Warum um alles in der Welt hatten diese Herrn Akademiker und auch unsere Parteileute nicht begriffen, welchen Schandfleck sie sich anhefteten. Denn nach dem Ausschluß Einsteins durch die Nazis mußte es eben einfach ausgeschlossen sein, daß jemals wieder ein Mitglied der Akademie aus politischen, weltanschaulichen oder rassischen Gründen ausgeschlossen wurde.

Aber, hochverehrter Ernst Bloch, jetzt, wo ich mich gerade so lautstark über die Dummheit und Schändlichkeit der damals Verantwortlichen empöre, versuche ich meine Augen mit dem Prinzip Hoffnung zu bewaffnen, was beileibe nicht heißen soll, daß dies etwa eine rosa Brille sei; und so werde ich gewahr, daß sich in diesem dummen Wüten der Staatsmaschine gegen den Geist doch auch der gewaltige Respekt offenbart, den die Kraft des freien Gedankens denen einflößt, die nicht einmal von seiner Blässe angekränkelt sind. Ideen werden eben nirgends unbarmherziger unterdrückt als da, wo man sie fürchtet. Unsere verantwortlichen Genossen haben ja alle einmal das Marx-Wort gelernt, daß Ideen, die die Massen ergreifen, zur materiellen Gewalt werden. Aber statt sich vor dieser Wahrheit zu fürchten, was nichts anderes bedeutet, als an der Kraft der eigenen Ideen zu zweifeln, sollten sie lieber den Mut zur offenen Auseinandersetzung aufbringen. Manchmal hat man den Eindruck, daß sie von der Überzeugungskraft marxistischer Ideen weniger halten als unsere Gegner. Für den schwachbrüstigen Marxismus, den sie sich gerade noch leisten können, mag das ja wohl manchmal auch zutreffen. Denn das Paradoxe ist ja, daß sie sich gerade vor der Auseinandersetzung mit den Ideen ihrer marxistischen Kritiker am meisten fürchten. Wenn man sich darüber klar ist, daß der Sprung in eine neue Qualität der historischen Entwicklung der Menschheit, den Marx herbeigeführt hat, eben darin besteht, daß ein höherer Grad von Bewußtsein im Geschichtsprozeß wirksam wird – daß der Mensch, der immer nur schaffen und bauen kann, was er sich zuvor im Kopf ausgemalt und vorgestellt hat, nun bei seinen Unternehmungen nicht mehr von den phantastischen Täuschungen ausgehen muß, die ihm die gesellschaftliche Ideologie in den Kopf preßt, sondern daß er jetzt erstmals nicht nur der Natur, sondern auch sich selbst mit der Methodik wissenschaftlichen Denkens zuleibe gehen kann –, dann begreift man, daß die Behinderung, ja Abtötung der offenen wissenschaftlichen Auseinandersetzung über und mit dem Marxismus in ihrer Wirkung in höchstem Maße reaktionär und konterrevolutionär ist.

Ich fürchte, eine der Ursachen für dieses geradezu selbstmörderische Verhalten liegt darin, daß unsere zur Macht gekommenen führenden Genossen sich persönlich mit dem Sozialismus-Kommunismus identifizieren, und zwar in einer derart grotesken Maßlosigkeit, daß sie tatsächlich glauben, die Zukunft der Menschheit sei bedroht, wenn ihre persönliche Machtstellung gefährdet wird. Dabei gefährdet nichts ihre persönliche Macht mehr als gerade diese peinliche Sorge um die Macht. Doch es verheißt auch uns nichts Gutes, wenn unsere Mächtigen sich fürchten. Dann machen sie oft ihre ärgsten Fehler. Darum möchten wir, daß auch unsere Mächtigen sich das Prinzip Hoffnung zu eigen machen und ihre Lage weniger hoffnungslos ansehn, was sie ja auch nicht sein muß, wenn sie nur mehr Mut und Selbstvertrauen hätten. Der Weg zum Sieg ist zwar gepflastert mit Niederlagen, aber mit Niederlagen, aus denen man gelernt haben muß. Der Prager Frühling des Jahres 1968 – welch ein Sieg und welch schreckliche Niederlage. Damals wurde vor aller Welt der Beweis erbracht, daß die Überwindung des Stalinismus und die Entfaltung einer freien sozialistischen Demokratie von innen heraus, unter Führung der kommunistischen Partei, möglich ist. Es wurde bewiesen, daß Sozialismus unter kommunistischer Führung nicht unbedingt und unvermeidlicherweise die Diktatur eines Parteiapparates bedeuten muß. In der ČSSR wurde uns der Weg in einen Sozialismus demonstriert, der ohne das entschuldigende Adjektiv «real» auskommt. Manche haben ihn den Sozialismus mit dem menschlichen Antlitz genannt, so als ob ein unmenschlicher Sozialismus es überhaupt verdiente, Sozialismus genannt zu werden. Schon bald nach dem berühmten Januar-Plenum in Prag wurde es offensichtlich, daß der Prager Frühling den «realen» Sozialismus in den sozialistischen Staaten ernsthaft gefährden würde. Das Wesen der Umwälzung in der ČSSR bestand ja gerade in der Überwindung des «realen» Sozialismus und in der Öffnung des Weges in den wirklichen Sozialismus.

Hier zeigt sich auch, daß die Worte «real» und «wirklich» nur scheinbar das gleiche bedeuten. Wer da schamhaft vom «realen»

Sozialismus spricht, denkt daran, daß es auch einen «idealen» geben könnte, der aber sogleich als utopisch abqualifiziert wird, worin sich wiederum – was man hier hinzufügen muß – ein oberflächliches und undialektisches Verhältnis zum Begriff der Utopie offenbart. Dieses Wortgebilde «realer Sozialismus» dient in Wahrheit nur der Kaschierung des eigenen schlechten Gewissens, wobei das einzige Gute an der ganzen Sache ist, daß es immerhin deswegen ein schlechtes Gewissen gibt. Das also läßt uns hoffen. Der 21. August 1968 war der schwärzeste Tag in der Geschichte des Sozialismus seit Stalin.

In späteren Zeiten werden unsere Historiker den Prager Frühling mit der Pariser Commune vergleichen. Aber was damals in Paris nur ein phantastischer Versuch eines Vorgriffs in die Zukunft war, in unzumutbarer Weise der Zeitgeschichte voraus, hier war es genau umgekehrt. Mit der Umwälzung in der ČSSR erreichte endlich der zu staatlicher Macht gelangte Sozialismus den Anschluß an die vorwärtsrasende Zeitgeschichte und begann also, sich die Position zu verschaffen, die ihm der Reifungsgrad der menschlichen Gesellschaft zuweist – was im Endeffekt nichts weniger bedeutet als die Rettung der Menschheit vor der Barbarei, vielleicht auch vor dem Atomtod. Die Prager Commune scheiterte nicht wie die Pariser, weil der Sozialismus der Zeit zu weit vorausgeeilt war, sondern im Gegenteil, weil der «reale» Sozialismus in den sozialistischen Staaten so hoffnungslos hinter dem Gang der Zeitgeschichte zurückgeblieben war.

Lieber hochverehrter Ernst Bloch, wenn wir hier in der DDR heute an Ihrem Geburtstag an Sie denken, wir – das ist mein Freund Wolf Biermann, dessen Namen ich nennen kann, weil er hier nicht genannt werden darf, und das sind viele andere, deren Namen ich nicht nennen kann, weil ihre Namen hier noch genannt werden dürfen – wenn wir, die wir hier gottlob nicht einsam sind, an Sie in der Ferne denken, der Sie uns doch so nah sind, dann ist in uns auch ein Gefühl tiefer Traurigkeit und Wehmut. Wie reich könnten wir hier sein in diesem selbst jetzt noch besseren Teil Deutschlands, wie reich an guten Ideen und wie reich an großen Menschen, wenn nicht einige der Unsrigen immer wieder so armselig gehandelt hätten. Es sind ja viele hier weggegangen, weil sie weg wollten, weil ihnen das schlechtere Deutschland besser gefiel, weil sie nichts übrig hatten für den großartigen Versuch des Sozialismus in Deutschland und überhaupt in der Welt. Ich will nicht sagen, daß es um sie alle nicht schade ist. Auch viele von diesen wurden im Grunde durch uns vertrieben – wir hatten es nicht verstanden, sie zu halten. Der Sozialismus hatte in unseren Händen seine Faszination verloren. Aber wie anders denn könnte der Sozialismus seine Existenzberechtigung überhaupt beweisen als dadurch, daß er die Menschen anzieht, weil er ihnen ein freieres und besseres Leben ermöglicht als die alte bürgerliche Welt. Brecht sagte, der Sozialismus ist die einfache Sache, die so schwer zu machen ist. Man fragt: Vielleicht zu schwer? Oder nur: Zu schwer für wen? Ich denke, ja, gewiß zu schwer für diejenigen, die damals den großen Freund der DDR, den Marxisten und Humanisten Ernst Bloch, aus diesem unserem neuen und hoffnungsvollen Deutschland vertrieben haben.

In Freundschaft und brüderlicher Verbundenheit und in Verehrung sende ich Ihnen meine herzlichen Glückwünsche zu Ihrem Geburtstag

Ihr Robert Havemann

Aus: «Die Zeit» vom 18. Juli 1975

ÜBER ZENSUR UND MEDIEN

Ich bin dagegen, den Begriff *Zensur* in einer wie ich meine unzulässigen und auch politisch unvernünftigen Weise auf alle Formen der Unterdrückung und Manipulation öffentlicher Äußerungen auszuweiten. «Die herrschende Meinung ist die Meinung der Herrschenden.» Dieser Satz gilt zwar in jeder Gesellschaftsordnung, in der es herrschende und unterdrückte Klassen gibt. Wie sich aber die herrschenden Meinungen gegen die unterdrückten durchsetzen, hängt von dem Entwicklungsgrad der Unterdrückung ab. Während in den primitiven Formen die Unterdrückung noch grob und unverhüllt ist, wird im Laufe der Entwicklung von Stufe zu Stufe die Unterdrückung immer mehr verhüllt, bis sie schließlich unsichtbar geworden ist und ganz aufgehoben erscheint. In der Sklavenhaltergesellschaft war sie noch total unverhüllt. Ganz entsprechend verfuhr man mit den Meinungen der Unterdrückten. Von den Schriften Demokrits wissen wir nur noch durch die Zitate seiner Gegner, sie selbst wurden zu seinen Lebzeiten vernichtet. Sokrates mußte den Schierlingsbecher trinken. Im Feudalismus sind Ausbeutung und Unterdrückung bereits teilweise verhüllt. Nur ein Teil des Lebens und der Arbeitskraft des Unterdrückten gehört dem Feudalherrn, die übrige Zeit scheint der Unterdrückte frei zu sein. Daß aber selbst diese freie Arbeit, die nur der Befriedigung der eigenen Lebensbedürfnisse dient, in Wahrheit Arbeit für die Ausbeuter ist, nämlich um für ihn den leibeigenen Fronarbeiter zu produzieren und zu reproduzieren, dieser grundlegende soziale Tatbestand ist bereits verhüllt.

Der partiellen Verhüllung der Ausbeutung im Feudalismus entsprechen die Formen der partiellen Verhüllung der Unterdrückung von Meinungen: Alle Meinungen sind frei außer denen, die die Inquisition und die Zensur verboten und auf den Index gesetzt haben. In der Gestalt des Zensors tritt der Staat als eine Art Oberlehrer auf, der alles besser weiß und berufen ist, die unsittlichen, unchristlichen, undeutschen usw. Meinungen von den sittlichen, edlen, vaterländischen usw. Gesinnungen zu scheiden. In der Sklavenhaltergesellschaft waren überhaupt nur diejenigen des Lesens und Schreibens mächtig, denen dies sowieso erlaubt war. Aber im Feudalismus überwindet das geschriebene Wort die Grenzen der Klassen. Das Volk lernt lesen und schreiben. Die Buchdruckerkunst wird erfunden. Die unbeschränkte Unterdrückung verwandelt sich in Zensur. In der nächsthöheren Entwicklungsperiode, der zugleich höchsten Form der Ausbeuterordnungen, in der bürgerlich-kapitalistischen Gesellschaft wird die Verhüllung der Ausbeutung und entsprechend die Verhüllung der Unterdrückung von Meinungen total: Alle dürfen alles schreiben. Eine Zensur findet nicht statt.

Entsprechend dem Privateigentum an den Produktionsmitteln, der ökonomischen Grundlage der Ausbeutung, schafft das Privateigentum an den Publikationsmitteln die Voraussetzungen für die Durchsetzung der Meinungen der Herrschenden. An die Stelle der Zensur tritt die materielle Abhängigkeit der Publizisten. Man kann zwar schreiben, was man will, und man findet auch für alle Meinungen eine Möglichkeit der Publikation. Wer aber gezwungen ist, vom Schreiben zu leben, unterliegt – direkt und indirekt – dem unnachgiebigen Druck der Meinung der Herrschenden. Es wird ein Mechanismus wirksam, der in beschönigender Weise als *Selbstzensur* bezeichnet wird. Dieses Wort soll den Eindruck erwecken, als ob der sich selbst zensierende Autor wider besseres Wissen Informationen fälscht oder unterdrückt, andere Autoren wissentlich verleumdet und ihre Meinungen verdreht und sich selber zu Ansichten hinabschwingt, deren Haltlosigkeit und Unehrlichkeit ihm wohl bewußt sind. Aber das ist tatsächlich reine Beschönigung. In Wirklichkeit ist es viel schlimmer. Nicht nur, daß der sich selbst zensierende Autor stets strenger und unnachsichtiger zensiert als eine offizielle Zensurbehörde. Vielmehr ist sein Denkapparat durch den ständigen servilen Umgang mit der herrschenden Meinung schon längst nicht mehr fähig, anders als in gängigen Schablonen zu denken, so daß Meinungen, die er unterdrücken müßte, ihm schon gar nicht mehr in den Sinn kommen.

In einem ausgereiften Gesellschaftssystem wie dem Kapitalismus haben die Meinungen der Herrschenden längst die Form einer allgemeinen Ideologie angenommen, eines Systems von Ideen also, die aus einer phantastischen Mischung von Wahrheit und Irrtum bestehen. Die Mehrheit des Volkes ist dem Strom dieser Ideen schutzlos ausgeliefert. Man empfindet überhaupt nicht, daß diese Behauptungen und Erklärungen (auch die rechtlichen und moralischen Wertmaßstäbe, die sie begründen sollen) nichts anderem dient als der Aufrechterhaltung, Durchsetzung und Sicherung der Macht der Herrschenden. Im Gegenteil: Gerade die dreistesten Verdrehungen werden für unbezweifelbare Wahrheiten angesehen, die so evident sind, daß man sich alltäglich aus praktischer Erfahrung von ihrer Richtigkeit überzeugen könne. Dieses *falsche Bewußtsein*, wie Marx und Engels die bürgerliche Ideologie nannten, ist die Täuschung der Gesellschaft über sich selbst. Sie ist der Schein, der im Bewußtsein der Menschen an die Stelle der Wirklichkeit treten muß, damit die gesellschaftliche Wirklichkeit überhaupt bestehen kann. So ausgeklügelt sie erscheinen mag, wenn man sie gründlich analysiert, ist sie doch keineswegs von individuellen Gehirnen ausgeklügelt, sondern in einem kollektiven Prozeß geschaffen, ist zugleich Produkt und Bestandteil der Gesamtgesellschaft. Sie ist das gestaltende Element der Struktur ihres Überbaus.

Ich habe diese elementaren Zusammenhänge, die in der Wirklichkeit immer durch aktuelle und historische Gegebenheiten in komplizierter Weise variiert sind, hier skizziert, weil sie möglicherweise das Verständnis der absonderlichen Erscheinungen erleichtern können, die wir auf dem Gebiet des Umgangs mit der öffentlichen Meinung in sozialistischen Ländern beobachten. Um jeder Gefahr zu entgehen, Opfer falscher Informationen geworden zu sein, will ich mich hier ganz auf Verhältnisse in der DDR beschränken, und nur soweit ich zweifelsfrei über sie unterrichtet bin:

Obwohl es keine Zensurbehörde gibt, können in der DDR weder in Zeitungen und Zeitschriften noch im Radio oder Fernsehen, nicht im Theater und Kino, auf keiner Kulturveranstaltung, nicht einmal beim Kleingärtnerverein Immergrün auch nur ein Wort und eine Zeile gesagt oder gesungen werden, die nicht direkt oder indirekt den Filter der Staats- und Parteikontrolle durchlaufen haben. Und dieser Filter ist sehr eng. Selbst ein so harmloses und weitgehend konformistisches Buch wie *Der Tag X* von Stefan Heym, über das schon ein bindender Vertrag des Autors mit dem List-Verlag in der DDR vorlag, durfte nicht gedruckt werden; auch nicht die noch weiter ausgebügelte Neubearbeitung, die bei Bertelsmann in der BRD unter dem Titel *5 Tage im Juni* erschienen ist. Es gibt zwar eine Reihe von Schriftstellern, die «gerade noch» erscheinen dürfen, deren Auflagen sind aber so beschränkt, daß man Glück haben muß, ein Buch von ihnen zu ergattern. Die Anzahl der Manuskripte, die nicht erscheinen dürfen, mag vielleicht nicht so groß sein. Wer weiß aber, wie viele Romane, Gedichte und Theaterstücke gar nicht erst geschrieben worden sind, weil der Autor von vornherein mit keiner Veröffentlichung rechnen konnte, wohl aber mit massiven materiellen Schwierigkeiten einschließlich der Gefahr strafrechtlicher Verfolgung. *Ich kenne einige sogar aktuelle Fälle, will aber nicht von ihnen mit Namen und Adresse reden, um ihre Lage nicht noch mehr zu erschweren.*

Die vorherrschende Form der Unterdrückung von Meinungen, die Selbstzensur, befindet sich in der DDR allerdings in einer weit schwierigeren Lage als in der bürgerlichen Welt. Da es keine herrschende Ideologie gibt, wenn man von dem üppig wuchernden ideologischen Nachlaß der Bourgeoisie absieht, sind die Selbstzensoren gezwungen, viel offener und wider besseres Wissen ein Bild von der Wirklichkeit zu zeichnen, das dem Geschmack der Herrschenden entspricht. So entsteht jene absurde Diskrepanz zwischen Bild und Wirklichkeit, die für die Massenmedien der DDR so typisch ist. Arbeitermassen, begeistert für den Sozialismus, zu 99 Prozent Anhänger der Partei und der Regierung, ein einig Volk von Brüdern, wetteifernd in der Produktion, immer höheren Zielen entgegen, mit ganzem Herzen bei der großen Sache des Kommunismus – das ist das Bild, wie es auch der sozialistische Realismus von der DDR-Wirklichkeit zeichnet, getreu seinem Prinzip, nur das Positive, das Vorwärtsstrebende und Siegende zu sehen und zu zeigen, damit es wirklich zum Siegenden wird und nicht dem zersetzenden Einfluß des Negativen, Kritischen und Zweifelnden erliegt. Daß dieser Scheinrealismus des rosa Zuckergusses gerade das Gegenteil bewirkt, dafür scheint man unheilbar blind zu sein.

Eine herrschende *sozialistische Ideologie* gibt es nicht, obwohl man sich offenbar alle erdenkliche Mühe gibt, sie zu erzeugen. Wann endlich werden die Genossen Partei-Ideologen begreifen, daß man den Marxismus nicht zur Ideologie machen kann! Eine sozialistische Ideologie wäre auch ein Widerspruch in sich. Denn der Sozialismus ist ja der gesellschaftliche Prozeß, der die alte Ordnung gerade dadurch endgültig überwindet, daß er die Notwendigkeit der Täuschung der Gesellschaft über sich selbst aufhebt. Jede Unterdrückung hat ihr Ende gefunden, weil die Unterdrückten zur Macht gekommen sind. Eine herrschende Klasse in dem bisherigen Sinne, eine Klasse also, die eine andere beherrscht und unterdrückt, gibt es nicht mehr. Und damit tritt auch an die Stelle der Unterdrückung von Ideen und Meinungen die uneingeschränkte sachliche Auseinandersetzung, an der alle teilnehmen, ohne daß irgendeine Seite dabei Vorrechte hat. Jetzt endlich entscheiden im Streit der Meinungen nicht mehr die Interessen von Herrschenden, sondern nur noch die besseren Argumente.

Wann wird es uns gelungen sein, diesen Sozialismus in der DDR zu verwirklichen? Das ist schwer zu sagen. Eins kann man aber mit Sicherheit schon heute sagen: Wenn es soweit sein wird, dann können wir die Mauer meistbietend versteigern.

Aus: «europäische ideen», Berlin 1976, Heft 17

FÜR EINE FRIEDLICHE
REVOLUTION

Robert Havemann ist Kommunist geblieben. Er verfolgt die Entwicklung des Eurokommunismus mit großer Aufmerksamkeit, er diskutiert Rudolf Bahro – er entwirft – aus der erzwungenen Isolation seine Perspektiven. Seine persönliche Perspektive stellt er dabei hintan. (Manfred Wilke)

Woher solche Anstöße zur Veränderung kommen werden, kann man natürlich noch nicht sagen. Aber die Erfahrung lehrt, daß die Geschichte nicht stehenbleibt. Die Anstöße werden kommen, nicht nur von innen, sondern wahrscheinlich auch von außen, denn auch in den anderen Ländern des sogenannten sozialistischen Lagers sind die Verhältnisse ganz ähnlich, besonders in der Sowjetunion. Diese Art von real existierendem Sozialismus ist nicht lebensfähig, sie kann sich nicht behaupten, am wenigsten in der Konkurrenz mit dem real existierenden Kapitalismus.

Der Kapitalismus ist zur ständigen Erweiterung seiner Produktion mit Hilfe des technischen Fortschritts gezwungen, um den Wirkungen des Gesetzes von der Tendenz der fallenden Profitrate zu entgehen. Dieses Gesetz, das von Marx entdeckt wurde, besagt, daß bei konstanten Produktionsbedingungen durch die Konkurrenz auf dem Markt die Profitrate ständig sinken muß und schließlich der Profit einem Minimum zustrebt, das nicht ausreicht, um eine erweiterte Reproduktion zu ermöglichen. Eigentlich könnte der Kapitalismus einer solchen Wirkung durch dieses Gesetz dadurch entgehen, daß er sich in ein vollständiges Staatsmonopol verwandelt, d. h. die Konkurrenz auf dem Markt praktisch ausschaltet, um so auch bei konstanter Produktion zu bestehen – ohne Wachstum oder mit der Wachstumsrate Null. Das Erstaunliche ist ja, daß das Wirtschaftssystem, das in den sogenannten real existierenden sozialistischen Staaten eingerichtet ist, eben ein solches Staatsmonopol darstellt. Hier hätte man tatsächlich die Möglichkeit, sich ohne den Zwang zum ständigen Wachstum diesem Gesetz zu entziehen, ohne daß deswegen das System bereits sozialistisch genannt werden kann.

Aber das Unglück will es, daß die Produktion in den sozialistischen Staaten ökonomisch und technologisch, aus historischen Gründen zunächst einmal, hinter den Produktionsbedingungen und -technologien des kapitalistischen Westens um viele Jahre zurückgeblieben ist und nun zu einem ständigen Konkurrenzstreben gezwungen ist. Die sozialistischen Staaten versuchen mit aller Gewalt, die Produktionsleistungen des kapitalistischen Westens zu erreichen oder möglichst zu übertreffen. Aber weil sie das wollen und sich dazu gezwungen sehen, geraten sie ins Schlepptau dieses allgemeinen Gesetzes: Sie müssen ständig ihre Produktion vergrößern und deshalb ständig «Kapital» akkumulieren und damit also auch die Bevölkerung immer wieder ausbeuten, so wie es der Kapitalismus tut. Das unsinnige Tempo des Verschleißes von ökonomischen Leistungen, das mit dem sogenannten Wachstum verbunden ist – das ja im Grunde kein richtiges Wachstum ist, sondern eine wachsende Verschwendung hochwertiger Arbeitsleistung –, ist auch bedingt durch den gesellschaftlichen Aufbau im Lande, durch den hierarchischen Aufbau der Gesellschaft, durch die Tatsache, daß eine kleine Clique von Leuten, die keiner demokratischen Kontrolle unterliegt, sich ständig dadurch zu rechtfertigen versucht, daß sie auf ihre Produktionsleistung hinweist. Und dabei ergibt sich nun wieder der Irrsinn, daß gerade diese Leute, deren politische Existenz vom ökonomischen Erfolg abhängig zu sein scheint, selbst wiederum von diesen ökonomischen Fragen wenig verstehen und auch auf sie nicht vorbereitet waren und sind. Dadurch entsteht ein ungeheures Mißtrauen dieser Schicht gegenüber allen Leuten, die von den jeweiligen Sachen etwas verstehen. Das sind sowohl Wirtschaftsfachleute wie auch technische Experten. Sie werden ständig verdächtigt, sich auf irgendeine Weise in eine Machtposition des Staates einschleichen zu wollen. Das ist so ein Circulus vitiosus. Man möchte den Kapitalismus überrunden, man möchte ihm quasi auch entfliehen, gleichzeitig ist man ihm hoffnungslos ausgeliefert und führt nur seine am höchsten entwickelte Form, den Staatsmonopolismus, im eigenen Lande praktisch vor. Allerdings mit dem Unterschied, daß der Staatsmonopolismus in einem modernen kapitalistischen Staat wahrscheinlich effektiver wäre als dieses System der demokratisch unkontrollierten Politbüroherrschaft.

Sozialismus ohne Demokratie, ohne demokratische Kontrolle aller Machtfunktionen, ohne demokratische Entscheidung über die Produktionspläne, über die Ziele der gesellschaftlichen Arbeit, der gesellschaftlichen schöpferischen Tätigkeit, ist undenkbar. Das ist kein Sozialismus, wenn die ungeheure Mehrheit der Menschen vollständig den Entscheidungen einer kleinen winzigen Gruppe ausgeliefert ist. Das muß umgekehrt sein. Alle Fragen müssen öffentlich sein, alle Fragen müssen Fragen sein, müssen erst gestellt und in breitester Diskussion entschieden werden. Damit allein ergeben sich auch die neuen Ziele des Sozialismus, die eben auch ökonomisch andere sind als die des Kapitalismus. Es ist z. B. ein Wahnsinn, daß in diesen Ländern die gleiche unsinnige Politik mit den Privatautos verfolgt wird. Jedem ein Auto: Das führt zur Verstopfung aller Straßen, aller Wege und zu einer schrecklichen Blechlawine, zu furchtbaren, entsetzlich vielen tödlichen Verkehrsunfällen. Nein, diese Entwicklung nachzumachen ist einfach widersinnig. Der Sozialismus wäre in der Lage, diese Verkehrsprobleme zu lösen und zu erreichen, daß die Menschen mit modernen Verfahren ihre

Transportwünsche auch ohne eigenen Personenwagen erfüllen könnten, Personenwagen, die den größten Teil ihrer Lebensdauer herumstehen und verrosten, verkommen und die Straßen blockieren. Aber das kann man auch bei unzähligen anderen Dingen nachweisen, die eigentlich im Sozialismus undenkbar sein müßten. Das Ziel der sozialistischen Ökonomie ist nicht Vermehrung der Produktion, Erhöhung des Konsums, sondern im Gegenteil, Erhöhung der Freizeit, ständiges Herabsetzen der notwendigen Arbeitszeit, Schaffung großer Freiheiten in der Entscheidung über das Leben des einzelnen dadurch, daß man nicht arbeiten *muß*, bis auf ein bestimmtes Minimum, das – je nach Wunsch – zeitlich zusammengedrängt sein kann oder auch auf viele Jahre, auf das ganze Leben verteilt werden kann. Natürlich wird oft gefragt: Werden denn die Menschen mit dieser großen Freiheit etwas anfangen können? Was werden sie tun, wenn sie so viel Zeit haben und sie nicht arbeiten müssen, wenn die Arbeit sich reduziert auf zwei Monate im Jahr oder auf ein paar Stunden am Tag, was machen sie dann? Was sie dann bestimmt nicht machen werden, ist das, was sie im Kapitalismus machen oder was sie jetzt bei uns machen: Zu Hause hocken, ein kleines Häuschen bauen oder mit ihren Freunden trinken und sich betrinken. Ich sage nichts gegen das Vergnügen der Menschen miteinander, auch an Wein und Alkohol, aber es gibt ein viel größeres Vergnügen, dem sich die Menschen dann widmen werden, nämlich etwas zu lernen, die Welt kennenzulernen, ihr Wissen zu vergrößern, Kunst kennenzulernen und verstehen zu lernen oder, was noch weitergeht, sich mit den Kindern zu beschäftigen oder Lehrer zu werden. Die Menschen müssen doch begreifen, daß bisher die Entwicklung jedes Individuums so vom Zufall, fast immer vom unglücklichen Zufall gelenkt wird. In den seltensten Fällen haben die Kinder bei der Entwicklung in ihrer Jugend wirklich Glück, meistens haben sie Unglück. Mit dem Sozialismus könnte eine Zeit anfangen, in der die Kinder mit ihren Eltern und mit der Gesellschaft, in der sie leben, wirklich Glück haben und sich in ihrer Jugend wirklich vorbereiten, diese schöne, große, wunderbare Welt und menschliche Kultur wirklich kennenzulernen.

Ich habe meine Ansichten über die Oktoberrevolution und über den Eurokommunismus in meinen beiden Artikeln, die im «Kursbuch»* einerseits und in der italienischen Zeitschrift «Studii storizi»** (übersetzt von Lombardo Radice) erschienen sind, dargelegt. Ich glaube, daß die Oktoberrevolution nicht das Modell der modernen sozialistischen Revolution ist. Es ist mir vollkommen klar, daß ein ähnlicher Vorgang wie damals in Rußland in modernen westeuropäischen hochentwickelten kapitalistischen Staaten völlig ausgeschlossen ist. Die Oktoberrevolution fand meiner Meinung nach zur falschen Zeit am falschen Ort statt. Das soll nicht heißen, daß man Lenin und die Bolschewiki hätte davon abhalten sollen, diesen Versuch zu unternehmen. Aber auch die Pariser Commune, für die das in noch extremerer Weise galt, fand am falschen Ort und zur falschen Zeit statt. Auch Marx wußte das, er hat aber, weil sie nun einmal zunächst zum Erfolg führte, nämlich zur Errichtung der Kommune, sich ganz auf ihre Seite gestellt, obwohl er von vornherein wußte, daß das nicht die Umwälzung der kapitalistischen Gesellschaft sein konnte. Auch Lenin war sich darüber im klaren, daß die russische Revolution allein niemals ausreichen würde, um den Kapitalismus in der Welt zu überwinden oder einen Staat zu schaffen, der später einmal auf irgendeine Weise den Kapitalismus in der ganzen Welt überwinden würde, ihn gewissermaßen an Leistung und sozialistischer Progressivität übertreffen könnte. Allein die Hoffnung, daß auch in den westeuropäischen höherentwickelten kapitalistischen Ländern die Arbeiterklasse mit der Revolution Ernst machen würde, rechtfertigte sie. Ich glaube, daß überhaupt diese Art von Revolution, wie die Oktoberrevolution, ein Widerspruch in sich ist,

* Robert Havemann: *Volksfront im Westen – Sozialismus im Osten: ein Widerspruch*, in: (51)
** Robert Havemann: *Diktatur oder Demokratie*, in: (46)

nicht nur wegen der vorgefundenen politischen und ökonomischen Verhältnisse in diesen Ländern – weder die Sowjetunion noch das alte Rußland hatten den Entwicklungsgrad erreicht, der nach Marx für die Umwälzung der Gesellschaft Voraussetzung ist. Die Art und Weise der Umwälzung entspricht gar nicht der Konzeption, die sich aus der marxistischen Analyse der Geschichte ergibt. Nach Marx entwickelt sich die zukünftige gesellschaftliche Formation stets schon im Schoße der alten Gesellschaft. Die neue Klasse entwickelt sich dort, und sie erringt auch schon politische Macht, allerdings nur in sehr beschränktem Maße, der ganze Staat, die staatliche Organisation, verbleibt in der alten Form. Der Überbau gerät in immer größeren Widerspruch zur ökonomischen und politischen Entwicklung. So war das bei der Entwicklung der Bourgeoisie und der kapitalistischen Gesellschaftsformation, die sich eben im Schoße des Feudalismus entwickelte. Dieser Prozeß dauerte Jahrhunderte. Die Revolution ist dann der Übergang, die Umwälzung des Überbaus, die Ausschaltung der alten Privilegien der alten Klasse. Es muß auch nicht unbedingt eine Revolution mit Barrikaden und bewaffneten Aufständen sein. Es kann auch ganz friedlich vor sich gehen – mehr oder weniger jedenfalls. Die Revolution ist nicht der Ausgangspunkt der Umwälzung, sondern der Endpunkt. Der Endpunkt der großen Umwälzung, von dem, wenn er einmal erreicht ist, die neue Entwicklung ausgeht.

Ich stelle mir vor, daß das auch genauso für die Entwicklung des Sozialismus gilt. Auch er muß sich im Schoße der kapitalistischen Gesellschaft, der bürgerlichen Gesellschaft, erst entwickeln. Die Arbeiterklasse entwickelt sich, sie verlangt ökonomische und politische Macht, schon lange vor der Revolution. Wir sehen das in den westlichen Ländern, in Frankreich, in Italien und jetzt auch in anderen Ländern, Spanien, Portugal, in England schon seit langer Zeit, aber auch in Nordamerika, wo die Macht der großen Gewerkschaften eine bedeutende Rolle bei den großen Klassenauseinandersetzungen spielt. Schrittweise erobert die neue Klasse, die nicht die Arbeiterklasse im alten Sinne, das «reine Industrieproletariat», ist, sondern weite Schichten der Gesellschaft umfaßt, die man früher mit zum Kleinbürgertum rechnete, immer mehr Machtpositionen. In dem Maße, in dem sich der Kapitalismus in immer größere und schärfere Widersprüche verwickelt, gelangt die Gesellschaft in eine Situation, in der eine entschlossene Lösung der entstandenen Widersprüche eine unaufschiebbare Aufgabe wird. Man kann das heute schon von den kapitalistischen Staaten sagen. In Europa, aber auch in den Vereinigten Staaten verschärfen sich die Widersprüche der kapitalistischen Gesellschaft immer mehr. Der Weltkapitalismus gerät aus seinen Fugen, die Währungskrisen hören nicht auf und werden immer schärfer. Sie zerstören den internationalen Handel und die internationale Arbeitsteilung. Alle Bestrebungen zur Integration kapitalistischer Länder scheitern daran, daß immer das Land mit dem tiefsten Niveau das allgemeine Integrationsniveau definiert und bestimmt. Dazu kommt der Zwang zur ständigen Erweiterung der Produktion und Reproduktion, der Zwang zum Wachstum, der zu immer größeren Widersprüchen führt, die Umweltverschmutzung und Verelendung der Massen in den Steinkästen, die vollkommene Verrohung der politischen Sphäre, der Terrorismus. Man muß bedenken, daß das Bild, das uns dort heute geboten wird, so grauenhaft ist, daß, wie ich glaube, vor 30, 40 Jahren, selbst nach dem furchtbaren Zweiten Weltkrieg, kaum einer das für möglich gehalten hätte. Es kam ja direkt nach dem Zweiten Weltkrieg eine längere Periode scheinbar erfolgreicher, friedlicher und progressiver Entwicklung. Jetzt stolpert der Kapitalismus in seine Schlußphase hinein, ungenügend darauf vorbereitet und unfähig, mit den Problemen wirklich fertig zu werden. In dieser Situation gibt es natürlich keine Revolution nach dem Muster der «guten alten» Oktoberrevolution, sondern es gibt den Zusammenschluß aller Progressiven, aller quasi Linken, obwohl dieser Begriff beinahe schon entwertet ist durch die Ultralinken, die der Bewegung schaden. Es ist der große Kompromiß erforderlich, wie in Italien, der eine Art neue Volksfront ist, aber keine Wiederholung der alten, sondern eine ungeheure Einheit der Bewegung aller produktiven Menschen, aller, die unter den Folgen der kapitalistischen Fehlentwicklung zu leiden haben. Es ist notwendig, die Privilegien der kapitalistischen Gesellschaft aufzulösen, die Demokratie vollständig zu entwickeln, von ihren jetzigen Fesseln zu befreien. Was an Demokratie in den westlichen Ländern vorgeführt wird, ist ja zum großen Teil wirklich nur noch eine Farce. Darum glaube ich, daß die große Umwälzung, die Revolution, die uns in Europa bevorsteht, verhältnismäßig friedlich sein wird: Kein Kampf gegen die Polizei, kein Kampf mit Barrikaden, Bomben, mit Terror, sondern Entscheidungen in den großen parlamentarischen Gremien, in den demokratischen Institutionen, in denen über die Politik, über die Ökonomie, über Lohn und über die Kultur entschieden wird, durch Mehrheitsbeschluß, nach breitester Diskussion in der Öffentlichkeit und nicht mehr hinter verschlossenen Türen wie bisher. Natürlich befinden wir uns auch heute nicht nur in der Gefahr der ökologischen Katastrophe, die etwa von den Zahlen des Berichtes vom Club of Rome angedeutet werden, sondern wir befinden uns nach wie vor auch in der Gefahr des Untergangs in einem Atomkrieg, wobei diese beiden Dinge wahrscheinlich eng zusammenhängen werden. Die ökologische Katastrophe und der Atomkrieg könnten sich gegenseitig bedingen. Solange es diese Waffen gibt, mit denen man die Erde unbewohnbar machen kann, solange leben wir in Gefahr und solange können wir nicht einmal in Ruhe Atomkraftwerke bauen, um unseren Energiebedarf zu sichern, weil eine einzige Atombombe auf ein Atomkraftwerk deren Wirkung verhundertfachen würde und unvorstellbare Katastrophen in Mitteleuropa auslösen könnte. Ein Atomkrieg ist einfach unter den Bedingungen der modernen Industrie, besonders eben auch der Atomtechnik, einfach unmöglich oder tödlich.

Wenn ich sage, daß die Revolution in den westlichen Ländern nicht nach dem Muster der Oktoberrevolution verlaufen wird, sondern im Grunde nach dem Muster, das sich aus der marxistischen Analyse der menschlichen Geschichte ergibt, dann könnte man glauben, daß der Sozialismus eben nicht hier in allen sogenannten sozialistischen Ländern, sondern zuerst in den westlichen Ländern verwirklicht werden wird. Ich glaube, so einfach ist es auch nicht. Ich bin nach wie vor der Meinung, daß ein Staat wie die Deutsche Demokratische Republik historisch weiter vorangeschritten ist als der Westen, weil das Privateigentum aufgehoben ist, das Privateigentum an der Industrie, an den Produktionsmitteln, sogar an Grund und Boden und in der Landwirtschaft. Es sind eigentlich die Produktionsverhältnisse des Kapitalismus so vollständig aufgelöst worden, daß der Übergang zum Sozialismus verhältnismäßig leicht möglich ist. Was allerdings jetzt entstanden ist, sind nicht sozialistische Produktionsverhältnisse, sondern die – wie ich schon sagte – eines staatsmonopolistischen Systems. Aber in dem Maße, wie in den westlichen Ländern die Bewegung des Eurokommunismus Erfolg haben wird, in dem Maße, wie dort auch offen über die Verhältnisse in den sozialistischen Staaten gesprochen werden wird, wie die internationale Diskussion in Gang kommen wird, die nicht an den Grenzen der Länder des real existierenden Sozialismus haltmachen kann, in dem Maße werden beide Entwicklungen sich gegenseitig beeinflussen. Ich bin überzeugt davon, wenn wir hier in der DDR und den anderen Staaten des Ostens uns politisch weiterentwickeln, wenn wir hier freier werden, wenn wir zumindest die Freiheit der Meinungsäußerung hätten, wenn es hier eine breite öffentliche Diskussion geben würde und auch entsprechende Veränderungen, die dann unausweichlich stattfinden in der politischen Sphäre, daß diese Entwicklungen auch wieder eine enorme Wirkung haben würden auf Westeuropa und die westlichen kapitalistischen Staaten überhaupt. Diese zwei Prozesse bilden nach wie vor eine Einheit. Bisher hat sich der sogenannte Sozialismus des Ostens als furchtbarer Bremsklotz und als Hemmnis für die Entwicklung in den kommunistischen Parteien des Westens ausgewirkt. Aber jeder Fortschritt, jede Weiterentwicklung, die Überwindung des Stalinismus hat die Bewegung beflügelt und ihr geholfen. Ich glaube, daß es auch in Zukunft so sein wird, ganz besonders bei dem entscheidenden neuen Schritt, der zu tun ist: die Überwindung der alten kommunistisch-sozialdemokratischen Spaltung, die Überwindung der Spaltung der Arbeiterbewegung in dem allerweitesten Sinne des Wortes, die unbedingt notwendig ist, wenn wir die große vor uns stehende Revolution verwirklichen wollen. Selbstverständlich kann die sozialistische Revolution in den westlichen Staaten niemals vor sich gehen, wenn sie gleichzeitig eine feindselige und aggressive Position gegenüber den Ländern des real existierenden Sozialismus einnimmt. Im Gegenteil, es muß immer trotz aller Schärfe der Kritik an den hiesigen Verhältnissen eine grundlegende Solidarität mit den hiesigen Ländern bestehen und mit den Parteien hier, den ehemaligen kommunistischen Parteien dieser Länder. Es ist ganz klar, daß dieser Prozeß sich als ein einheitlicher Prozeß in ganz Europa, in der ganzen Welt natürlich letzten Endes, vollziehen wird. Hierbei wird der sozialistische Weg der europäischen Staaten in West und Ost auch auf die übrige Welt, ganz besonders auf die Entwicklungsländer, die ehemaligen Kolonien, eine sehr nachhaltige Wirkung ausüben. Dieser Prozeß – so wie ich meine – hängt zusammen mit der Entwicklung des real existierenden Sozialismus und Eurokommunismus und Eurosozialismus, weil jeweils das eine das andere befördert oder behindert.

Darum ist es so unbedingt notwendig, daß wir hierbleiben in der DDR, daß wir, die wir die Zusammenhänge unserer Gesellschaft analysieren und anfangen, sie zu begreifen, nicht in den Westen gehen. Darum ist es so wichtig, daß ein Mann wie Rudolf Bahro hierbleibt und daß die anderen Wissenschaftler, Künstler und Dichter der DDR nicht gleich bei jeder Gelegenheit, wenn ihnen irgend etwas nicht gefällt oder sie mit irgendwelchen Schwierigkeiten zu rechnen haben, einen Antrag auf Ausreise stellen, sondern daß sie hierbleiben. Es hat keinen Zweck, die DDR von allen Intellektuellen und allen politischen Potenzen zu entblößen, die sie so unbedingt braucht und von denen sie schon so viele verloren hat.

Ein Wort noch zu Bahro: Ich habe mich natürlich von Anfang an für seine Schriften sehr interessiert, und es war mir eine große Freude, zu hören und zu sehen, daß hier ein Kommunist in der DDR lebte, den niemand kannte und der sich so ernste und so bedeutsame Gedanken gemacht hat über diesen Staat und über die Politik der Kommunisten in der DDR. Ich stimme auch mit sehr vielen seiner Positionen völlig überein und habe ganz ähnliche oder gleiche Meinungen schon seit längerem vertreten. Besonders die Frage der Erklärung der stalinistischen Verzerrung und Auflösung der sozialistischen Ideen in diesen Ländern kann man nicht aus irgendwelchen Fehlern herleiten, aus Dummheiten oder Sonderinteressen einzelner Gruppen. Wir Kommunisten sind gezwungen, unsere eigene Geschichte, die wir selbst gemacht haben, auch mit dem Seziermesser des Marxismus zu analysieren, wenn wir sie verstehen wollen. Es ist nicht einfach eine Frage der moralischen Diskriminierung und Disqualifizierung, mit der Frage dieser abscheulichen Fehlentwicklung fertig zu werden, sondern man muß aus ihr lernen, man muß begreifen, auf welche Weise sie entstanden ist und wie sie sich beinahe konsequent von Schritt zu Schritt weiterentwickelt hat. Wenn wir das nicht tun, wenn wir dazu nicht bereit sind, verlieren wir auch gegenüber all denen die Glaubwürdigkeit, die sagen: «Die haben vielleicht die gute Absicht, aber die werden ganz genau in die gleiche Entwicklung hineinstolpern wie ihre vielleicht nicht weniger wohlmeinenden Vorgänger.»

Im einzelnen würde ich natürlich brennend gern mit Bahro über viele seiner Ideen diskutieren. Ich unterscheide mich vielleicht von ihm dadurch, daß ich seinen Begriff der «Subalternität» der Massen, wie sie sich in dieser Gesellschaft entwickelt, aber nicht nur in unserer, sondern natürlich auch ganz besonders in der kapitalistischen, daß ich diesen Begriff in *der* Form nicht für glücklich halte. Er meint ungefähr, daß die Subalternität aus der mangelnden Kenntnis hervorgeht und daß man wegen der Kompliziertheit der modernen Gesellschaften und ihrer inneren Beziehung und Strukturen verlangen muß, daß alle Menschen eine Hochschulbildung, eine universitäre Ausbildung genießen müssen, daß sie sich gewissermaßen auch intellektuell auf die Höhe der Probleme erheben können, die die Zeit aufgeworfen hat. Ich glaube, darin liegt ein Fehler. Die Aufgabe besteht nicht darin, den Massen einen Vorwurf zu machen, daß sie sich nicht genügend für die wissenschaftlichen Zusammenhänge interessieren. Ich glaube eher, es gibt bisher keine Lehrer, die in der Lage waren, die Massen zu unterrichten, ihnen die Zusammenhänge auf einfache, anschauliche und direkte Weise klarzumachen; das ist eine der wichtigsten Aufgaben der Kommunisten.

Überhaupt, diejenigen, die eine solche sozialistische und kommunistische Gesellschaft entwickeln wollen, müssen sich selber über die Zusammenhänge klarwerden und damit gleichzeitig auch anderen die Zusammenhänge erklären. Man macht sich eine Frage, ein Problem am besten dadurch klar, daß man versucht, das, was man von diesem Problem schon begriffen hat, anderen Leuten, die davon weniger oder gar nichts wissen, möglichst einfach und plastisch zu erklären. Das ist die Form, wie man verallgemeinern muß. Verallgemeinern heißt ja nicht nur, daß man vom Einzelnen und Unwesentlichen und den komplizierten Details absieht, nur die Hauptlinien betrachtet, sondern verallgemeinern heißt auch, es einer Allgemeinheit zugänglich zu machen, das Bild der Gesellschaft und des Lebens und der Politik so darzustellen, daß es mit einemmal sichtbar wird und nicht nur seine Umrisse, sondern auch seine ganze Gestalt aus dem Wirrwarr der Erscheinungen hervortreten kann und den Menschen die Wirklichkeit, die ihrem Wesen nach so verwirrend ist, entwirrt wird. Es ist also nicht eine Hebung des gesamten Wissens und intellektuellen Niveaus der Massen gewissermaßen auf die Stufe von Hochschulkadern notwendig. Es ist auch nicht richtig, daß Hochschulkader diese Aufgabe haben. Es ist doch bekannt, daß keineswegs von den

Hochschulleuten, die die wissenschaftliche Bildung genossen haben, die den Marxismus an unseren Universitäten endlos studieren mußten und studiert haben, gerade die großen Einsichten kamen. Im Gegenteil, die Austrocknung dieser Gehirne an den Hochschulen ist ja erschreckend und oft viel schlimmer als die eines einfachen Arbeiters, der einfach grobe Fragen stellt, wenn ihm etwas nicht paßt, und damit den Nagel auf den Kopf trifft, wenn er trifft, während so ein intellektueller Unterprofessor oder Oberassistent den Wald vor Bäumen nicht sieht und zumindest es nicht wagt, überhaupt einen Gedanken zu fassen, weil er die schlechtesten Erfahrungen gemacht hat, von seinem Gehirn Gebrauch zu machen.

Ich glaube also, die Subalternität liegt nicht bei den Massen, sondern sie liegt bei uns, die wir nicht in der Lage sind, die Zusammenhänge der Zeit und Gesellschaft richtig zu erkennen, und nicht in der Lage sind, diese Erkenntnisse, wenn wir sie schon gewinnen, auch zu verallgemeinern, also auch anderen Menschen zugänglich zu machen. Die populärwissenschaftliche Erläuterung der gar nicht so komplizierten Zusammenhänge ist die Hauptaufgabe der politischen Wissenschaftler des Marxismus. Damit wird ihre Arbeit politisch und nicht nur wissenschaftlich und erhebt sich über die einfache Interpretation zur Aktion. Dann kann man sagen, die Leute haben nicht nur die Welt verschieden interpretiert, sondern sie haben sie auch verändert und haben die Ideen, von denen Marx sagt, wenn sie die Massen ergreifen, dann werden sie zur materiellen Gewalt, so weit gebracht, daß sie von den Massen ergriffen werden können. Das müssen wir erreichen, daß die Ideen zur materiellen Gewalt werden.

Bahros Analyse der ökonomischen Struktur des real existierenden Sozialismus ist hochinteressant und trifft in ganz entscheidenden Punkten das Wesentliche, glaube ich. Es ist auch für uns von Bedeutung und von großem Wert und sehr lehrreich, mit diesen Ideen und Erkenntnissen konfrontiert zu werden.

Es gibt vielleicht eine Seite, die in seinen Betrachtungen etwas zu kurz kommt, nämlich die Rolle der Scharlatane in dieser Gesellschaft. Eben weil die demokratische Kontrolle fehlt, ist es so leicht, an die Spitze eines größeren Industriekombinates zu kommen oder in eine leitende Funktion in der Wirtschaft. Es ist ja nicht unbedingt erforderlich, daß man von der Sache viel versteht. Diejenigen, die dem jeweils Oberen und Vorgesetzten nach dem Munde reden, die sich als geschickte Vertuscher der Fehler erweisen, die diese Oberen begangen haben und begehen, haben die größten Chancen. Dafür gibt es genug Beispiele.

Das eklatanteste aller Beispiele für das Funktionieren dieses Vorgangs ist der berüchtigte sowjetische Biologe Lyssenko. Wir haben in der DDR ganz ähnliche Leute, die im Grunde als Wissenschaftler nichts taugen und verhältnismäßg bedeutungslos waren und auch bleiben werden, international keinerlei Ansehen genießen, z. B. ehemalige Nazis, die eben in der faschistischen Ära nach dem gleichen Prinzip gearbeitet und nur den Herren Goebbels und Göring und Hitler nach dem Munde geredet haben, um als große Wissenschaftler gefeiert zu werden. Diese Leute laufen bei uns massenhaft herum und besetzen die Schlüsselstellungen in der Industrie und der Wirtschaft und machen dadurch denjenigen, die wirklich Interesse an den Gegenständen, an der Arbeit, an der Sache haben und die etwas davon verstehen, die etwas gelernt haben, das Leben schwer und entmutigen sie und bringen sie dazu, daß sie bei irgendeiner Gelegenheit dann doch Hals über Kopf in den Westen fliehen. Dort wissen sie, daß ihre hohe Qualifikation sofort praktisch angewendet wird, aber eben für den Kapitalismus. Da sie aber schon längst jeden Glauben an den Sozialismus hier gründlich ausgetrieben bekommen haben, ist ihnen das auch gar nicht problematisch, und sie sagen sich: «Die Leute, die wenigstens von meinen Kenntnissen Gebrauch machen können, sind für mich ja wertvoller als die, denen gegenüber ich ständig in Furcht leben muß, ob nicht irgendein Scharlatan mir die

Stellung verdirbt und mich davonjagt.» Es gibt so viele Beispiele in der DDR von bedeutenden Fachleuten und Wissenschaftlern, die von irgendwelchen Scharlatanen und Nichtskönnern an die Wand gedrückt und herausgeekelt worden sind und die wir verloren haben, die jetzt im Westen ganz hervorragende Stellungen haben und große wissenschaftliche und technische Leistungen vollbringen.

Um es noch einmal zu sagen, die Hochschulbildung ist eine wichtige Aufgabe für die Entwicklung von qualifizierten Fachleuten auf allen Gebieten, denn unsere moderne Industrie und Landwirtschaft erfordert die Anwendung komplizierter und äußert raffinierter wissenschaftlich ausgearbeiteter Methoden und erfordert auch das Zusammenwirken von Wissenschaftlern verschiedener Disziplinen, was man «teamwork» nennt. Das sind Sachen, die an die Hochschulen und Universitäten gehören, die politische Bildung dagegen hat an den Hochschulen gar nichts zu suchen. Das führt immer nur zur Entwicklung einer Staatsräson-Philosophie hier bei uns, wo Menschen nur zur Heuchelei erzogen werden. Der Hochschullehrer kann natürlich seine persönlichen Ansichten über Philosophie und Psychologie äußern. Aber wenn man glaubt, daß die politische Erziehung im allgemeinen, die im Interesse der kommunistischen Partei oder der Arbeiterbewegung liegt, an einer Universität von Professoren vom Katheder herab mit viel wissenschaftlichem Schmock verbreitet werden muß, dann ist das eine Täuschung, eine Illusion. So etwas hat da gar nichts zu suchen. Im Gegenteil, die Hochschulen müssen vollkommen befreit werden von jeder Art von Vormundschaft, von diesen bezahlten Ideologen, die wir ja hier in der DDR zur Genüge auf Kosten der Werktätigen unterhalten.

Diese Leute brauchen gar nicht erst ihren Mund aufzumachen, man weiß vorher schon, was herauskommen wird. Damit will ich natürlich nicht sagen, daß wissenschaftliche Forschung auf dem Gebiet der Ökonomie und auch auf dem Gebiet der Geschichte, der Philosophie oder der Kultur ganz allgemein nicht notwendig sei. Auch das kann an den Hochschulen gelehrt werden, muß auch selbstverständlich gelehrt werden. Alle wissenschaftlichen Disziplinen müssen sich frei entfalten können, aber es darf nicht politische Erziehung an den Hochschulen betrieben werden, die hat da nichts zu suchen. Politische Erziehung ist eine Frage der politischen Bewegung. Wieweit diese Bewegung existiert, in Gang kommt und Kraft hat, betrifft die Gesamtheit der Bevölkerung, die Massen im Ganzen, und nicht nur die Studenten an der Universität, selbst wenn sie noch so viele sind und wenn die Universität auch Kurse für breite Massen veranstalten sollte. Der Staat hat da nichts zu suchen. Der Staat muß sich freihalten von jeder ideologischen Bevormundung seiner Bürger, so wie das die italienischen Kommunisten heute auch ganz klar und deutlich vertreten.

In diesem Zusammenhang noch einmal zu Bahro: Natürlich bin auch ich sehr dafür, wenn die bisherige SED aufgelöst wird und wir einen Bund der Kommunisten gründen; ob diese Bezeichnung die glücklichste ist, ist eine andere Frage, aber was Bahro meint, ist natürlich richtig, aber das sind wirklich Wunschträume – gemessen an der gegenwärtigen Wirklichkeit. Bevor man diese Forderung auf die Tagesordnung setzen kann, ist noch unheimlich viel zu tun. Heute brauchen wir eine Politik der «kleinen Schritte».

Erstens muß man erreichen, daß in den bestehenden Einrichtungen und Organisationen freimütigere Formen der Diskussion stattfinden: in der SED, im FDGB, in den Betrieben, im Kulturbund, in den Verbänden der Schriftsteller und Künstler; *zweitens* müssen in der Presse Artikel erscheinen können, die zu zentralen Fragen der Zeit Stellung nehmen, nicht vom Standpunkt irgendwelcher Beschlüsse des Politbüros, sondern die eigenen Meinungen der Autoren zum Ausdruck bringen; *drittens* wäre das Erscheinen einer selbständigen und unabhängigen Literaturzeitschrift z. B. ein ungeheurer Fortschritt. Eine Zeitschrift, die von Leuten gemacht und geleitet wird, die nicht das ZK der SED ausgesucht hat, sondern vielleicht von den Verbänden selbst bestimmt werden und die nachweislich aus eigener Initiative schon ausgewiesen sind, eben solche Schriftsteller, wie die, die gegen die Ausbürgerung Biermanns protestierten. Leute, die in der Öffentlichkeit als unabhängig gelten *können* und es dann eben auch in ihrer Zeitschrift bewahrheiten können. *Viertens* wäre es gut, wenn vielleicht eine von der Partei unabhängige Zeitung gestattet würde. Es ist ja nicht unvorstellbar, so etwas zu machen. Eine Zeitung, die sich auch auf ganz bestimmte Leute mit politischem Profil und politischem Ausweis stützt und mit deren Artikeln und Meinungen die Partei gezwungen wäre, sich sehr entschieden auseinanderzusetzen. Auch wäre es *fünftens* gut, wenn in der Volkskammer ein anderer Verhandlungsstil eingeführt wird, wie es früher unter Dieckmann sogar einmal versucht wurde, bei dem die Abgeordneten nicht mehr alles von fertigen Manuskripten ablesen, die vorher geprüft und genehmigt wurden, sondern in freier Rede sprechen, in der ein Abgeordneter wirklich seine Meinung ungeniert und offen aussprechen kann, ohne dafür bestraft zu werden. Von den Abgeordneten, die es jetzt in der Volkskammer gibt, braucht man doch nicht zu befürchten, daß sie irgendwelche schlimmen und feindseligen Dinge sagen. Aber man soll ihnen doch wenigstens gestatten, ganz kleine Schritte selbständiger Denkprozesse vorzuführen und damit dem Parlament Würde und Ansehen zu verleihen.

Es gehört aber einfach von seiten der Herrschenden Mut dazu. Ich glaube, sie könnten sich mit Ruhm bedecken, sie könnten sogar populär werden, wenn sie eine solche Politik machen würden. Sie brauchten nicht um ihre Stellung zu fürchten, was sie jetzt zweifellos tun und auch mit Recht. Niemals war die Stellung unserer Herrschenden so unsicher und so bedroht und so im Widerspruch zur allgemeinen öffentlichen Meinung wie heute.

Der Staat, auch der von den Kommunisten mitverantwortete und geleitete moderne sozialistische Staat, ist frei von jeder Staatsideologie und läßt allen Menschen völlige Freiheit in bezug auf das, was sie denken, was sie schön finden, woran sie glauben, woran sie nicht glauben. Er fördert die freie Entfaltung aller Ideen, aller Denkweisen, auch damit sie sich untereinander messen können, damit sie in Streit miteinander liegen können, in einem freundlichen, produktiven, schöpferischen Streit, durch den sich die menschliche Kultur entwickelt und immer in allen Zeiten entwickelt hat. Selbst wenn der Streit unfreundlich und der Staat immer auf der Seite der Rückständigen war, entstand der große Streit, und der brachte das Neue, das Interessante und die neuen Ideen hervor und setzte sie auch durch, von Giordano Bruno, Galilei bis Einstein und Heisenberg.

Ich halte es auch für wichtig, daß wir uns über die Ziele klarwerden, was für eine Art von Leben der Sozialismus zum Unterschied von dem untergehenden Kapitalismus verspricht, wonach er strebt, was sein wirkliches Streben ist.

1. Ist ein ganz bestimmtes materielles Lebensniveau, ein bestimmter Lebensstandard für alle – also eine bestimmte technisch-ökonomische Stufe unbedingte Voraussetzung für den Kommunismus? Was heißt überhaupt Kommunismus? Ich glaube nicht, daß man den Kommunismus oder wie wir unsere zukünftige, anzustrebende Gesellschaftsordnung auch nennen wollen, dadurch definieren kann, daß jeder Mann einen elektrischen Rasierapparat haben muß, die Frau einen elektrischen Haarondulierer oder jeder einen Fernsehapparat, ein Auto oder ein Motorrad oder ein Motorboot oder ein Häuschen im Walde haben muß usw. usw.

Ich glaube, mit solchen technisch-ökonomischen Reichtumsdefinitionen, die alle nur relativ sind und die immer noch Armut darstellen, verglichen mit dem Reichtum, den sich die Reichen auch heute in aller Welt verschaffen, kommt man nicht weiter. Mit solchen Reichtumsdefinitionen kann man niemals den Kommunismus definieren. Ich finde, die wesentlichen Voraussetzungen für den Kommunismus sind erst einmal, daß es keine privilegierten Leute geben darf. Es darf nicht Leute geben, die zehnmal oder hundertmal soviel Mittel, materielle und andere, geistige auch, zur Verfügung haben als jeder andere Mensch. Es darf keinerlei privilegierte Personen, privilegierte Schichten und Gruppen geben, sondern es müssen alle Leute, alle Menschen vollständig gleiche Möglichkeiten, die gleichen Chancen haben, untereinander gleich sein. Das ist Kommunismus. Communis heißt eben gleich sein.

2. Es ist notwendig, daß das nicht ein Kommunismus der Not und des Elends ist. Das Leben jedes Menschen muß gesichert sein: seine Ernährung, sein Leben, sein Wohnen, sein Schlafen, seine Kleidung, die Pflege seiner Gesundheit. Er darf nicht in Not geraten, durch Krankheit nicht mehr, als man durch die Krankheit an sich zu leiden hat. Es muß eine vollkommene soziale Sicherheit für jedes Individuum, für jedes Mitglied der Gesellschaft geben. Das ist die zweite entscheidende Voraussetzung.

3. Die einzelnen Individuen müssen in bezug auf die Freiheit ihrer Entscheidungen gleich sein.

Sie müssen die Freiheit haben, sich hinzubegeben, wohin sie wollen, den Ort zu wechseln, das Land zu wechseln, Reisen zu machen, den Arbeitsplatz, den Gegenstand ihres Interesses nach ihrem Geschmack und ihren Wünschen auszusuchen, so daß sie nicht von irgendeiner höheren, mächtigeren Instanz dirigiert werden können, die ihnen etwas aufzwingt, was sie nicht wollen.

4. Was ich für ganz entscheidend halte, ist, daß alle Menschen Zugang zu den großen kulturellen Werten der Menschheit bekommen, Interesse dafür zeigen, daß in der Gesellschaft Gruppen existieren, die sich aktiv darum bemühen, das Interesse für Malerei, Baukunst und Musik zu kultivieren und zu wecken, die Menschen zu befreien von der Sklaverei durch diese billige, kitschige Musik und kitschige Bilderwelt, durch die primitive Krimiatmosphäre; damit sie endlich entdecken, daß es einen so ungeheuren Reichtum an großartiger Literatur und geistiger Schönheit gibt und auch tiefer Weisheit und die großen Philosophen der Vergangenheit aller Länder kennenlernen; das alles muß immer mehr zum Mittelpunkt des gesellschaftlichen Lebens werden, etwas, wofür man sich interessiert, und damit beginnt dann auch gleichzeitig die Hauptfunktion einer sich immer freier entwickelnden kommunistischen Gesellschaft, nämlich die Erziehung der Kinder, das Heranbilden des jungen Menschen und

die Sorge dafür, daß er von vornherein nicht kaputtgemacht wird, sondern all seine großen Fähigkeiten sich frei entfalten können. Ich glaube, wenn man sich eine Welt vorstellt ohne Rüstung und ohne die unsinnige Verschwendung des Kapitalismus, dann wäre ein solcher Kommunismus für alle Menschen bereits längst realisierbar. In der ganzen Welt wäre, rein materiell gesehen, die Verwirklichung dieser einfachen Grundprinzipien möglich. Schnell würden wir den Luxus der Ausbeuter als eine lächerliche Last betrachten und diejenigen, die ihre Sklaven waren, letzten Endes verachten.

Ich glaube, daß die Ausarbeitung einer solchen kommunistischen Utopie eine wichtige Aufgabe unserer Zeit ist. Ich beschäftige mich seit langem mit dieser Frage. Ich glaube, man muß neue Zielvorstellungen entwickeln, bevor man sich einig wird über den Weg dahin. Der Sozialismus ist ein Weg zum Ziel, dies Ziel ist natürlich phantastisch und großartig und utopisch. Es ist auch, wie jede Utopie, die Form, in der wir uns die Überwindung all der Unmenschlichkeit vorstellen, unter der wir heute zu leiden haben. Dadurch ist auch unsere Utopie immer einseitig und geprägt durch die Jämmerlichkeiten unseres gegenwärtigen Lebens. Auf dem Wege zu diesem Ziel liegen ungeheure Gefahren, weil doch natürlich die Mächtigen dieser Welt nicht freiwillig und nicht so leicht aus ihren Machtpositionen weichen werden, sondern letzten Endes den Wahnsinn begehen, das Leben der ganzen Menschheit in Frage zu stellen, nur damit – wie sie meinen – ihr einzig richtiger Weg weitergehen kann. Es ist Wahnsinn, daß der moderne Kapitalismus nicht anders existieren kann, als durch ununterbrochenes Wachstum seiner Produktion, durch immer neue Verschwendung von menschlicher Arbeit und menschlicher Intelligenz für sinnlose Zwecke. Es ist doch sinnlos, wenn man bedenkt, daß in hundert Jahren sich der Energieverbrauch und die Energieproduktion vertausendfacht. Das ist eine Sache, die nicht geht, die nicht auf die Dauer so durchzuführen ist, die einfach zu einer Katastrophe führen muß.

Der größte Wahnsinn ist natürlich die Rüstung, die Atombom-

ben, die Wasserstoffbomben, die vielen entsetzlichen Massenver-
nichtungsmittel, die immer wieder weiterentwickelt werden, mit
denen sich die Großmächte gegenseitig belauern und ehrlich
glauben, daß der andere über sie herfallen wird, wenn er durch
irgendeinen Vorsprung technischer Art darin eine Chance sehen
könnte. Dann taucht die Frage auf, ob man jetzt durch einen
Präventivschlag kontern muß, um zu verhindern, daß die andere
Seite einen momentanen Vorteil ausnutzen kann. In dieser
schrecklichen Lage der völligen Ungewißheit über die Entscheidungen einiger weniger, sehr beschränkter und sehr kurzsichtig
denkender Leute leben wir, lebt die ganze Menschheit. Nie in der
ganzen Vergangenheit gab es überhaupt eine ähnliche Situation,
daß sich die Bewohner dieses Planeten in der perfektesten Weise
darauf vorbereitet haben, sich selbst den totalen Garaus zu machen.

Aus: Robert Havemann – ein deutscher Kommunist, Reinbek (Rowohlt 1978)

ZEHN THESEN
ZUM 30. JAHRESTAG DER DDR

1

In den seit ihrer Gründung vergangenen 30 Jahren hat die DDR viele materielle und politische Folgen des Zweiten Weltkrieges überwunden. Durch den Aufbau einer leistungsfähigen, modernen Industrie und durch erhebliche Verbesserungen auf dem Gebiet der Landwirtschaft wurden die materiellen Grundlagen geschaffen, die die Voraussetzung für die schrittweise Entwicklung einer freien sozialistischen Gesellschaftsordnung sind. Im Gegensatz zur BRD hat es in der DDR keine Restauration der alten Klassenherrschaft gegeben. Diese Herrschaft ist hier nach dem Sieg der Alliierten über die Hitler-Diktatur im Jahre 1945 endgültig beseitigt worden, und zwar damals mit Zustimmung der überwältigenden Mehrheit des Volkes. Durch die Aufhebung des Privateigentums an den Produktionsmitteln wurde dem Kapitalismus die materielle Basis entzogen und die entscheidende Grundlage für die Entwicklung der Produktionsverhältnisse des Sozialismus geschaffen.

2

Der Wiederaufbau des vom Krieg verwüsteten Landes hat von den Arbeitern und Bauern schwere Opfer gefordert. Er wurde von den westdeutschen und multinationalen Konzernen, die immer noch darauf hoffen, die DDR in ihrem Sinne zu befreien, mit allen möglichen wirtschaftlichen und politischen Mitteln erschwert und behindert. Aber das Streben der Völker nach Sicherheit und friedlicher Zusammenarbeit hat sich als stärker erwiesen. Eine wichtige Etappe auf diesem Weg war die internationale Anerkennung der DDR und die Aufnahme der beiden deutschen Staaten in die UNO und die Konferenz für Sicherheit und Zusammenarbeit in Europa (KSZE) in Helsinki, deren Schlußakte das Programm eines allgemeinen Friedens und der Wahrung der Menschenrechte ist.

3

Aber die wirtschaftliche und politische Entwicklung der DDR wurde nicht nur von außen und nicht nur von den westdeutschen und den internationalen Gegnern des Sozialismus behindert. Der Stalinismus – ein gebräuchliches, aber irreführendes Wort für die Diktatur des Parteiapparats – war in der Sowjetunion und demzufolge auch in den von ihren Truppen besetzten Ländern noch bis zum Jahre 1956 in voller Blüte. Zwar wurde auf dem XX. Parteitag der KPdSU mit den schlimmsten Verbrechen dieser tragischen Periode abgerechnet. Aber die Diktatur des zentralen Parteiapparats, der keiner demokratischen Kontrolle unterliegt, dauert in den Ländern des realen Sozialismus an bis auf den heutigen Tag.

4

Noch im Jahre 1968 – also neunzehn Jahre nach Gründung der DDR – wurden wichtige Grundrechte, die in ihrer Verfassung garantiert waren, in einer neuen Verfassung aufgehoben, so das Streikrecht und das Recht auf ein unabhängiges Gericht, vor dem der Bürger Klage gegen Maßnahmen der Organe des Staates führen kann. In der neuen Verfassung erscheint auch zum erstenmal ein Passus, in dem die Partei als die führende Kraft und Grundlage des Staates bezeichnet wird. Es heißt in Artikel 1: «Die Deutsche Demokratische Republik ist ein sozialistischer Staat der Arbeiter und Bauern. Sie ist die politische Organisation der Werktätigen in Stadt und Land unter Führung der Arbeiterklasse und ihrer marxistisch-leninistischen Partei.» Damit ist die Stellung der Partei im Staat als entscheidende politische Instanz nun auch durch die Verfassung definiert. Die SED ist damit die Staatspartei. In die neue Verfassung wurde zwar der Artikel 27 der alten über die Freiheit der Meinungsäußerung in seinem vollen Wortlaut übernommen. Er lautet: «1. Jeder Bürger der DDR hat das Recht, den Grundsätzen dieser Verfassung gemäß seine Meinung frei und öffentlich zu äußern. Dieses Recht wird durch kein Dienst- oder Arbeitsverhältnis beschränkt. Niemand darf benachteiligt werden, wenn er von diesem Recht Gebrauch macht. 2. Die Freiheit der Presse, des Rundfunks und des Fernsehens ist gewährleistet.» Aber in dem im Juni dieses Jahres noch verschärften Paragraphen 106 des Strafgesetzbuches über die «staatsfeindliche Hetze» wird der Artikel 27 praktisch außer Kraft gesetzt. Jede «Diskriminierung» der gesellschaftlichen Verhältnisse wird mit Freiheitsstrafen bis zu zehn Jahren bedroht. Aus der Praxis der Gerichte geht hervor, daß unter «Diskriminierung» nahezu jede Kritik an der Politik der Partei und der Regierung verstanden wird, also gerade das, was in aller Welt unter der Freiheit der Meinungsäußerung verstanden wird. «Freiheit ist die Freiheit der Andersdenkenden», hat es Rosa Luxemburg ausgedrückt. Das 3. Strafrechtsänderungsgesetz vom Juni dieses Jahres enthält darüber hinaus noch eine Unzahl von Bestimmungen, durch die fast alle bisher noch bestehenden Möglichkeiten des öffentlichen Andersdenkens mit harten Strafen bedroht werden.

5

Es ist sehr schwer abzuschätzen, wie groß in der DDR heute die Zahl derer ist, die sich auch bei uns wieder nach der Restauration der alten Klassenherrschaft sehnen und das kapitalistische System der BRD dem realen Sozialismus vorziehen. Die Unterdrückung jeder von den Organen der Partei und des Staates unabhängigen Kritik, die Maßregelung kritischer Schriftsteller, die Nichtzulassung einer Opposition in der Volkskammer, das

Nichtbestehen auch nur eines einzigen kritischen und unabhängigen Presseorgans, die Bedingungen, unter denen die Kandidaten für die Volksvertretungen nominiert und gewählt werden, das praktisch (außer für Rentner und eine beschränkte Zahl von Privilegierten und Funktionären) bestehende «Westreise»-Verbot – all dies und mehr rufen den Eindruck hervor, daß die Partei- und Staatsführung der DDR die Zahl ihrer Gegner für groß und bedrohlich hält. Nach wie vor hält man die «Mauer» geschlossen. Das Mißtrauen, es könnte sonst wieder zu einer Massenflucht kommen wie 1961, ist groß.

6

Es ist ganz offensichtlich, daß alle diese Repressionen und Freiheitsbeschränkungen das Gegenteil dessen bewirken, was mit ihnen erreicht werden soll. Sie sollen der Sicherheit des Staates dienen, sind aber tatsächlich die Hauptursachen der zunehmenden Staatsunsicherheit. Unter solchen Bedingungen muß schließlich auch der letzte Rest des Vertrauens zwischen Bürgern und Staat dahinschwinden, und zwar von beiden Seiten. «Schenkst du kein Vertrauen, so findest du kein Vertrauen», heißt es bei dem chinesischen Weisen Lao Tse, der vor zweieinhalb Jahrtausenden lebte. Vertrauen der Bürger zu ihrem Staat ist aber das wertvollste politische Gut. Auf ihm beruht nicht nur seine innere, sondern auch seine äußere Sicherheit, ohne die kein Staat auf die Dauer leben kann. Denn vom Vertrauen seiner Bürger hängt auch das Vertrauen ab, das befreundete und verbündete Staaten ihm entgegenbringen.

7

Das politische System, das in der DDR wie auch in einigen osteuropäischen Staaten besteht, bezeichnet sich selbst als «realen Sozialismus». Damit will man sagen, daß es einen «idealen Sozialismus» nur in den Träumen sektiererischer Utopisten gibt, nicht aber in der Wirklichkeit. Wer sich diesen Träumen hingibt und auf diese Weise seine Unzufriedenheit mit dem real existierenden

Sozialismus zum Ausdruck bringt, heißt es, hilft nur den Gegnern des Sozialismus. Aber in der Geringschätzung und Verdächtigung der Träume von einem idealen Sozialismus sind sich gerade die Gegner und Feinde des Sozialismus mit den Ideologen des realen Sozialismus völlig einig. Sie lachen über die Einfältigen, die glauben, Sozialismus sei möglich ohne Unterdrückung der Andersdenkenden, ohne Polizeisystem und Mauer. Entweder Freiheit oder Sozialismus, sagen sie, aber niemals beides zugleich. Und ihr Beweis für diese Behauptung ist der reale Sozialismus.

8

Die kommunistischen Parteien in Westeuropa, die eine neue politische Linie entwickelt haben, die man den Eurokommunismus nennt, befinden sich angesichts der sich verschärfenden Spannungen in den Ländern des realen Sozialismus, besonders nach der gewaltsamen Beendigung des «Prager Frühlings» im Jahre 1968, in einer schwierigen Lage. Einerseits müssen sie glaubhaft machen, daß der Sozialismus, den sie erstrebten, alle bisher errungenen Freiheiten aufrechterhält, ja sogar erst endgültig sichert: die Freiheit der Meinungsäußerung, die Pressefreiheit, die Nichtparteinahme des Staates in Fragen der Weltanschauung und des Glaubens, die Versammlungs- und Koalitionsfreiheit, das Recht auf Freizügigkeit und freie Wahl des Arbeitsplatzes einschließlich des Rechts auf Auswanderung, das Streikrecht, die Gleichheit aller Bürger vor dem Gesetz und die Aufhebung jeglicher Art von Privilegien. Aber indem sie dieses Bild eines freiheitlichen Sozialismus entwerfen, nehmen sie genau die Positionen ein, die von den Ideologen des realen Sozialismus als linkssektiererische, kleinbürgerliche, utopistische und illusionäre Träumereien verhöhnt und darüber hinaus verdächtigt werden, bewußt oder unbewußt den Interessen des Klassenfeindes zu dienen. Tagtäglich bekommen sie diese Vorwürfe und Verdächtigungen außerdem in der reaktionären bürgerlichen Presse und den Massenmedien zu hören, die behaupten, daß ihr schöner freier Sozialismus nur erfunden wurde, um die Volksmassen zu betrügen. So sind die Eurokommunisten gezwungen, sich offen von den politischen Verhältnissen des realen Sozialismus zu distanzieren. Aber andererseits müssen sie sich auch mit ihren Genossen im realen Sozialismus identifizieren und solidarisieren, indem sie anerkennen, daß mit der Aufhebung des Privateigentums an den Produktionsmitteln ein erster entscheidender Schritt getan ist, der zum Sozialismus führt. Sie müssen auch auf andere wichtige Errungenschaften hinweisen, die Sicherheit des Arbeitsplatzes, die große Stabilität der Preise, die großen Leistungen für die Hebung des Bildungsstandes und des kulturellen Niveaus, die vorbildliche Organisation des Gesundheitswesens u. v. m., die alle nur möglich waren, weil die Interessen privater Eigentümer in der Volkswirtschaft endgültig ausgeschaltet wurden.

9

Die Deutsche Demokratische Republik ist auf dem Weg in die Zukunft, die Sozialismus heißt, der westdeutschen Bundesrepublik und den anderen westeuropäischen Industriestaaten weit voraus. Wenn wir hier endlich damit beginnen, den Sozialismus aufzubauen, von dem unsere eurokommunistischen Genossen träumen, so daß sie nicht mehr gezwungen sein werden, sich von unserem Sozialismus zu distanzieren, dann könnte die DDR gemeinsam mit den anderen sozialistischen Ländern zur Schrittmacherin der großen sozialistischen Wende in Europa werden. Wir müssen nur den längst fälligen zweiten Schritt tun, den Schritt in die Demokratie durch Aufhebung der unkontrollierten Herrschaft des Parteiapparats. Wir werden zwar den Partei- wie auch den Staatsapparat noch eine ganze Weile brauchen und mit allen seinen unvermeidlichen Mängeln und Widersprüchen ertragen müssen. Denn das Absterben des Staates ist ein langwieriger Prozeß. Aber er kann sich nur vollziehen, wenn jede Form willkürlicher Herrschaft durch breite demokratische Kontrolle gezügelt und im Keim erstickt wird. Unter den gegenwärtigen Bedingungen stirbt der Staat nicht ab. Im Gegenteil, er wächst und nimmt von allem Besitz, ist überall, wachsam hört er alles, sieht alles und registriert es in geheimen elektronischen Datenbanken. Er beschwört in unseren Ängsten die gespenstische Welt herauf, die Orwell in seinem Buch «1984» beschrieben hat.

10

Der Kapitalismus ist in seine Endphase eingetreten. Bald wird es für ihn keine friedliche Lösung seiner Probleme mehr geben. Inflation, Währungswirrwarr, Massenarbeitslosigkeit, Energie- und Rohstoffkrise, Umweltverschmutzung, verschwenderische Wegwerf-Gesellschaft auf der einen Seite, auf der anderen Hunger und Elend von Hunderten von Millionen in den armen Ländern – das alles in einer Welt, die sich täglich mehr als unfähig erweist, ihre Probleme zu meistern, dafür aber auf eine einzige Sache in größter Perfektion vorbereitet ist: die Selbstvernichtung in einem nuklearen Krieg. Es ist beängstigend, wie wir die kurze Zeit, die uns noch bleibt, das große Unheil von uns abzuwenden, fast ungenutzt verstreichen lassen. In dieser Situation ist der Sozialismus unsere einzige und letzte Hoffnung. Das heißt aber: Wir dürfen nicht länger warten. Wir müssen jetzt und hier beginnen, den großen Traum des Sozialismus zu verwirklichen, getreu dem Bebel-Wort: «Ohne Demokratie kein Sozialismus, ohne Sozialismus keine Demokratie.»

Zum 30. Jahrestag der DDR einige Vorschläge für erste Schritte auf diesem Weg:

1. Aufhebung aller Beschränkungen der Freiheit der Meinungsäußerung durch entsprechende Änderungen des Strafgesetzbuches, insbesondere durch Außerkraftsetzung der verfassungswidrigen Paragraphen 106 (staatsfeindliche Hetze), 219 (ungesetzliche Verbindungsaufnahme) und 220 (öffentliche Herabwürdigung).

2. Haftentlassung und Rehabilitierung aller Personen, die nach diesen Paragraphen verurteilt wurden.

3. Abschaffung jeglicher Zensur und Auflösung des Büros für Urheberrechte.

4. Gründung eines unabhängigen Presseorgans.

5. Herabsetzung der Altersgrenze für Westreisen.

6. Veröffentlichung dieser Thesen im «Neuen Deutschland».

Berlin, 1. September 1979

Aus: «Ein Marxist in der DDR», hrsg. v. H. Jäckel, München (Piper Verlag) 1980

OFFENER BRIEF

an den Vorsitzenden des Präsidiums des Obersten Sowjets der
UdSSR, Leonid Breschnew

Grünheide, den 25. September 1981

Sehr geehrter Herr Leonid Breschnew!

Voller Sorge um die Zukunft Europas und um den Weltfrieden
wenden wir uns an Sie in der Hoffnung, daß Ihr im Herbst erwar-
teter Besuch der Bundesrepublik Deutschland und Ihr Zusam-
mentreffen mit dem Bundeskanzler Helmut Schmidt einen Weg
eröffnen wird, der aus der gegenwärtigen gefährlichen Entwicklung herausführen wird.

Immer mehr Menschen fürchten sich davor, daß nach einem
über dreißigjährigen Frieden in Europa nun unserem Konti-
nent die totale Vernichtung in einem nuklearen Weltkrieg droht.
In Westeuropa konkretisiert sich diese Furcht insbesondere in
der Opposition gegen die Stationierung neuer amerikanischer
Mittelstreckenraketen, den Bau der Neutronenbombe sowie die
in Europa lagernden Atomwaffen. Wenn diese Waffen jemals
zum Einsatz kommen, werden sie Europa in eine Wüste verwandeln.

Es ist bekannt, daß die Befürworter dieser Politik diese sogenannte Nachrüstung der NATO als rein defensiv bezeichnen. Sie
sei nur die Antwort auf die Aufrüstung der Länder des Warschauer Paktes mit den neuen, gleichfalls weitreichenden sowje-

tischen Mittelstreckenraketen des Typs SS 20 und auf die große zahlenmäßige Überlegenheit der sowjetischen Panzerwaffe.

Angesichts der Größe der uns drohenden Gefahr erscheint es uns müßig, die Frage zu stellen, ob diese Eskalation des Schreckens noch andere Gründe hat: Wie kann Europa, das heute das Gebiet der Erde mit der größten Anhäufung nuklearer Sprengköpfe ist, in eine atomwaffenfreie Zone verwandelt werden?

Obwohl wir Unterzeichner dieses Briefes die Gründe dieser gefährlichen Entwicklung sehr verschieden einschätzen, wollen wir unterstellen, daß weder die NATO noch der Warschauer Pakt ursprünglich aggressive Ziele verfolgen und einen rein defensiven Charakter haben. Leider hat aber im Laufe der Jahre auf beiden Seiten ein schreckenerregendes Wettrüsten dazu geführt, daß sich heute an der Demarkationslinie in Europa zwei waffenstarrende Militärmaschinen gegenüberstehen. Sie verfügen über ein Vernichtungspotential, das ausreicht, die ganze Menschheit nicht nur einmal, sondern vielleicht fünf- oder zehnmal zu töten. Der Grund dieses Wettrüstens besteht hauptsächlich darin, daß keine Seite der anderen die rein defensiven Absichten mehr glaubt.

Beide Seiten sind vielmehr überzeugt, einer wachsenden Bedrohung mit immer neuen Rüstungsanstrengungen begegnen zu müssen. Auf die darin liegenden Gefahren braucht nicht erst hingewiesen zu werden. Bei der Zuspitzung der militärischen Konfrontation in Europa spielt die Teilung Deutschlands eine wesentliche Rolle. Ursprünglich schien hierdurch ein gefährlicher Aggressor für immer entmachtet und damit der Frieden in Europa gesichert. Aber das absolute Gegenteil war die Folge. Denn wenn das nukleare Inferno dereinst über uns kommen wird, dann vor allem, weil die Ost-West-Konfrontation die beiden deutschen Staaten zur Aufmarschbasis und nuklearen Speerspitze des einen gegen den anderen werden ließ. Die Teilung Deutschlands schuf nicht Sicherheit, sondern wurde Voraussetzung der tödlichsten Bedrohung, die es in Europa jemals gegeben hat.

Jede Bombe, jede Rakete, überhaupt jede Waffe, die von unseren Beschützern nach Deutschland gebracht wird, sichert nicht den Frieden, sondern bringt uns dem Untergang näher. Wir brauchen keine Rüstung, wir brauchen Abrüstung. Wir brauchen nicht die Stärke von NATO und Warschauer Pakt, sondern die Fortführung der weltweiten Entspannungspolitik, damit NATO und Warschauer Pakt eines Tages überflüssig werden. Die Sicherheit Europas wird nicht durch Kriegswaffen geschaffen, sondern durch deren Beseitigung.

Es gilt insbesondere die beiden Teile Deutschlands der Blockkonfrontation zu entziehen. In diesem Zusammenhang sei daran erinnert, daß die Sowjetunion sich bis in die sechziger Jahre immer wieder für die Entmilitarisierung und Neutralisierung ganz Deutschlands ausgesprochen hat. 36 Jahre nach Ende des Krieges ist es jetzt zur dringenden Notwendigkeit geworden, die Friedensverträge zu schließen und alle Besatzungstruppen aus beiden Teilen Deutschlands abzuziehen. (Selbstverständlich müßte die Stellung West-Berlins gesichert bleiben.) Wie wir Deutsche unsere nationale Frage dann lösen werden, muß man uns schon selbst überlassen, und niemand sollte sich davor mehr fürchten als vor dem Atomkrieg.

Dieses Ziel erscheint vielen Deutschen zwar erstrebenswert, aber vorläufig utopisch. Sie können es sich nicht vorstellen, daß die Sowjetunion bereit sein könnte, auf ihre militärische Basis in der DDR zu verzichten. Wir glauben aber, daß dies sehr wohl möglich ist, wenn gleichzeitig die militärische Basis der USA in der Bundesrepublik Deutschland und damit in Europa überhaupt aufgelöst wird. Zugleich müßte im Friedensvertrag festgelegt und durch die Großmächte garantiert sein, daß in Deutschland nie wieder ein aggressives Militärpotential geschaffen wird.

Sehr geehrter Herr Breschnew! Wir wenden uns in vielleicht letzter Stunde an Sie mit der Bitte, diese Vorschläge ernsthaft zu erwägen. Wir sind überzeugt, daß keine westdeutsche Regierung weiterhin auf der Stationierung der neuen Nuklearwaffen der USA beharren kann, wenn die Regierung der Sowjetunion sich bereit erklärt, über einen derartigen Vorschlag zur Lösung der

Spannungen in Europa zu verhandeln, und wenn sie überdies solche Verhandlungen erleichtert, indem sie auch ihrerseits darauf verzichtet, die jetzt schon vorhandene Mittelstreckenrüstung gegen Westeuropa noch weiter auszubauen.

Angesichts der 20 Millionen Menschen, die Ihr Land in dem von Deutschland begonnenen Zweiten Weltkrieg verloren hat, und angesichts der über 5 Millionen Toten, die unser Volk zu beklagen hatte, müssen Sicherheit und Sicherung des Friedens besonders für unsere beiden Völker das oberste Gebot der Politik sein.

Mit dem Ausdruck der Hochachtung

Unterschriften: Robert Havemann, 26 weitere DDR-Bürger und 130 Bürger der Bundesrepublik und West-Berlins als Erstunterzeichner.

Aus: «Befreiung», Zeitschrift für Politik und Wissenschaft, Berlin 1982, Nr. 22 / 23

BEGEGNUNG
MIT ROBERT HAVEMANN

Götz Berger erinnert sich

Dr. jur. Götz Berger, Jahrgang 1905, wurde 1933 zum erstenmal die Zulassung als Rechtsanwalt entzogen, weil er für die «Rote Hilfe» tätig war. 1976 wurde der Altkommunist, der einen beachtlichen Abschnitt in der Geschichte der DDR-Rechtspflege mitgestaltet hat, zum zweitenmal mit Berufsverbot belegt. Weil er die Anwaltsvertretung von Robert Havemann übernahm, wurde er am 1. Dezember 1976 aus dem Berliner Rechtsanwaltskollegium ausgeschlossen. Im Winter 1989 erinnert sich der Vierundachtzigjährige:

«Wo und wann ich Robert Havemann das erstemal begegnet bin, weiß ich nicht mehr, es ist zu lange her – irgendwann in den sechziger Jahren. Vielleicht hat der Zufall uns zusammengeführt. Es begann mit seinem weltberühmten Werk ‹Dialektik ohne Dogma?›, das aufbaute auf seinen bahnbrechenden Vorlesungen an der Ostberliner Humboldt-Universität, zu denen damals Hunderte Studenten strömten, sogar aus Leipzig und Halle, ein deutliches Zeichen dafür, wie groß das Bedürfnis war, aus der Enge unseres politischen, auch unseres parteilichen Lebens auszubrechen. Von diesen Vorlesungen Havemanns habe ich Anfang der sechziger Jahre erfahren, auch von ihrer Wirkung und bald auch von den Auswirkungen dieser Vorlesungen auf Robert Havemanns persönliches Leben.

Was mich an Havemann faszinierte, war, daß er nicht nur als

Wissenschaftler in seiner Studierstube eingeschlossen, Bücher wälzte, sondern auch politisch für seine Anschauungen stritt. Wie für die großen Wissenschaftler aller Zeiten, so zum Beispiel Galilei, war auch für ihn forschen und kämpfen eine Einheit. Bereits in der Nazizeit hatte Havemann mit seinem Leben dafür eingestanden. Und er war seiner Hinrichtung nur entgangen, weil er im Zuchthaus Brandenburg forschen sollte. Die Nazis hofften, daß dies für ihre Kriegsführung nützlich sein könnte.

Der Konflikt, in dem sich Havemann durch seine Auseinandersetzung mit dem Dogmatismus Anfang der sechziger Jahre befand, wurde auch im Bekannten- oder Kollegenkreis diskutiert. Ich weiß, daß auch in den Zeiten, als Havemann absolut isoliert war – und das war er dann viele Jahre –, seine Wirksamkeit, vor allem auf theoretisch interessierte Sozialisten, nie zu verhindern war.

Was mich mit ihm verbunden hat, war einerseits seine sozialistische Überzeugung – ich bin seit meiner frühesten Jugend kommunistisch aktiv gewesen – und zum anderen seine antifaschistische Vergangenheit – ich selbst hatte in Spanien gegen Franco gekämpft und war Antifaschist. Die Verbindung des antifaschistischen Kampfes mit seiner wissenschaftlichen Erfahrung und das öffentliche Einstehen für seine Auffassungen haben mich tief beeindruckt.

In Deutschland bestand leider immer die Tendenz, daß sich die verschiedenen wissenschaftlichen Disziplinen voneinander abgrenzen. Historiker, Ökonomen, Politiker, Ökologen arbeiten meistens isoliert voneinander. Havemann hat mit seiner Person als Wissenschaftler die Einheit aller Disziplinen verkörpert und sich – was nur wenig bekannt ist – auch auf das Gebiet der Ökologie begeben, in seinem 1980 veröffentlichten Buch ‹Morgen›, einer Utopie auf der Basis realer naturwissenschaftlicher und ökonomischer Erkenntnisse und unter Berücksichtigung zwischenmenschlicher Beziehungen im täglichen Leben.

Aus unserer persönlichen Freundschaft hat sich dann auch meine Rechtsanwaltstätigkeit ergeben, die vor allem 1968 notwendig wurde. Der ‹Prager Frühling› war für Havemann der Aufbruch in eine neue Zeit des sozialistischen Humanismus, er und seine ganze Familie haben sich außerordentlich für dieses neue Phänomen in der Geschichte des Sozialismus interessiert. Havemanns Söhne waren damals noch nicht volljährig, aber sehr engagiert und belesen. Sie kannten ihren Marx und Engels und haben daraus die für sie wichtigen Schlußfolgerungen gezogen. Nach dem Einmarsch der Warschauer-Pakt-Staaten in die ČSSR habe ich einen der beiden Söhne verteidigt, später auch den anderen. Sie hatten Fahnen herausgehängt, tschechoslowakische Fahnen. Mittelpunkt der Anklage war, daß der siebzehnjährige Sohn auf Plakate, die für den Eintritt in die Volkspolizei warben, Zettel geklebt hatte mit einem Zitat von Bertolt Brecht aus dem Buch – ‹Me-ti›. Dort sagt ein chinesischer Gelehrter, der Staat habe nicht das Recht, Polizisten auf Lebenszeit zu ernennen. In der Verteidigungsrede hatte ich ausgeführt, daß dieser junge, politisch interessierte und marxistisch gebildete Mensch den Gedanken propagieren wollte, daß die bewaffnete Macht innerhalb eines Staates immer eine Gefahr für den Staat werden könnte – ein Staat im Staate.

Und nun kam, was mir zum Verhängnis wurde. Ich sagte, diese Erfahrung habe sogar die Sowjetunion machen müssen, als der Chef der Geheimpolizei Berija sich als Feind entpuppte und entsprechend verurteilt werden mußte.

Daß ich den Stalinismus ins Spiel gebracht habe, hat man mir sehr übelgenommen. Im Gerichtssaal waren nur Stasileute, um Publikum fernzuhalten und trotzdem die Form der Öffentlichkeit zu wahren. Als ich Berija erwähnte, ging ein Raunen durch den Saal, alle Stasileute sahen sich schon verurteilt und aufgehängt. Seitdem hatte ich bei den Staatssicherheitsleuten verspielt, und sie sorgten dafür, daß politische Häftlinge sich nicht mehr an mich wandten. So hatte mir beispielsweise eine Frau aus der Haftanstalt geschrieben und mich gebeten, sie zu verteidigen. Ich nahm an, sie bedankte sich, vierzehn Tage danach erhielt ich ein Schreiben von ihr, sie hätte es sich anders überlegt und wieder

Abstand genommen von ihrer Bitte an mich. Später erfuhr ich von ihr, daß die Staatssicherheit sie zu diesem Schritt gedrängt hatte. Und Jürgen Fuchs, der auch mit Havemann befreundet war, hat später ein Gedächtnisprotokoll geschrieben und seine Vernehmung geschildert, unter anderem auch, wie er mich mit seiner Verteidigung beauftragen wollte und unterschrieb ‹Mit sozialistischem Gruß›. Die Stasileute sind in die Höhe gegangen, welch eine Unverschämtheit es wäre, aus der Haftanstalt zu schreiben ‹Mit sozialistischem Gruß›. Daraufhin hat Fuchs zu ihnen gesagt: ‹Sie sind für mich nicht die Verkörperung des Sozialismus, aber der Götz Berger sehr wohl, der in Spanien war und ein alter Antifaschist ist.›

Auch bei uns Verteidigern bestand immer ein gespanntes Verhältnis zur Staatssicherheit. Viele haben die Behinderungen zu spüren bekommen. Zum Beispiel, daß man die Mandanten erst sprechen konnte, wenn alles schon fertig war, und daß man erst spät in die Akten Einsicht nehmen durfte. Diese Erscheinungen kamen auch bei anderen vor, aber bei mir haben sie sich gewissermaßen konzentriert.

Die im Anwaltskollegium organisierten Rechtsanwälte und das waren fast alle, waren eingebunden in den gesamtgesellschaftlichen Aufbau. Obwohl wir formell eine Genossenschaft waren, unterstanden wir der Oberaufsicht des Justizministers. Der Minister hat immer darauf gedrungen, wir sollten uns bewußt sein, daß wir alle an einem Strang ziehen. Schließlich seien wir alle Organe der Rechtspflege. Deshalb könnten wir uns nicht als Anwälte auf einen anderen Standpunkt stellen als die Anklage, sondern wir müßten uns bewußt sein, daß wir alle demselben Ziel entgegenstreben. Damit waren die Grenzen markiert, und viele Kollegen haben sich davon auch beeinflussen lassen.

Innerhalb des Rechtsanwaltskollegiums wurde zwar über politische Prozesse gesprochen, auch ist man gelegentlich mit kleinen Bitten an die Ermittlungsorgane herangetreten, sie sollten uns früher Einsicht in die Akten geben und Kontakt mit den

Mandanten ermöglichen, aber nie entstand daraus eine prinzipielle Diskussion.

Durch den jahrzehntelangen Konflikt zwischen Rechtsanwälten und politischem Apparat in der DDR ist es kein Zufall, daß in der 1989 entstandenen Aufbruchsituation gleich mehrere Rechtsanwälte in den Vordergrund gerückt sind. Da jene, die kritisch dachten, im Staatsapparat oder im Parteiapparat keinen Platz hatten, wurden sie gewissermaßen abgedrängt zur Rechtsanwaltschaft. Rechtsanwälte aber galten eher als Juristen minderer Bedeutung. Es war wie eine Strafversetzung: Wenn einer Richter gewesen war und nicht gespurt hatte, wurde er als Anwalt abgeschoben.

Zu dem Prozeß gegen die Söhne von Robert Havemann, mit dem sicher auch der Vater unter Druck gesetzt werden sollte, war Havemann als Zeuge geladen und freute sich, wie ich auch, schon auf seine Aussage. Schließlich wäre das Gericht eine großartige Bühne gewesen, um dort seine Auffassungen zu vertreten. Die Sache lief dann aber anders ab, als wir uns vorgestellt hatten. Havemann war zum Anfang des Prozesses geladen, und das hieß, er hatte im Zeugenzimmer zu warten.

Er durfte das Zimmer nicht verlassen. Zum Schluß der Beweisaufnahme hat das Gericht beschlossen, Havemann nicht zu vernehmen, das sei nicht mehr nötig. So blieb er von der ganzen Verhandlung ausgeschlossen, und dies war natürlich auch der Zweck der Übung gewesen.

Ein Staatsanwalt, der in dem Verfahren auftrat, behauptete, der Sohn von Havemann mit seinen siebzehn Jahren habe unter dem Druck des Vaters, des Teufels also, gestanden, der ihn mit seinen antimarxistischen Gedanken beeinflußt habe.

Als der Sohn dann nach Luckau kam, in jenes Gefängnis, in dem Karl Liebknecht gesessen hat, war Robert Havemann nur noch mehr in seiner kritischen Haltung gegenüber dem etablierten, also vom Staat manipulierten Sozialismus bestärkt.

In den folgenden Jahren fanden viele solcher Schikanen statt, die sich nicht in Form von Prozessen niederschlugen, um Publikationen und Interviews zu verhindern. Havemann, der als guter Physiker und Techniker es sogar in der Nazihaft, im Zuchthaus Brandenburg, geschafft hatte, sich einen Rundfunkapparat zu basteln, verstand es trotz absoluter Isolierung, seine Auffassungen auf Tonband zu sprechen und herauszuschmuggeln.

So ist auch seine Stellungnahme zum ‹Prager Frühling› in die Öffentlichkeit gekommen. 1976, nachdem Havemann dem ‹Spiegel› ein Interview gegeben hatte, in dem er sich gegen die Ausbürgerung Biermanns wandte und an die Parteiführung der DDR appellierte, diesen Beschluß rückgängig zu machen, wurde ein Strafverfahren gegen ihn anhängig. Die Form ist bezeichnend für das, was damals bei uns als Justiz galt. Havemann hatte seinen Wohnsitz in Grünheide, zuständig war das Kreisgericht Fürstenwalde.

Eines Tages wurde er von zu Hause abgeholt, angeblich zu einem Verhör. Er hatte keine Ahnung, daß dies eine außerordentliche Gerichtsverhandlung werden sollte. Ehe er überhaupt begriffen hatte, daß es ein Schnellverfahren war, war er schon verurteilt. Ich habe danach die Akten eingesehen, die Verhandlung ist in einer halben oder dreiviertel Stunde vor sich gegangen, und das Protokoll war auch nur eine Seite lang.

Er wurde nur gefragt, ob er dem ‹Spiegel› das Interview gegeben habe, was er bejahte. Das genügte und die Verhandlung war beendet.

Den Aufenthaltsbeschränkungen, zu denen er verurteilt wurde, unterlagen ursprünglich nur sogenannte Asoziale und Prostituierte, also Menschen, die auf andere einen negativen Einfluß ausüben könnten, um diese von anderen fernzuhalten. Eine solche Strafe auf einen Wissenschaftler von Weltruf anzuwenden, ist schon grotesk.

Havemann hat mich sofort angerufen, um gegen das Urteil Revision einzulegen. Die Zeit drängte, eine Berufung mußte innerhalb einer Woche schriftlich beim Gericht vorliegen.

Ich bin zu ihm gefahren, und wir haben gemeinsam die Berufung aufgesetzt. Er schrieb sie mit seinem Zweifingersystem, und ich habe das dann nach Fürstenwalde gebracht. Am darauffolgenden Tag kam ein Mann vom Justizministerium zu mir und sagte, unten stehe ein Wagen, ich solle mitkommen zum Ministerium. Als ich dort nach Dienstschluß ankam, sagte mir der Staatssekretär, den ich kannte, ich sei mit sofortiger Wirkung aus dem Anwaltskollegium ausgeschlossen, dürfe meine Tätigkeiten nicht mehr ausüben, nur noch morgen früh meine persönlichen Sachen aus dem Büro abholen. Es gibt keine schriftlichen Unterlagen darüber, außer dem sehr dürftigen Schriftwechsel zwischen Ministerium und Anwaltskollegium, und darin geht es lediglich um formelle Fragen.

Der Staatssekretär war in einer Art Panikstimmung, vor einer Woche meine Stellungnahme gegen die Ausbürgerung von Biermann und nun auch noch die Verteidigung von Havemann. Das war der eigentliche Auslöser für mein Berufsverbot.

In der Prozeßordnung gibt es eine Bestimmung, daß die Berufung durch den Angeklagten oder den Anwalt durch einen Beschluß ohne mündliche Verhandlung verworfen werden kann, nämlich dann, wenn sie unbegründet ist. So kam der Beschluß zustande, die Berufung als unbegründet zurückzuweisen. Damit war die Sache erledigt. Hinter meinem Ausschluß, darüber waren sich alle einig, stand das Zentralkomitee und der zuständige Minister, der 1989 zurückgetretene Justizminister Heusinger. Mit meinem Berufsverbot sollte Havemann die Möglichkeit einer Revisionsverhandlung vor dem Bezirksgericht genommen werden. Außerdem, und das war wohl die Hauptsache, sollte es ein Schreckschuß zur massiven Einschüchterung aller anderen Rechtsanwälte sein. Ich war ja einer der wenigen Altkommunisten unter den Juristen und habe maßgeblich am Aufbau unserer Justiz nach 1945 mitgewirkt. Da mußten sich die anderen Kollegen fragen, wenn schon dieser Mann, der alt ist, seine Verdienste hat und dafür ausgezeichnet wurde, bestraft wird, was passiert dann, wenn wir aufmüpfig werden? Ich war schon immer unbequem gewesen, und jetzt hatten sie einen Vorwand gefunden, um mich auszubooten. Auch Havemann hatte das nicht erwartet. Es bestärkte ihn in seiner Auffassung, daß das alles beherrschende Politbüro mit absoluter Willkür vorgeht.

Immerhin war Havemanns Hausarrest auch international bekannt geworden. Insbesondere die westeuropäischen kommunistischen Parteien haben sein Buch ‹Dialektik ohne Dogma?› und seinen Kampf gegen den Stalinismus stark beachtet, vor allem die kommunistische Partei in Italien. Als er 1980 anläßlich der Veröffentlichung seines Buches ‹Der Morgen› in der Bundesrepublik zu einer Geldstrafe verurteilt wurde, schickte die KP sogar einen Rechtsanwalt zu seiner Verteidigung.

Die Maßnahmen gegen Robert Havemann bedeuteten für die damalige SED-Führung einen starken Gesichtsverlust. Havemanns Engagement für einen Sozialismus mit menschlichem Antlitz, wie ihn auch Dubček 1968 in der ČSSR praktizieren wollte, ging ihnen zu weit. Sie setzten auf den Dirigismus von oben gegen den demokratischen Sozialismus.

Mit meinem Ausschluß aus der Rechtsanwaltskammer waren die Kollegen vor vollendete Tatsachen gestellt, obwohl in einer Genossenschaft, wie unserem Kollegium, nur die Mitglieder selber über einen Ausschluß abstimmen können. Dann gab es noch ein Parteiverfahren gegen mich, das mit einer strengen Rüge endete. Keiner hatte den Mut, prinzipiell gegen diese Entscheidung aufzutreten, alle hatten Angst um ihre eigene Position.

Im April 1989 und wenige Monate später, als sich die Wandlungen in der DDR bemerkbar machten, habe ich an das Berliner Rechtsanwaltskollegium und an das Justizministerium geschrieben, daß mein ungerechtfertigter Ausschluß doch wohl nicht aufrechterhalten werden könne. Mein Schreiben wurde weitergeleitet und hat erst jetzt Erfolg gehabt. Dabei hat mir Gregor Gysi als Vorsitzender der Rechtsanwaltskammer sehr geholfen. Seit dem 15. November 1989 bin ich rehabilitiert, allerdings mit der halbherzigen Einschränkung ‹aus heutiger Sicht›.

Bei alledem, was wir erlebt haben, sind viele verzweifelt, das geht bis zu persönlichen Zusammenbrüchen. Menschen, die sich 30 oder 40 Jahre für den Sozialismus aufgeopfert haben, sind enttäuscht darüber, daß an der Spitze solche Verbrecher waren. Bei vielen entsteht jetzt die Überzeugung, der Sozialismus sei tot, ein für allemal diskreditiert durch Stalin, Honecker und diese Leute. Ich glaube, wir müssen heute überzeugend darlegen, daß trotz aller furchtbaren Kompromittierungen der Sozialismus gelebt hat und lebt in Persönlichkeiten wie Rosa Luxemburg, dem frühen Lenin, in der Gestalt von Dubček, in Gorbatschow und so weiter. Der Sozialismus hat durch diese Menschen seine Lebensfähigkeit bewiesen, und eines der großen Vorbilder in dieser Reihe ist Robert Havemann.»

BIBLIOGRAPHIE DER SCHRIFTEN ROBERT HAVEMANNS

1 «Grenzen menschlicher Intelligenz», in: Sonntag, Wochenzeitung für Kulturpolitik, Kunst und Unterhaltung (Berlin), 3. Jg., 1948, Nr. 51, S. 6

2 «Planung und Freiheit der Forschung», in: Deutschlands Stimme, Wochenblatt für Volksbewegung, für Einheit und gerechten Frieden (Berlin), 2. Jg., 1949, Nr. 1, S. 11

3 «Trumans großer Theaterdonner» / Was die Wissenschaft zur «Wasserstoff-Superbombe» sagt, in: Neues Deutschland, 5.2.1950 auch in (57)

4 «H-Bombe, Stadtrat May und Demokratie», Eine notwendige Erklärung nur zum Teil in eigener Sache, in: Neues Deutschland, vom 12.4.1950, auch in (57)

5 «Wissenschaftler zur ‹Wasserstoff-Superbombe›», in: Kulturaufbau, Aussprache- und Mitteilungsblatt für Freunde des Kulturbundes zur Demokratischen Erneuerung Deutschlands (Düsseldorf), 1950, Heft 4, S. 93

6 «Die Entwicklung der Kultur», in: Neue Gesellschaft, Zeitschrift der Gesellschaft zum Studium der Kultur der Sowjetunion (Berlin), 1951, Nr. 8, S. 602–609

7 «Walter Hollitscher: ‹... wissenschaftlich betrachtet...›», in: Einheit, Zeitschrift für Theorie und Praxis des wissenschaftlichen Sozialismus, hrsg. vom Zentralkomitee der SED (Berlin), 6. Jg., 1951, Heft 20, S. 1635–1643

8 «Wissenschaft im Geist der Jugend», in: Sonntag, 6. Jg., 1951, Nr. 33, S. 6

9 «Dialektik der Natur», zum Erscheinen der ersten vollständigen Ausgabe des genialen Werkes von Friedrich Engels in: Einheit, 7. Jg., 9/1952, S. 842–855

10 «Der Völkerkongreß für den Frieden», in: Staat und Recht (Berlin), 2. Jg., 1953, Heft 1, S. 97–106

11 «Greifen und Begreifen». Wettstreit zwischen Kapitalismus und Sozialismus, in: Wissenschaft und Fortschritt (Berlin), 3. Jg., 1953, S. 321

12 «Über philosophische Fragen der modernen Physik», in: Deutsche Zeitschrift für Philosophie (Berlin), 1. Jg., 1953, S. 378–381

13 «Zu einigen Fragen der Dialektik und der modernen Naturwissenschaft», in: Einheit Nr. 6, 8. Jg., 1953, S. 833–839

14 «Ende und Anfang (Zur Atombombe)», in: Aufbau, Kulturpolitische Monatsschrift (Berlin), 10. Jg., 1954, S. 399–403

15 «Ein großzügiges Angebot der Sowjetunion (Zur friedlichen Anwendung der Atomenergie)», in: Einheit, 10. Jg., 1955, S. 163 ff.

16 «Meinungsstreit fördert die Wissenschaften». Idealistische Wurzeln des Dogmatismus / Erstarrung hindert wissenschaftliche Erkenntnisse, in: Neues Deutschland, Organ des ZK der SED, 8. 7. 1956, auch in (43)

17 «Der Zauber des Neuen», in: Sonntag, 11. Jg., 29 / 1956, S. 12

18 «Engels oder Dühring», in: Sonntag, 11. Jg., 37 / 1956, S. 12

19 «Rückantworten an die Hauptverwaltung ‹Ewige Wahrheiten›», in: Sonntag, 11. Jg., Nr. 44 / 28. 10. 1956, S. 12, auch in (43)

20 «Unsere Philosophie und das Leben», in: Neues Deutschland vom 20. 3. 1957

21 «Der Künstler und die moderne Wissenschaft», in: Geist und Zeit (Düsseldorf), 1960, Nr. 2, S. 120–124

22 «Über Kausalität», in: Naturwissenschaft und Philosophie, Beiträge zum internationalen Symposium über Naturwissenschaft und Philosophie anläßlich der 550-Jahr-Feier der Karl-Marx-Universität in Leipzig; Berlin 1960, S. 113–128

23 «Der Flug Juri Gagarins beweist den Sieg des Sozialismus», in: Wissenschaft und Fortschritt (Berlin), 11. Jg., 1960, S. 417 ff.

24 «Hat Philosophie den modernen Wissenschaften bei der Lösung ihrer Probleme geholfen?», Rede auf der Tagung ‹Die fortschrittlichen Traditionen in der deutschen Naturwissenschaft des 19. und 20. Jahrhunderts›, Leipzig, Sept. 1962, auch in (26)

25 «Ehrlich um Klarheit ringen», Zu den Bemerkungen von Dr. Bodo Wenzlaff zu meinen Vorlesungen, in: Humboldt-Universität, hrsg. von der SED-Parteiorganisation der Humboldt-Uni, 29. 11. 1963, Nr. 27, S. 6

26 «Dialektik ohne Dogma?», Reinbek bei Hamburg 1964 / rororo 683 (enthält die unter Nr. 24 genannte Leipziger Rede sowie vierzehn Vorlesungen und Seminarvorträge, die zwischen dem 18. 10. 1963 und dem 31. 1. 1964 an der Berliner Humboldt-Universität gehalten wurden)

27 «Ja, ich hatte unrecht – Warum ich Stalinist war und Antistalinist wurde», in: Die Zeit, 20. Jg., Nr. 19 / 7. Mai 1965, S. 2 auch in (43) und (57)

28 «Nach zwanzig Jahren», in: Hans Werner Richter (Hrsg.), Plädoyer für eine neue Regierung oder Keine Alternative, Reinbek bei Hamburg 1965, S. 132–139

29 «Plädoyer für eine neue KPD», in: Der Spiegel, 19. Jg., 1965, Heft 52, S. 30 ff.

30 «Havemann will die KPD spalten» Erklärung des Politbüros des ZK der KPD, in: Neues Deutschland, 21. 12. 1965

31 «Weder Sklerose noch Osteomalazie», Autor: Hermann Knappe (vermutlich Pseudonym des Journalisten Harald Wessel vom Neuen Deutschland), in: Forum (Organ des Zentralrats der FDJ), Heft 2 / 1965, auch in (57)

32 «Scherbengericht über Havemann. Vertrauliches akademie-internes Material für Ordentliche Mitglieder», in: Die Zeit, 18.3.1966, auch in (57)

33 «Die Entgegnung», Havemann zu seinem Akademie-Ausschluß, in: Die Zeit, 18.3.1966, auch in (57)

34 «Über die Ungleichheit der Menschen», in: Frankfurter Hefte, 1966, Heft 3, S. 183–191, (letzte Vorlesung Havemanns an der Humboldt-Universität)

35 «Kommunismus – Utopie und Wirklichkeit», in: Erich Keller (Hrsg.), Christentum und Marxismus – heute, Bd. 2, Wien 1966, S. 239–245, ferner in: Forum (Wien), 13.Jg., Heft 147, 1966, S. 163–166

36 «Sozialismus und Demokratie», in: Die Zeit, 23.Jg., 22/1968 sowie in: Berliner Zeitung, Berlin/DDR, 9./10.12.1989, auch in (43)

37 «Der Sozialismus von morgen», in: Das 198.Jahrzehnt, Hamburg, 1969, S. 199–212, Sonderserie in: Die Zeit Nr. 41, auch in (46)

38 «Die gesellschaftliche Verantwortung der Wissenschaft», in: Ulrich K. Preuß, Das politische Mandat der Studentenschaft, Frankfurt a. M. 1969, S. 122–127

39 «Dialektik des Materialismus», in: Neues Forum (Wien), Jan./Feb. 1970, Heft 193/I, 193/II, 194/I und 194/II

40 «Tauwetter ist ein gefährliches Klima», in: Der Spiegel, Heft 12/16.3.1970, 24.Jg., S. 38–41

41 «Der Irrtum der Leninisten», Auch im Sozialismus: Widerspruch zwischen Individuum und Gesellschaft, in: Die Zeit, 25.Jg., Nr. 17, 1970, S. 7

42 «Fragen Antworten Fragen. Aus der Biographie eines deutschen Marxisten», München 1970 und Reinbek bei Hamburg 1972 (rororo 1556)

43 «Rückantworten an die Hauptverwaltung ‹Ewige Wahrheiten›», Hrsg. H. Jäckel, München Piper 1971

44 «Protest gegen die politischen Prozesse in der ČSSR», in: R. Crusius, H. Knehl, J. Skala, M. Wilke (Hrsg.), Hamburg 1973, S. 314

45 «Antwort auf zwei Fragen», europäische ideen, Berlin, Heft 1/1973, auch in (46) und (59)

46 «Berliner Schriften», hrsg. von Andreas W. Mytze, Verlag europäische ideen, Berlin 1976; Sammlung erschien auch als Band Nr. 1311, Deutscher Taschenbuch Verlag (dtv), München 1977 in erweiterter Fassung

47 «Wer soll in ‹eigener Scheiße ersticken›?», (Auseinandersetzung mit dem DKP-Funktionär Oskar Neumann), in: Thomas Rothschild (Hrsg.) / Wolf Biermann – Liedermacher und Sozialist, Reinbek bei Hamburg 1976, S. 157–161

48 «Freiheit als Notwendigkeit», in: Rudi Dutschke/Manfred Wilke (Hrsg.), Die Sowjetunion, Solschenizyn und die westliche Linke, Reinbek bei Hamburg 1975, S. 157–161

49 «Brief an Ernst Bloch», in: Die Zeit, 18.7.1975; sowie in: europäische ideen, 12/1975 und in (46)

50 «Über Zensur und Medien», in: europäische ideen, 17/1976, auch in (46)

51 «Volksfront im Westen – Sozialismus im Osten: ein Widerspruch», Kursbuch 46, Dez. 1976

52 «Die DDR in den zwanzig Jahren nach Stalins Sturz», in: Reinhard Crusius / Manfred Wilke (Hrsg.), Entstalinisierung, Der XX. Parteitag der KPdSU und seine Folgen, Frankfurt a. M. 1977, S. 65–81

53 «Solidaritätsaufruf» ehemaliger Brandenburger Häftlinge 1977, in (57)

54 Joachim Steffen – Robert Havemann. Ein Briefwechsel, in: Jiri Pelikan / Manfred Wilke (Hrsg.), Menschenrechte. Ein Jahrbuch zu Osteuropa, Reinbek bei Hamburg 1977, S. 472–477

55 Brief an Heinz Brandt, in: Lutz Mez / Manfred Wilke (Hrsg.) Der Atomfilz. Gewerkschaften und Atomkraft, Berlin 1977, S. 9–11

56 «De omnibus dubitandum est», in: Fritz J. Raddatz (Hrsg.), Warum ich Marxist bin, München 1978, S. 27–33

57 «Robert Havemann. Ein deutscher Kommunist. Rückblicke und Perspektiven aus der Isolation», hrsg. von Manfred Wilke, Reinbek bei Hamburg, Rowohlt 1978

58 «Zehn Thesen zum 30. Jahrestag der DDR», 1. 9. 1979, Erstveröffentlichung in der spanischen KP-Zeitung «Mundo Obrero» und dem linksgerichteten italienischen Blatt «Paese sera» auch in (59)

59 «Ein Marxist in der DDR», hrsg. von H. Jäckel, München Piper 1980

60 «Morgen». Die Industriegesellschaft am Scheideweg. Kritik und reale Utopie, München Piper 1980

61 «Fragen nach dem Sinn des Begriffs Realismus», 1981, Manuskript, gewidmet Klaus Piper

62 «Offener Brief an Leonid Breschnew» anläßlich seines Besuches in der BRD 1981, in: Befreiung, Zeitschrift für Politik und Wissenschaft, Berlin, Nr. 22/23, 1982

Interviews mit Robert Havemann (Auswahl)

1 «Wir Deutschen machen alles ganz besonders gründlich...», in: Echo am Abend (Hamburg), 11. 3. 1964, S. 9; nachgedruckt in: Ossip K. Flechtheim (Hrsg.), Dokumente zur parteipolitischen Entwicklung in Deutschland seit 1945, Bd. 7, Berlin 1969, S. 645–647

2 «Der Marxismus leidet an Sklerose», in: Der Spiegel, 18. Jg., Heft 51, 16. 12. 1964, S. 37–49 (Interview mit dem Journalisten Werner G. J. Knop)

3 «Die Partei kann sich irren», in: frontal, Zeitschrift für demokratische Studenten, hrsg. vom Bundesvorstand des SHB (Bonn), Heft 35, Juni 1966, S. 16–18

4 «Die III. Kommunistische Weltkonferenz, die DDR und die Rolle der Linken in der Bundesrepublik», in: konkret, Nr. 17, 11.8.1969, S. 22–26

5 «Die unvollendete Revolution», Gespräch über «Fragen Antworten Fragen», in: Die Zeit, 25. Jg., Nr. 39, 25.9.1970, S. 7

6 «Uns liegt ein Klotz im Weg», in: Der Spiegel, 24. Jg., Heft 42, Okt. 1970, S. 204–207

7 «Perspektive Entmilitarisierung und Wiedervereinigung Deutschlands», Interview mit R. Havemann und Pfarrer Rainer Eppelmann, in: atomwaffenfreies Europa, Zeitschrift der Russell-Friedensinitiative, Berlin 1981, Heft 1

Reden in der Volkskammer

1 29.8.1956, 14. Sitzung der 2. Wahlperiode, Stenogr. Niederschrift, S. 425 ff

2 4.10.1960, 15. Sitzung der 3. Wahlperiode, Stenogr. Niederschrift, S. 496 ff

3 11.8.1961, 19. Sitzung der 3. Wahlperiode, Stenogr. Niederschrift, S. 693 ff

QUELLENNACHWEISE

Meinungsstreit fördert die Wissenschaften: Neues Deutschland, Organ des ZK der SED, 8.7.1956, auch in: «Rückantworten an die Hauptverwaltung ‹Ewige Wahrheiten›», hrsg. von Hartmut Jäckel, Piper Verlag, München 1971, und Rowohlt Verlag, Reinbek 1972

Rückantworten an die Hauptverwaltung «Ewige Wahrheiten», aus: Sonntag, Zeitschrift des Kulturbundes der DDR, 28.10.1956, auch in: «Rückantworten an die Hauptverwaltung ‹Ewige Wahrheiten›», hrsg. von Hartmut Jäckel, Piper Verlag, München 1971, und Rowohlt Verlag, Reinbek 1972

Hat Philosophie den modernen Naturwissenschaften bei der Lösung ihrer Probleme geholfen? aus: «Dialektik ohne Dogma?», Rowohlt Verlag, Reinbek 1964

Dialektik ohne Dogma?
– Endlichkeit und Unendlichkeit
– Die Unvollständigkeit der Kopenhagener Deutung der Quantenmechanik
– Über Moral
– Zu Fragen der Moral
– Zu Fragen der sozialistischen Moral
aus: «Dialektik ohne Dogma?», Rowohlt Verlag, Reinbek 1964

Ja, ich hatte unrecht. Warum ich Stalinist war und Antistalinist wurde. aus: Die Zeit, 7.5.1965, auch in: «Robert Havemann. Ein deutscher Kommunist. Rückblicke und Perspektiven aus der Isolation», hrsg. von Manfred Wilke, Rowohlt Verlag, Reinbek 1978 und in: «Rückantworten an die Hauptverwaltung ‹Ewige Wahrheiten›», hrsg. von Hartmut Jäckel, Piper Verlag, München 1971, und Rowohlt Verlag, Reinbek 1972

Berufsverbot und Parteiausschluß, aus: «Robert Havemann. Ein deutscher Kommunist. Rückblicke und Perspektiven aus der Isolation», hrsg. von Manfred Wilke, Rowohlt Verlag, Reinbek 1978

Sozialismus und Demokratie. Der «Prager Frühling» – ein Versuch, den Teufelskreis des Stalinismus zu durchbrechen, aus: Berliner Zeitung, 9./10.12.1989, auch in: «Rückantworten an die Hauptverwaltung ‹Ewige Wahrheiten›», hrsg. von Hartmut Jäckel, Piper Verlag, München 1971

Antwort auf zwei Fragen, aus: europäische ideen, 1 / 1973, Berlin auch in: «Berliner Schriften», hrsg. von Andreas W. Mytze, Verlag europäische ideen, Berlin 1976, auch in: «Ein Marxist in der DDR», hrsg. von Hartmut Jäckel, Piper Verlag, München 1970

Brief an Ernst Bloch, aus: Die Zeit, 18. 7. 1975, auch in europäische ideen, 12 / 1975

Über Zensur und Medien, aus: europäische ideen, 17 / 1976

Für eine friedliche Revolution, aus: «Robert Havemann. Ein deutscher Kommunist. Rückblicke und Perspektiven aus der Isolation.» hrsg. von Manfred Wilke, Rowohlt Verlag, Reinbek 1978

Zehn Thesen zum 30. Jahrestag der DDR, aus: «Ein Marxist in der DDR», hrsg. von Hartmut Jäckel, Piper Verlag, München 1970

Offener Brief an Leonid Breschnew, aus «Befreiung», Zeitschrift für Politik und Wissenschaft, Berlin 22 / 23, 1982

ÜBER DEN AUTOR

Robert Havemann, geb. am 11. März 1910 in München, studierte 1929 bis 1933 Chemie in München und Berlin, promovierte zum Dr. phil. mit einer physikalisch-chemischen Arbeit, die er am Kaiser-Wilhelm-Institut für Physikalische Chemie und Elektrochemie in Berlin-Dahlem ausführte.

1933 wurde er von den Nazis aus dem Institut entfernt. Später fand er eine Assistentenstelle an der Universität in Berlin. Er trat 1932 der KPD bei und betätigte sich nach 1933 in der illegalen Widerstandsgruppe «Neu Beginnen». Während des Krieges begründete er mit Georg Groscurth die Widerstandsgruppe «Europäische Union». 1943 habilitierte er sich an der Universität Berlin, wurde aber im selben Jahr vom Volksgerichtshof unter Freisler zum Tode verurteilt. Er erhielt Vollstreckungsaufschub, da er in einem im Zuchthaus Brandenburg eingerichteten Labor Forschungsarbeiten für das Heereswaffenamt ausführen sollte. Im Zuchthaus gab er – im Besitz eines geheimen selbstgebastelten Radios – eine illegale Zeitung heraus, um seine Mithäftlinge, zu denen auch der spätere SED-Chef Erich Honecker gehörte, zu informieren.

1945 wurde er Leiter der Kaiser-Wilhelm-Institute in Berlin-Dahlem, 1950 aber zum zweiten Mal aus diesem Institut wegen eines kritischen Artikels gegen die amerikanischen Wasserstoffbomben fristlos entlassen.

Havemann war seit 1950 Abgeordneter der Volkskammer der DDR (bis 1963), 1950 bis 1964 Direktor des Physikalisch-Chemischen Instituts der Humboldt-Universität und Ordinarius für

Physikalische Chemie. 1959 wurde er mit dem Nationalpreis der DDR ausgezeichnet.

1963/64 hielt Havemann eine Vorlesungsreihe – 1964 unter dem Titel «Dialektik ohne Dogma?» im Rowohlt Verlag als Buch erschienen –, die vom Plenum des ZK scharf verurteilt wurde. 1964 wurde er aus der Partei ausgeschlossen und seiner Lehrämter enthoben. Wenige Monate später erhielt er auch für seine Arbeit in der Forschungsabteilung für Fotochemie der Akademie der Wissenschaften Berufsverbot. 1966 wurde er aus der Akademie ausgeschlossen.

1968 bekannte er sich zu den tschechischen Reformern des Prager Frühlings und ihrem Versuch, einen «Sozialismus mit menschlichem Antlitz» zu schaffen.

1976, nachdem er, wie viele andere, gegen die Ausbürgerung seines Freundes Wolf Biermann protestiert hatte, wurde er in einem Schnellverfahren verurteilt und durfte sein Grundstück in Grünheide ohne Genehmigung nicht mehr verlassen. Trotz dieser staatlich verordneten Isolation gelang es Havemann, einen regen Austausch mit vielen Intellektuellen in West und Ost aufrechtzuerhalten und seine Kritik am bürokratisch erstarrten Sozialismus, an der Verletzung der Menschenrechte, an der Aufrüstung der Supermächte und an der ökologischen Zerstörung der Umwelt öffentlich zu machen.

Am 9. April 1982 starb Robert Havemann an den Folgen einer Krankheit, die er sich während seiner Haftzeit bei den Nazis zugezogen hatte. Der revolutionäre Umbruch in der DDR im Herbst 1989, der ohne seine radikale Kritik am stalinistischen Unrechtssystem nicht denkbar gewesen wäre, erzwang auch seine Rehabilitierung. Robert Havemann wurde postum am 16. November 1989 wieder in die Akademie der Wissenschaften aufgenommen.